Johannes Höfer

Mögliche Auswirkungen einer Finanztransaktionssteuer auf das derivative Währungsmanagement in Unternehmen

Sind die Sorgen der deutschen Wirtschaft berechtigt?

Diplomica Verlag GmbH

Höfer, Johannes: Mögliche Auswirkungen einer Finanztransaktionssteuer auf das derivative Währungsmanagement in Unternehmen: Sind die Sorgen der deutschen Wirtschaft berechtigt? Hamburg, Diplomica Verlag GmbH 2013

Buch-ISBN: 978-3-8428-9589-8
PDF-eBook-ISBN: 978-3-8428-4589-3
Druck/Herstellung: Diplomica® Verlag GmbH, Hamburg, 2013

Bibliografische Information der Deutschen Nationalbibliothek:
Die Deutsche Nationalbibliothek verzeichnet diese Publikation in der Deutschen Nationalbibliografie; detaillierte bibliografische Daten sind im Internet über http://dnb.d-nb.de abrufbar.

Das Werk einschließlich aller seiner Teile ist urheberrechtlich geschützt. Jede Verwertung außerhalb der Grenzen des Urheberrechtsgesetzes ist ohne Zustimmung des Verlages unzulässig und strafbar. Dies gilt insbesondere für Vervielfältigungen, Übersetzungen, Mikroverfilmungen und die Einspeicherung und Bearbeitung in elektronischen Systemen.

Die Wiedergabe von Gebrauchsnamen, Handelsnamen, Warenbezeichnungen usw. in diesem Werk berechtigt auch ohne besondere Kennzeichnung nicht zu der Annahme, dass solche Namen im Sinne der Warenzeichen- und Markenschutz-Gesetzgebung als frei zu betrachten wären und daher von jedermann benutzt werden dürften.

Die Informationen in diesem Werk wurden mit Sorgfalt erarbeitet. Dennoch können Fehler nicht vollständig ausgeschlossen werden und die Diplomica Verlag GmbH, die Autoren oder Übersetzer übernehmen keine juristische Verantwortung oder irgendeine Haftung für evtl. verbliebene fehlerhafte Angaben und deren Folgen.

Alle Rechte vorbehalten

© Diplomica Verlag GmbH
Hermannstal 119k, 22119 Hamburg
http://www.diplomica-verlag.de, Hamburg 2013
Printed in Germany

Inhaltsverzeichnis

Abbildungsverzeichnis 7
Tabellenverzeichnis 8
Abkürzungsverzeichnis 9
1 Einleitung 11
2 Grundlagen von Derivaten, Devisen und Wechselkursen 14
   2.1 Derivate: Definition, Systematisierung, Grundtypen und Einsatzmotive 14
      2.1.1 Definition und Systematisierung von Derivaten 14
      2.1.2 Grundtypen derivativer Finanzinstrumente 17
         2.1.2.1 Forwards 17
         2.1.2.2 Futures 19
         2.1.2.3 Optionen 21
         2.1.2.4 Swaps 25
      2.1.3 Motive des Einsatzes derivativer Finanzinstrumente 26
   2.2 Zur Geschichte des Derivatehandels 28
      2.2.1 Entwicklung des Derivatehandels ab der Renaissance 29
      2.2.2 Entwicklung des Derivatehandels ab den 1970er Jahren 32
   2.3 Devisenmärkte, Wechselkurse und gedeckte Zinsparität 38
      2.3.1 Devisenmärkte und Wechselkurse 38
      2.3.2 Die Bedingung der gedeckten Zinsparität 42
3 Das Management von Währungstransaktionsrisiken in internationalen Unternehmen 50
   3.1 Zur Frage der Notwendigkeit der Absicherung von Währungstransaktionsrisiken 50
   3.2 Instrumente und Strategien des Managements von Währungstransaktionsrisiken 52
      3.2.1 Instrumente des unternehmensinternen Währungstransaktionsrisikomanagements 53
         3.2.1.1 Fakturierung in Heimatwährung 53
         3.2.1.2 Netting 54
         3.2.1.3 Matching 57
         3.2.1.4 Leading und Lagging 60
      3.2.2 Grundlegende Sicherungsstrategien des externen Transaktionsrisikomanagements 61
         3.2.2.1 Strategie der vollständigen Absicherung 63
         3.2.2.2 Strategie der selektiven Absicherung 64
      3.2.3 Instrumente des externen Transaktionsrisikomanagements 65
         3.2.3.1 Absicherung mittels Devisen-Forwards 65
         3.2.3.2 Absicherung mittels Devisen-Futures 71
         3.2.3.3 Absicherung mittels Devisenoptionen 80
         3.2.3.4 Absicherung mittels Währungs-Swaps 89

3.3 Das Transaktionsrisikomanagement deutscher Unternehmen in der Praxis 92

    3.3.1 Strategien und Instrumente des externen Transaktionsmanagements deutscher Unternehmen 92

    3.3.2 Instrumente des internen Transaktionsrisikomanagements deutscher Unternehmen 97

4 Die von der Europäischen Kommission vorgeschlagene Finanztransaktionssteuer 99

    4.1 Ziele und Details der vorgeschlagenen Finanztransaktionssteuer 100

        4.1.1 Ziele der vorgeschlagenen Finanztransaktionssteuer 100

        4.1.2 Details der vorgeschlagenen Finanztransaktionssteuer 101

            4.1.2.1 Steuerobjekt und Steuersubjekt 101

            4.1.2.2 Steuerbemessungsgrundlage, Steuersätze und Steuerpflichtige 104

            4.1.2.3 Beispiele zur Entstehung des Steueranspruchs 105

    4.2 Aktueller Stand bezüglich der Umsetzung des Richtlinienvorschlages in Europa 107

5 Analyse möglicher Auswirkungen einer auf dem Vorschlag der Europäischen Kommission basierenden Finanz transaktionssteuer auf das Management von Währungstransaktionsrisiken in Unternehmen der deutschen Exportindustrie 110

    5.1 Abschätzung der Auswirkung einer Finanztransaktionssteuer auf die Kosten der Wechselkurssicherung in Ab hängigkeit von verschiedenen möglichen Steuerszenarien und dem eingesetzten Derivat 118

        5.1.1 Abschätzung der Auswirkung einer Finanztransaktionssteuer auf die Kosten der Wechselkurssicherung mittels Forwards 118

        5.1.2 Abschätzung der Auswirkung einer Finanztransaktionssteuer auf die Kosten der Wechselkurssicherung mittels Futures und deren Attraktivität im Vergleich zu Forwards 123

        5.1.3 Abschätzung der Auswirkung einer Finanztransaktionssteuer auf die Kosten der Wechselkurssicherung mittels Optionen 127

        5.1.4 Abschätzung der Auswirkung einer Finanztransaktionssteuer auf die Kosten der Wechselkurssicherung mittels Währungs-Swaps 132

    5.2 Abschätzung der aus der steuerinduzierten Verteuerung des Transaktionsrisikomanagements resultieren den kumulierten monetäre Zusatzbelastung für ein typisches großes, mittleres und kleines Unternehmen des deutschen Exportsektors 134

        5.2.1 Abschätzung der Zusatzbelastung für ein großes Unternehmen 134

        5.2.2 Abschätzung der Zusatzbelastung für ein mittleres Unternehmen 140

        5.2.3 Abschätzung der Zusatzbelastung für ein kleines Unternehmen 144

    5.3 Diskussion möglicher Auswirkungen der Finanztransaktionssteuer auf das Währungstransaktionsrisikomanagement in Unternehmen der deutschen Exportindustrie 148

6 Fazit 171

Literaturverzeichnis **173**

Abbildungsverzeichnis

Abb. 1: Payoff-Diagramm eines Forward-Geschäftes 18
Abb. 2: Payoff-Diagramm eines Future-Geschäftes 20
Abb. 3: Payoff-Diagramm einer Call-Option 22
Abb. 4: Payoff-Diagramm einer Put-Option 23
Abb. 5: Beispiel für die sprunghaft gestiegene Volatilität auf den Devisenmärkten ab Anfang der 1970er Jahren – USD-Werte gegenüber DEM, JPY und GBP in den 1960er, 70er und 80er Jahren 33
Abb. 6: Beispiel für die sprunghaft gestiegene Volatilität auf den Zinsmärkten ab Anfang der 1970er Jahre – Entwicklung der Zinsen für dreimonatige US-Schatzwechsel und zehnjährige US-Staatsanleihen sowie des 3-Monats-USD-LIBORS in den 1960er, 70er und 80er Jahren 33
Abb. 7: Entwicklung des Nominalvolumens ausstehender börsengehandelter Derivate 1986-2011 35
Abb. 8: Entwicklung des Nominalvolumens ausstehender außerbörslich gehandelter Derivate 1998-2011 36
Abb. 9: Kassakurse am 13.06.2012, 14:19 Uhr 41
Abb. 10: 3-Monats-Terminkurse am 13.06.2012 um 14:19 41
Abb. 11: Konzerninterne Zahlungsströme vor Netting 55
Abb. 12: Konzerninterne Zahlungsströme in Euro (gerundet) 56
Abb. 13: Ergebnis des multilateralen Nettings mit zentralem Clearing 56
Abb. 14: Ergebnis des zentralen Matchings 58
Abb. 15: Ergebnis der Wechselkurssicherung mittels Forward-Kontrakt, Exporteur 68
Abb. 16: Ergebnis der Wechselkurssicherung mittels Forward-Kontrakt, Importeur 68
Abb. 17: Ergebnis der Wechselkurssicherung mittels Devisenoption(en), Exporteur 84
Abb. 18: Ergebnis der Wechselkurssicherung mittels Devisenoption(en), Importeur 84
Abb. 19: Ergebnis der Befragung deutscher Unternehmen zu der von ihnen verfolgten Absicherungsstrategie 94
Abb. 20: Ergebnis der Befragung deutscher Unternehmen zur Absicherungsquote ihrer USD-Netto-Exposure zum Erhebungszeitpunkt 95
Abb. 21: Ergebnis der Befragung deutscher Unternehmen zu den von ihnen eingesetzten Währungsderivaten 96

Tabellenverzeichnis

Tabelle 1:	Unterschiede zwischen außerbörslich und an Börsen geschlossenen Derivatkontrakten	16
Tabelle 2:	Buchungen auf dem Margin-Konto und resultierende Cash-Flows, Exporteur, Long Position	76
Tabelle 3:	Buchungen auf dem Margin-Konto und resultierende Cash-Flows, Importeur, Short Position	76
Tabelle 4:	Steuerinduzierte Verteuerung (absolut und relativ) eines Forward-Geschäfts, Exporteur	121
Tabelle 5:	Steuerinduzierte Verteuerung (absolut und relativ) eines Forward-Geschäfts, Importeur	122
Tabelle 6:	Vergleich der steuerinduzierten Verteuerung (absolut) eines Forward- und eines Future-Geschäfts, Exporteur	126
Tabelle 7:	Vergleich der steuerinduzierten Verteuerung (absolut) eines Forward und eines Future-Geschäfts, Importeur	127
Tabelle 8:	Steuerinduzierte Verteuerung (absolut und relativ) eines Optionsgeschäfts, Exporteur	129
Tabelle 9:	Steuerinduzierte Verteuerung (absolut und relativ) eines Optionsgeschäfts, Importeur	130
Tabelle 10:	Steuerinduzierte Verteuerung (absolut und in den Zinssatz eingerechnet) eines Währungs-Swap-Geschäfts	134
Tabelle 11:	Schätzung der aus der steuerinduzierten Verteuerung des Transaktionsrisikomanagements resultierenden monetären Zusatzbelastung p.a., großes Unternehmen	139
Tabelle 12:	Auswirkung der geschätzten monetären Zusatzbelastung auf den Gewinn, großes Unternehmen	140
Tabelle 13:	Schätzung der aus der steuerinduzierten Verteuerung des Transaktionsrisikomanagements resultierenden monetären Zusatzbelastung p.a., mittleres Unternehmen	143
Tabelle 14:	Auswirkung der geschätzten monetären Zusatzbelastung auf den Gewinn, mittleres Unternehmen	144
Tabelle 15:	Schätzung der aus der steuerinduzierten Verteuerung des Transaktionsrisikomanagements resultierenden monetären Zusatzbelastung p.a., kleines Unternehmen	147
Tabelle 16:	Auswirkung der geschätzten monetären Zusatzbelastung auf den Gewinn, kleines Unternehmen	147
Tabelle 17:	Entwicklung des USD/EUR-Kurses in Dreimonatsintervallen, 30. Mai 2010 - 30. August 2012	150

Abkürzungsverzeichnis

%	Prozent
€	Euro
$	US-Dollar
Anm. d. Verf.	Anmerkung des Verfassers
BIS	Bank for International Settlements
bspw.	beispielsweise
bzgl.	bezüglich
bzw.	beziehungsweise
CAD	Kanadische(r) Dollar
CBoT	Chicago Board of Trade
CDU	Christlich Demokratische Union
CME	Chicago Mercantile Exchange
DEM	Deutsche Mark
EAKE	Ex-ante-Kurssicherungsergebnis
EAKG	Ex-ante-Kurssicherungsgewinn
EAKK	Ex-ante-Kurssicherungskosten
EFSF	Europäische Finanzstabilisierungsfazilität
EPKE	Ex-post-Kurssicherungsergebnis
EPKG	Ex-post-Kurssicherungsgewinn
EPKK	Ex-post-Kurssicherungskosten
ESM	Europäischer Stabilitätsmechanismus
EUR	Euro
EUREX	European Exchange
EURIBID	European Interbank Bid Rate
EURIBOR	European Interbank Offered Rate
GBP	Britische(s) Pfund
ggf.	gegebenenfalls
Hervorh. d. Verf.	Hervorhebung des Verfassers
i. d. R.	in der Regel
i. H. v.	in Höhe von
insb.	insbesondere
i. S.	im Sinne

i. S. v.	im Sinne von
i. V. m	in Verbindung mit
LIBID	London Interbank Bid Rate
LIBOR	London Interbank Offered Rate
MG	Muttergesellschaft
Mio.	Million(en)
Mrd.	Milliarde(n)
MXN	Mexikanische(r) Peso
sog.	sogenannte(r/s)
OTC	Over-the-Counter
p. a.	per annum
Pip	Percentage in Point
SPD	Sozialdemokratische Partei Deutschlands
tats.	tatsächlich
u.	und
u. a.	unter anderem
u. U.	unter Umständen
USD	US-Dollar
v.a.	vor allem
vgl.	vergleiche
VOC	Verenigde Oostindische Compagnie
TG	Tochtergesellschaft
Xetra	Exchange Electronic Trading
z. B.	zum Beispiel
z. T.	zum Teil
zzgl.	zuzüglich

1 Einleitung

Die Finanzkrise der Jahre 2007/08 und die ihr folgende, immer noch anhaltende Krise in Europa (Stand: August 2012) hat in der internationalen Politik Zweifel hinsichtlich der Effizienz und des (sozio-) ökonomischen Nutzens freier Finanzmärkte aufkommen lassen. Folgten die Politiker der meisten Industrie- und Schwellenländer in den vergangenen Jahrzehnten noch dem neoliberalen Diktat einer möglichst umfassenden *Deregulierung* der internationalen Finanzmärkte, so werden seit Ausbruch der Finanzkrise wieder Maßnahmen für eine verschärfte *Regulierung* jener Märkte diskutiert. Die Ende 2011 von der Europäischen Kommission vorgeschlagene Finanztransaktionssteuer, die sämtliche von *Finanzinstituten* betriebenen Wertpapier- und Derivattransaktionen mit einem Steuersatz von 0,1 % auf den Handelswert bzw. von 0,01 % auf den Nominalbetrag belegen soll und v. a. auf die Einschränkung des als destabilisierend angesehenen Hochfrequenzhandels abzielt, stellt eine solche Maßnahme dar.[1] Zwar scheint die ursprünglich vorgesehene *europaweite* Einführung dieser Steuer im Rahmen einer Richtlinie gescheitert. Mehrere Länder – darunter Deutschland – verfolgen jedoch die Absicht, die Steuer über das Verfahren der Verstärkten Zusammenarbeit dennoch zu implementieren.

Das Vorhaben stößt in Deutschland allerdings nicht nur auf Zustimmung. Als einflussreiche Kritiker der Finanztransaktionssteuer treten v. a. die Finanz- und Wirtschaftsverbände auf. Deren Kritik richtet sich u. a. gegen die vorgesehene Steuerbarkeit von Derivatgeschäften, die auch regelmäßig im Risikomanagement realwirtschaftlicher Unternehmen eingesetzt werden. Insbesondere mit Blick auf verschiedene Steuerüberwälzungsszenarien befürchten die Verbände[2], dass jene Unternehmen nach Einführung der Finanztransaktionssteuer in *deutlichem Ausmaß* auf ihnen bisher sinnvoll erscheinende derivative Risikoabsicherungsgeschäfte verzichten könnten, da sich diese aufgrund der steuerinduzierten Verteuerung (subjektiv) nicht mehr lohnten, oder gar auf diese verzichten *müssten,* wenn sie z. B. von den Anteilseignern mit Blick auf die bei Beibehaltung der aktuellen Sicherungspolitik anfallende Gesamtsteuerlast zu einem Verzicht gedrängt würden.

Auf eine Untermauerung ihrer Thesen mittels Schätzungen, die aufzeigten, wie sehr sich einzelne derivative Sicherungsgeschäfte nach Einführung der Finanztrans-

---

[1] Vgl. EU-Kommission (2011), S. 5 u. 21.
[2] Vgl. z. B. Deutsches Aktieninstitut (2012), S. 4. oder von Rosen (2012), o. S.

aktionssteuer schlimmstenfalls verteuern könnten bzw. wie hoch die kumulierte Steuerlast in einem Geschäftsjahr für ein typisches deutsches Unternehmen wäre, verzichten die Verbände allerdings. Damit ist es für Außenstehende kaum nachvollziehbar, ob die Befürchtungen tatsächlich gerechtfertigt sind.

Ziel der vorliegenden Studie ist es, für einen der wichtigsten Teilbereiche des Risikomanagements – das Währungstransaktionsmanagement, welches v. a. in Unternehmen der deutschen Exportindustrie von wesentlicher Bedeutung ist – solche Schätzungen vorzunehmen, mithin zu analysieren, wie sehr sich derivative Währungssicherungsgeschäfte durch die Finanztransaktionssteuer verteuerten könnten und wie hoch die aus der steuerinduzierten Verteuerung dieser Geschäfte resultierende Gesamtsteuerlast für typische deutsche exportorientierte Unternehmen wäre.

Auf Basis der Ergebnisse wird anschließend zu diskutieren sein, ob es in Unternehmen der deutschen Exportindustrie nach Implementierung der Finanztransaktionssteuer tatsächlich – „freiwillig" oder „gezwungenermaßen" – zu einem umfassenden Verzicht auf die Absicherung von Transaktionsrisiken kommen könnte, wobei ein solcher deutlicher Sicherungsverzicht als Wechsel der Unternehmen von ihrer bisher verfolgten und (subjektiv) als sinnvoll erachteten Sicherungsstrategie zu einer Strategie mit einer niedrigeren Absicherungsquote angesehen wird (Fragestellung 1).

Des Weiteren soll eruiert werden, ob die Finanztransaktionssteuer, sollte sie keinerlei Auswirkungen auf die Sicherungsstrategie/-quote der Unternehmen haben, zumindest zu anderweitigen Veränderungen im Transaktionsrisikomanagement dieser führen könnte (Fragestellung 2).

Die Untersuchung wird dabei differenziert für mehrere denkbare Steuerszenarien durchgeführt, die sich hinsichtlich der Höhe der Steuerbelastung unterscheiden.

Die Studie gliedert sich dabei wie folgt:

In Kapitel 2 werden die komplexen Grundlagen von Derivaten, Devisen und Wechselkursen dargestellt, deren Kenntnis für das Verständnis der Studie, in deren Mittelpunkt ja *Währungsderivate* stehen, unerlässlich ist.

In Kapitel 3 werden die Instrumente des internen sowie die Sicherungsstrategien und Instrumente des externen Transaktionsrisikomanagements von Unternehmen vorgestellt, deren Kenntnis wiederum Voraussetzung dafür ist, die Untersuchung möglicher Auswirkungen der Finanztransaktionssteuer auf das Transaktionsrisikomanagement in Unternehmen der deutschen Exportindustrie nachvollziehen zu können.

In Kapitel 4 wird das Konzept der von der Europäischen Kommission vorgeschlagenen Finanztransaktionssteuer dargelegt.

Basierend auf Kapitel 4 werden in Kapitel 5 zunächst mögliche Steuerszenarien hergeleitet, bevor die Auswirkung der Finanztransaktionssteuer auf die Kosten derivativer Währungssicherungsinstrumente und die Gesamtsteuerlast für typische große, mittlere und kleine Unternehmen der deutschen Exportindustrie abgeschätzt werden. Auf Basis der Schätzwerte werden anschließend die Fragestellungen der Studie diskutiert.

Kapitel 6 fasst die gewonnenen Ergebnisse in kompakter Form zusammen.

2 Grundlagen von Derivaten, Devisen und Wechselkursen

2.1 Derivate: Definition, Systematisierung, Grundtypen und Einsatzmotive

2.1.1 Definition und Systematisierung von Derivaten

Ein „Derivat" (der Ursprung des Begriffs liegt im lateinischen Verb „derivare: ableiten")[3] wird in der Literatur meist sehr allgemein definiert als Finanzinstrument, dessen Wert vom Wert bzw. dem Zustand eines zugrunde liegenden Basiswerts bzw. einer zugrunde liegenden Basisvariable („Underlying") abhängig ist.[4] Für die vorliegende Studie soll jedoch eine präzisere und „engere" Definition von Derivaten gelten, die weitgehend an Beike/Barckow (2002) angelehnt ist.[5] Demnach ist ein Derivat bzw. ein derivatives Finanzinstrument

- eine zukünftig zu erfüllende (d. h. Derivate sind *immer* Termingeschäfte)[6]

- auf *Terminmärkten*[7] geschlossene vertragliche Vereinbarung

- zwischen zwei oder mehr Parteien

- deren Wert sich in Abhängigkeit vom Wert des zugrunde liegenden Basiswerts bzw. dem Zustand einer zugrunde liegenden Basisvariable ergibt

- ohne dass bei Vertragsabschluss nennenswerte Anschaffungszahlungen erforderlich wären.

Der Unterschied zwischen allgemeiner und hier verwendeter Definition liegt nun darin, dass nach ersterer auch Optionsscheine oder bestimmte Zertifikate (z. B. Index- oder Tracker-Zertifikate) als Derivate anzusehen sind, nach letzterer jedoch nicht, da Optionsscheine und Zertifikate nicht als vertragliche Vereinbarungen auf Terminmärkten entstehen, sondern üblicherweise von Banken in bestimmten

---

[3] Vgl. Rudolph/Schäfer (2005), S. 13.
[4] Vgl. z. B. Hull (2009), S. 24, Stulz (2003), S. 3, McDonald (2009), S. 2, oder Schmidt (2006), S. 1.
[5] Vgl. im Folgenden Beike/Barckow (2002), S. 1-2.
[6] Vgl. Zantow (2007), S. 343.
[7] Unter dem Terminus „Terminmarkt" seien hier Terminbörsen und der außerbörsliche Derivatemarkt zusammengefasst.

Volumina emittiert und als Wertpapiere an Wertpapierbörsen (=Kassamärkten) gehandelt werden.[8] Die definitorische Exklusion der Optionsscheine und Zertifikate von der Gruppe der derivativen Finanzinstrumente erfolgt selbstverständlich nicht willkürlich, sondern im Hinblick auf den an späterer Stelle des Buches vorgestellten Vorschlag der Europäischen Kommission (im Folgenden: EU-Kommission) zur Einführung und Ausgestaltung einer Finanztransaktionssteuer (im Folgenden: FTS). Auch in diesem erfolgt eine Differenzierung zwischen Derivaten einerseits und Optionsscheinen/Zertifikaten als handelbare „[...] Wertpapiere [...], die auf dem Wege einer Verbriefung angeboten werden"[9] andererseits, die sich auch in einer unterschiedlichen steuerlichen Behandlung beider Typen von Finanzinstrumenten manifestiert.

Die nun exakt definierten derivativen Finanzinstrumente können im Rahmen einer Grobgliederung zunächst *nach dem Vertragsinhalt* in unbedingte und bedingte Termingeschäfte und innerhalb beider Kategorien wiederum *nach dem Ort des Vertragsabschlusses* in außerbörslich („Over-the-Counter", im Folgenden: OTC) und an Börsen abgeschlossene Kontrakte unterteilt werden.[10] Während bei unbedingten Termingeschäften beide Vertragsparteien *verpflichtet* sind, das Geschäft zum vereinbarten Termin und zu den vereinbarten Konditionen zu erfüllen, besteht bei bedingten Geschäften für eine Vertragspartei ein Wahlrecht bezüglich der Geschäftserfüllung zum vereinbarten Termin[11], bzw. eine Partei muss die im Vertrag definierte Leistung nur bei Eintritt eines vorher genau definierten Ereignisses erbringen (dies ist bei Credit Default Swaps, im Folgenden: CDS, der Fall).[12] Die Unterschiede zwischen außerbörslich und an Börsen geschlossenen Derivatkontrakten seien in tabellarischer Form zusammengefasst:[13]

---

[8] Vgl. Bösch (2011), S. 106.
[9] EU-Kommission (2011), S. 8.
[10] Vgl. Rieger (2009), S. 20 sowie Schmidt (2006), S. 2.
[11] Vgl. Bösch (2011), S. 32.
[12] Vgl. Schmidt (2006), S. 2.
[13] Die Tabelle ist eng angelehnt an Rudolph/Schäfer (2005), S. 28, sowie Rieger (2009), S. 44.

	Außerbörslich geschlossene Derivatkontrakte	An Börsen geschlossene Derivatkontrakte
Erfüllungsansprüche aus Kundensicht gegenüber...	...Bank als Gegenpartei	...Börse bzw. Clearing-Stelle[14]
Kontraktinhalt	Individuell ausgehandelt	Standardisiert hinsichtlich Quantität, Qualität, Liefertermin und Lieferort
Liquidität	Je nach Marktsegment und Geschäft unterschiedlich; nur in bestimmten Märkten (z. B. Zins-Swaps) hoch	Durch fortlaufenden Börsenhandel hoch
Laufzeiten	Kurz-, mittel- und langfristig	Tendenziell ausschließlich kurz- und nur zum Teil mittelfristig
Gegenparteirisiko	Ja, wie bei jedem anderen Vertrag	Nein, da die Clearing-Stelle als Gegenpartei fungiert
Besicherung der Geschäfte	Individuell ausgehandelte Besicherungsvereinbarungen, die sich jedoch mehr und mehr an dem Margin-System der Terminbörsen orientieren[15]	Hinterlegung einer von der Börse vorgegebenen Initial Margin auf dem Margin-Konto und ggf. Nachschusszahlungen (Variation Margins) bei Unterschreitung der Maintenance Margin[16]
Geldfluss und/oder Lieferung	Am Ende der Laufzeit (bzw. an bestimmten Abrechnungsterminen bei Zins-Swaps);[17] entweder Barausgleich der Differenz zwischen vereinbartem Terminkurs (bzw. Zinssatz) und herrschendem Kassakurs (bzw. Referenzzinssatz) oder Lieferung der vereinbarten Menge des Underlyings zum vereinbarten Terminkurs; lediglich Optionsprämie im Ausgangszeitpunkt	Tägliche Verrechnung von Gewinnen oder Verlusten aus der Position auf dem Margin-Konto im Rahmen des Marking to Market; wird die Position (falls diese Wahlmöglichkeit besteht) vor Laufzeitende *nicht* glattgestellt, erfolgt Lieferung des Underlyings in der durch den Kontrakt vorgegebenen Menge zum Schlussabrechnungskurs (≈herrschender Kassakurs);[18] Optionsprämie im Ausgangszeitpunkt
Ausübung	Werden meist ausgeübt; somit erfolgt Lieferung oder Schlussabrechnung in bar (Barausgleich)	Lediglich geringer Prozentsatz der Kontrakte wird ausgeübt; überwiegend Glattstellung vor Laufzeitende

Tabelle 1: Unterschiede zwischen außerbörslich und an Börsen geschlossenen Derivatkontrakten

---

[14] Bei exakter Betrachtung richten sich die Erfüllungsansprüche des Kunden eigentlich gegen die Bank, die als Kommissionärin auftritt und den Kundenauftrag an die Börse weiterleitet. Diese hält dann die Erfüllungsansprüche gegenüber der Börse/Clearing-Stelle. Vgl. Bösch (2011), S. 11 f.
[15] Vgl. Hull (2009), S. 57 f.
[16] Begrifflichkeiten entnommen aus Hull (2009), S. 54.
[17] CDS (für eine kurze Beschreibung dieser Instrumente siehe weiter unten) sind in dieser Systematik nicht mit erfasst.
[18] Vgl. Bösch (2011), S. 130.

Im Folgenden sollen die vier Grundtypen[19] derivativer Finanzinstrumente – Forwards, Futures, Optionen und Swaps – nach den genannten Kriterien klassifiziert und deren Hauptmerkmale kurz vorgestellt werden.

2.1.2 Grundtypen derivativer Finanzinstrumente
2.1.2.1 Forwards

Ein Forward stellt eine individuelle, *außerbörslich* geschlossene vertragliche Vereinbarung zwischen zwei Parteien dar, in der sich beide Seiten dazu *verpflichten*

- zu einem bestimmten Zeitpunkt in der Zukunft (Fälligkeitstermin)

- ein bestimmtes Basisobjekt („Underlying")

- in einer festgelegten Menge

- zu einem festgelegten Preis (vereinbarter Terminkurs)

- von der Gegenpartei zu erwerben („Long-Position") bzw. an die Gegenpartei zu veräußern (Short-Position)

- oder der Gegenpartei, die sich mit ihrer Position bei Fälligkeit aufgrund der tagesspezifischen Konstellation zwischen vereinbartem Terminkurs und herrschendem Kassakurs im Gewinn befindet, diesen in voller Höhe „bar" auszuzahlen.[20]

Bei einem Forward-Geschäft handelt es sich also um ein außerbörsliches, unbedingtes Termingeschäft. Das Ergebnis, welches sich aus einem Forward-Geschäft für die beiden Parteien ergibt bzw. ergeben kann, lässt sich anhand eines „Payoff-Diagramms" grafisch darstellen. Als Basisobjekt sei dabei vereinfachend eine

---

[19] Vgl. Walter (2009), S. 58.
[20] Vgl. Zantow (2007), S. 345, sowie Whaley (2006), S. 4, Rieger (2009), S. 42, und Bösch (2011), S. 124.

Unze Feingold, als Laufzeit drei Monate und als vereinbarter Terminkurs 1.500 USD[21] angenommen:

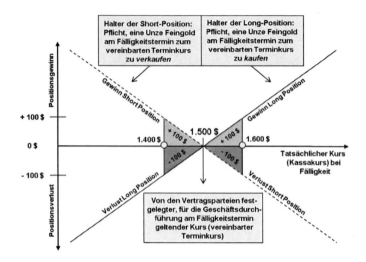

Abbildung 1: Payoff-Diagramm eines Forward-Geschäftes
Quelle: Eigene Darstellung in Anlehnung an Beike/Barckow (2002), S. 4 und McDonald (2009), S. 33 f.

Es ist ersichtlich, dass, sollte der Goldkurs in drei Monaten zum Fälligkeitstermin z. B. bei 1.600 USD notieren, der Halter der Long-Position einen Gewinn i. H. v. 100 USD realisiert. Dieser ergibt sich im Sinne eines Geldflusses, wenn der Investor die Feinunze Gold, die er „gerade" zum Preis von 1.500 USD erworben hat, sofort am Kassamarkt für 1.600 USD weiterverkauft bzw. wenn von vornherein ein Barausgleich festgelegt wurde, der den Halter der Short-Position in diesem Fall dazu verpflichten würde, dem Inhaber der Long-Position die Differenz zwischen herrschendem Kassakurs und vereinbartem Terminkurs zu überweisen (100 USD). Benötigt der Inhaber der Long-Position dagegen das Gold, so ergibt sich für ihn der Gewinn im Sinne einer Ersparnis, da er für die Feinunze, die ihn zum Fälligkeitstermin am Kassamarkt 1.600 USD kosten würde, nur 1.500 USD bezahlen muss. Der Halter der Short-Position dagegen erleidet im beschriebenen Fall einen Verlust, der exakt der Höhe des Gewinnes der Long-Position entspricht, also 100

---

[21] Die Kennzeichnung von Währungsbeträgen im Rahmen der Arbeit folgt nachstehender Logik: innerhalb von Formeln, Rechnungen und Payoff-Diagrammen werden aus Übersichtsgründen Zeichen (z. B. € oder $) verwendet, wobei $ *immer* US-$ bedeutet. Im „Fließtext" dagegen finden die ISO-4217-Codes Anwendung, also USD, EUR, GBP etc.

USD. Dieser ergibt sich wiederum im Sinne eines Geldflusses, falls der Investor nicht im Besitz des Goldes ist (er müsste dann die Feinunze Gold ja für 1.600 USD am Kassamarkt erwerben, erhält dafür vom Inhaber der Long-Position jedoch nur 1.500 USD) bzw. im Falle eines vereinbarten Barausgleichs. Sollte er bereits im Besitz des Goldes sein, resultiert sein Verlust i. H. v. 100 USD „rechnerisch" aus der Tatsache, dass er die Feinunze für 1.500 USD verkaufen *muss*, obwohl er für diese zum selben Zeitpunkt am Kassamarkt 1.600 USD erhielte.

Da aus Forward-Geschäften für beide Parteien in Abhängigkeit von der Kursentwicklung des Underlyings theoretisch „unbegrenzte" Gewinne bzw. Verluste in gleicher Höhe resultieren können, spricht man davon, dass diese ein *symmetrisches Gewinn- und Verlustprofil* bzw. ein *symmetrisches Risikoprofil* aufweisen.[22]

2.1.2.2 Futures

„A *futures contract* is virtually identical to a forward contract"[23]. Die Unterschiede – jene dürften zumindest von „realen" Marktakteuren tendenziell als etwas weniger „fein" als von Whaley (2006) suggeriert angesehen werden – zwischen Futures als *an Terminbörsen* und Forwards als *außerbörslich* geschlossenen, unbedingten Terminkontrakten liegen v. a. (vgl. auch Abbildung 1) in

1) der Standardisierung von Future-Kontrakten hinsichtlich Menge und Qualität des Underlyings, Fälligkeitstermin (für Gold-Futures der Chicago Mercantile Exchange sind, Stand 28.06.2012, z. B. folgende nächste Fälligkeitstermine festgesetzt: 27.07.2012, 29.08.2012, 26.09.2012)[24], Erfüllungsart (Lieferung oder Barausgleich), spätestem Liefer- bzw. Überweisungstermin und ggf. Lieferort[25],

2) der Pflicht zur Unterhaltung eines Marginkontos, auf dem täglich Gewinne und Verluste aus der Position (diese ergeben sich aus der Differenz zwischen dem „aktuellen" Futures-Kurs und dem Kurs, zu dem der Vertrag geschlossen wurde)

---

[22] Vgl. Rudolph/Schäfer (2005), S. 23, sowie Prätsch/Schikorra/Ludwig (2007), S. 214, hier Abb. 5.1.
[23] Whaley (2006), S. 6.
[24] Quelle: http://www.cmegroup.com/trading/metals/precious/gold_product_calendar_futures.html, aufgerufen am 28.06.2012.
[25] Vgl. Rieger (2009), S. 43.

verbucht werden und auf dem deswegen immer ein bestimmter Sicherheitsbetrag zu halten ist[26],

3) sowie der Möglichkeit, die Position jederzeit vor dem Fälligkeitstermin durch das Eingehen einer Gegenposition „glattzustellen".[27]

Das (grafische) Gewinn- und Verlust- bzw. Risikoprofil eines Future-Geschäftes ist trotz der genannten Unterschiede dem des Forward-Geschäftes gleich. Abgesehen von der etwas anderen Terminologie muss lediglich dem durch die Möglichkeit der vorzeitigen Glattstellung gegebenen erweiterten „taktischen Spielraum" durch eine etwas veränderte Abszissenbeschriftung Rechnung getragen werden (für das nachstehende Payoff-Diagramm sei wiederum eine Unze Feingold als Underlying angenommen):

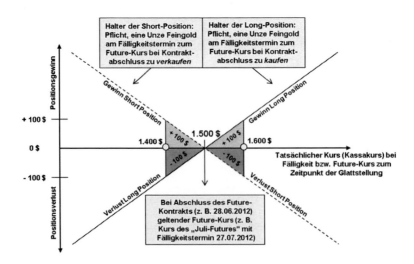

Abbildung 2: Payoff-Diagramm eines Future-Geschäftes
Quelle: Eigene Darstellung in Anlehnung an Zantow (2007), S. 7.

---

[26] Vgl. Heussinger/Klein/Raum (2000), S. 114 f. Auf eine genaue Beschreibung der Margin-Systematik sei an dieser Stelle verzichtet. Diese erfolgt in Kapitel 3.2.3.3 im Rahmen eines Beispiels zur Wechselkursabsicherung mittels Devisen-Futures.
[27] Vgl. Bösch (2011), S. 128 f.

2.1.2.3 Optionen

Eine Option ist eine *entweder* individuell gestaltete, *außerbörslich* geschlossene („OTC-Option") *oder* standardisierte, *an Börsen* geschlossene („Traded Option") vertragliche Vereinbarung zwischen zwei Parteien, dem Käufer der Option (Optionsinhaber bzw. Inhaber der Long-Position) und dem Verkäufer (Stillhalter bzw. Inhaber der Short-Position).[28] Der Käufer der Option erwirbt mit Abschluss des Vertrages das *Recht*

- ein bestimmtes Basisobjekt („Underlying")

- in einer festgelegten Menge

- zu einem bei Vertragsabschluss festgelegten Preis (Basiskurs/„Strike Price")

- genau an (europäische Option)

- bzw. jederzeit bis zu (amerikanische Option)

- einem festgelegten Zeitpunkt in der Zukunft (Fälligkeitstermin)

- zu erwerben (Kauf- bzw. „Call"-Option)

- bzw. zu veräußern (Verkauf- bzw. „Put"-Option).[29]

Bei Optionsgeschäften handelt es sich also um außerbörslich oder an Börsen geschlossene *bedingte Termingeschäfte*, denn das Recht des Optionskäufers stellt keine Verpflichtung zur Ausübung derselben dar, er kann die Option auch ohne Ausübung verfallen lassen. Allerdings hat er dem Verkäufer der Kauf- bzw. Verkaufsoption, der seinerseits keinerlei Wahlrechte besitzt und bei Ausübungswunsch des Käufers zur Vertragserfüllung verpflichtet ist, für dieses Recht bereits bei Vertrags-

---

[28] Vgl. Becker (2007), S. 272 sowie Rudolph/Schäfer (2005), S. 19-22, und Deutsch (2001), S. 58.
[29] Vgl. Heussinger/Klein/Raum (2000), S. 34 f., sowie Benhamou (2007), S. 33 und Rudolph/Schäfer (2005), S. 19.

abschluss eine Prämie, den Optionspreis, zu zahlen.[30] Das Ergebnis, welches sich aus dem Abschluss einer europäischen Call- bzw. Put-Option für die beiden Parteien ergibt bzw. ergeben kann, sei wiederum anhand von Payoff-Diagrammen dargestellt. Die Call bzw. Put-Option werde am 28.06.2012 mit einer Laufzeit von drei Monaten geschlossen. Das Underlying sei wiederum eine Unze Feingold. Der vereinbarte Basiskurs betrage 1.500 USD und entspreche dem Kassakurs am 28.06.2012. Die vom Käufer zu zahlende Optionsprämie werde mit 50 USD veranschlagt:

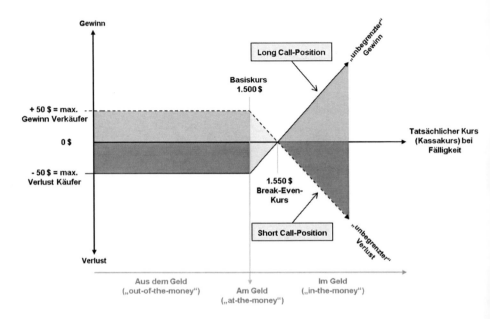

Abbildung 3: Payoff-Diagramm einer Call-Option
Quelle: Eigene Darstellung in Anlehnung an Vuillaume/Obrist/Hirt (2005), S. 114 ff. sowie Zantow (2007), S. 368.

---
[30] Vgl. Bösch (2011), S. 32.

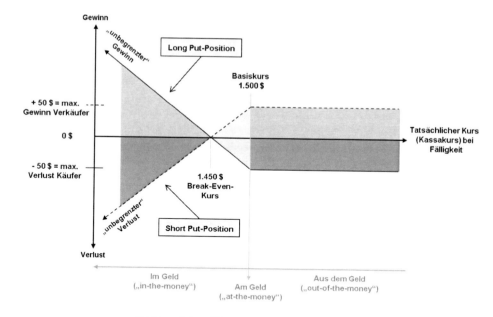

Abbildung 4: Payoff-Diagramm einer Put-Option
Quelle: Eigene Darstellung in Anlehnung an Vuillaume/Obrist/Hirt (2005), S. 118 ff. sowie Zantow (2007), S. 368.

Der Käufer der Call-Option (Put-Option) wird die Option am Fälligkeitstag *nicht* ausüben, wenn die Option zu diesem Zeitpunkt *aus dem Geld* liegt, der Gold-Kassakurs also unter (über) dem Basiskurs notiert. In diesem Fall besitzt der Call (Put) keinen inneren Wert[31], die Unze Gold kann – sollte der Optionskäufer ein Interesse am Besitz haben bzw. das Gold bereits besitzen und ein Interesse am Verkauf haben – günstiger am Kassamarkt erworben bzw. teurer am Kassamarkt verkauft werden.[32] Der Verlust des Optionskäufers beläuft sich dabei auf die Optionsprämie, die für ihn gleichzeitig den maximalen Verlust aus dem Optionsgeschäft darstellt.[33]

Liegt die Option am Fälligkeitstag genau *am Geld*, d. h. entspricht der Gold-Kassakurs genau dem Basiskurs (die Option hat in diesem Fall bereits keinen inneren Wert mehr), so wird ein Käufer der Call-Option (Put-Option), der am Kauf

---

[31] Der innere Wert einer Option zum Betrachtungszeitpunkt ergibt sich aus der Differenz zwischen herrschendem Kassakurs [K(t)] des Basisobjekts und dem Basiskurs (B) (Call) bzw. dem Basiskurs und dem herrschenden Kassakurs (Put), kann jedoch nie negativ sein. Somit gilt: Innerer Wert (Call) = max[K(t)-B ; 0]. Innerer Wert (Put) = max[B-K(t) ; 0]. Vgl. Benhamou (2007), S. 33, sowie Rudolph/Schäfer (2005), S. 22.
[32] Vgl. Heussinger/Klein/Raum (2000), S. 66. Auch spekulative Optionskäufer ohne Interesse an physischer Lieferung, die logischerweise einen Barausgleich als Erfüllungsart festgelegt haben, werden Optionen, die aus dem Geld liegen, selbstverständlich verfallen lassen.
[33] Vgl. Bösch (2011), S. 36 f. u. S. 44 f.

bzw. Verkauf des sich in seinem Besitz befindlichen Goldes zu diesem Datum interessiert ist, bei Nichtberücksichtigung von Transaktionskosten bezüglich der Optionsausübung indifferent sein. Berücksichtigt man jedoch Transaktionskosten, so wird jener Typ von Optionskäufer[34] die Option tendenziell ausüben.[35]

Liegt die Call-Option (Put-Option) am Fälligkeitstag *im Geld*, d. h. der herrschende Gold-Kassakurs notiert oberhalb (unterhalb) des Basiskurses und die Option weist einen inneren Wert auf, so wird der Käufer die Option auf jeden Fall ausüben.[36] Notiert der Kassakurs zwischen Basiskurs und Break-Even-Kurs (Basiskurs + Optionsprämie bei Call-Option, Basiskurs – Optionsprämie bei Put-Option), so reduziert er durch die Ausübung seinen durch die gezahlte Optionsprämie erlittenen Verlust. Notiert der Kassakurs über (unter) dem Break-Even-Kurs, so erzielt der Optionskäufer durch die Ausübung einen Gewinn in Höhe der Differenz zwischen Kassakurs und Break-Even-Kurs (Differenz zwischen Break-Even-Kurs und Kassakurs).[37]

Da bei Optionsgeschäften der Verlust des Optionskäufers bei aus seiner Sicht negativer bzw. der Gewinn des Stillhalters bei aus seiner Sicht positiver Kursentwicklung des Basisobjekts auf die Optionsprämie beschränkt ist, während bei positiver (negativer) Kursentwicklung für den Käufer (Stillhalter) „unbegrenzte" Gewinne (Verluste) möglich sind, spricht man davon, dass diese ein asymmetrisches Gewinn- und Verlustprofil bzw. ein asymmetrisches Risikoprofil aufweisen.[38]

Abschließend sei noch kurz auf die Bestimmung der Optionsprämie eingegangen: Die Höhe dieser hängt neben dem Faktor Angebot und Nachfrage v. a. vom *inneren Wert der Option* bei Vertragsabschluss und deren *Zeitwert* ab.[39] Da die Option im Gold-Beispiel bei Abschluss *am Geld* liegt und somit keinen inneren Wert aufweist, ergibt sich die Prämie von 50 USD ausschließlich aus dem Zeitwert (würde dagegen für den Call ein Basiskurs von z. B. 1.400 USD bzw. für den Put ein Basiskurs von 1.600 vereinbart, so ergäbe sich eine Optionsprämie von etwa 150 USD, da die Option jeweils bereits mit 100 USD im Geld liegt). Der Zeitwert „[...] quantifiziert die Wahrscheinlichkeit, dass [...] die Option bis zum Laufzeitende noch einen inneren

---

[34] Spekulative Käufer im obigen Sinne werden eine Option am Geld immer verfallen lassen.
[35] Die Behauptung von Hull (2009), S. 239, dass nur Optionen, die im Geld liegen, ausgeübt werden, ist nach Meinung des Verfassers der vorliegenden Arbeit kritisch zu sehen.
[36] Vgl. Rieger (2009), S. 50.
[37] Vgl. Vuillaume/Obrist/Hirt (2005), S. 113 f. u. S. 117 f., sowie Bösch (2011), S. 36 f. u. 44 f.
[38] Vgl. Rudolph/Schäfer (2005), S. 17, sowie Prätsch/Schikorra/Ludwig (2007), S. 214, hier Abb. 5.1.
[39] Vgl. Egli (2001), S. 65.

Wert aufbauen bzw. einen vorhandenen inneren Wert noch weiter ausbauen kann"[40] und hängt somit von der Länge der Optionslaufzeit, aber auch von anderen Faktoren wie z. B. der Kursvolatilität des Underlyings ab.[41] Der Zeitwert einer Option nimmt mit zunehmender Annäherung an den Fälligkeitstermin progressiv ab, am Ende der Laufzeit beträgt er schließlich Null.[42]

2.1.2.4 Swaps

Ein Swap ist eine außerbörslich geschlossene, (meist) unbedingte vertragliche Vereinbarung zwischen zwei Parteien über den zukünftigen Tausch von Zahlungsströmen, wobei entweder fixe gegen fixe oder fixe gegen in Form einer Rechenregel an bestimmte Marktpreise gebundene (variable) Zahlungsströme getauscht werden. Bei Abschluss eines Swaps wird festgelegt, zu welchen Terminen die Zahlungen zu leisten sind und auf welche Art und Weise diese berechnet werden.[43] Die am weitesten verbreiteten (unbedingten) Swap-Kontrakte sind Zinsswaps und innerhalb derer die „Kuponswaps"[44], bei denen sich eine Partei dazu verpflichtet, der Gegenpartei über einen bestimmten Zeitraum hinweg (z. B. fünf Jahre) regelmäßig (z. B. alle sechs Monate) einen vertraglich vereinbarten Festzinssatz auf einen fiktiven Nominalbetrag (z. B. eine Million EUR) zu zahlen, während sie von dieser im Gegenzug jeweils Zinszahlungen zu einem variablen Zinssatz (meist der LIBOR bzw. EURIBOR[45], im Beispiel der 6-Monats-LIBOR bzw. -EURIBOR) erhält.[46] Zu den Zahlungsterminen werden natürlich nur die nach Verrechnung der beiderseitigen Verbindlichkeiten verbleibenden Differenzbeträge überwiesen.

Eine umsatzmäßig nicht unbedeutende[47] Sonderform von Swaps stellen CDS als *bedingte* Swap-Kontrakte dar. Ein CDS ist ein Vertrag zwischen zwei Parteien, in dem sich der *Sicherungsnehmer*, der typischerweise einen Kredit (*Risikoaktivum*) vergeben hat (Kreditnehmer: *Referenzschuldner*) und sich gegen die daraus resultierenden Risiken absichern möchte, verpflichtet, dem *Sicherungsgeber*, der bereit ist diese Risiken zu übernehmen, regelmäßig eine prozentuale Prämie auf den abzusichernden Nominalbetrag (Nennwert x Anzahl des *Referenzaktivums*, wobei

---

[40] Heussinger/Klein/Raum (2000), S. 67.
[41] Vgl. Beike/Barckow (2002), S. 8 sowie Egli (2001), S. 66.
[42] Vgl. Zantow (2007), S. 7.
[43] Vgl. Hull (2009), S. 194, sowie Schmidt (2006), S. 65.
[44] Vgl. Becker (2007), S. 245, sowie die Statistiken in Kapitel 2.2.2 der vorliegenden Arbeit.
[45] LIBOR: London Interbank Offered Rate. EURIBOR: European Interbank Offered Rate.
[46] Vgl. Bösch (2011), S. 187 f.
[47] Vgl. wiederum die Statistiken in Kapitel 2.2.2 der vorliegenden Arbeit.

das Referenzaktivum meist eine Anleihe des Referenzschuldners ist[48], z. B. aber auch eine Staatsanleihe dessen Sitzlandes sein kann, um sich gegen das Länderrisiko abzusichern) zu zahlen.[49] Im Gegenzug verpflichtet sich der Sicherungsgeber, bei Eintritt eines genau definierten Kreditereignisses bezüglich des *Referenzaktivums* (z. B. Ankündigung von Seiten des Anleiheemittenten, dass er die Anleihen gar nicht oder nur unter Nennwert zurückzahlen wird) dem Sicherungsnehmer eine wiederum vertraglich genau festgelegte Ausgleichszahlung (z. B. Nominalbetrag – tatsächlicher Rückzahlungswert x Anzahl des Referenzaktivums) zu leisten.

2.1.3 Motive des Einsatzes derivativer Finanzinstrumente

Mittels Derivaten können Risiken vom zugrunde liegenden Basisobjekt abgespalten, getrennt gehandelt und somit leicht über den Markt auf denjenigen Investor transferiert werden, der bereit und fähig ist sie zu tragen.[50]

Derivative Finanzinstrumente ermöglichen somit eine Trennung zwischen der Übernahme des dem Besitz eines Basisobjekts inhärenten Risikos und der tatsächlichen Bestandshaltung jenes Basisobjekts.[51] Die Hauptmotive des Abschlusses von Derivatkontrakten sind denn auch

- die Absicherung („Risikoverkauf") gegen Marktpreis[52]- bzw. Bonitätsrisiken, denen (zukünftig) im Bestand des Marktteilnehmers befindende Basisobjekte unterliegen („Hedging")

- sowie die gezielte Übernahme („Risikokauf") solcher Risiken aus spekulativen Gründen (Spekulation), ohne dass sich dabei das risikotragende Basisobjekt zu irgendeinem Zeitpunkt im Besitz des Spekulanten befinden muss.[53]

---

[48] Im Falle, dass der Kredit in Form des Erwerbs von Anleihen des Referenzschuldners „vergeben" wurde, entsprechen sich Risikoaktivum und Referenzaktivum.
[49] Vgl. hierzu und im Folgenden Zantow (2007), S. 382-385, Hull (2009), S. 645 ff., sowie Whaley (2006), S. 687-690.
[50] Vgl. Zimmermann (2005), S. 69.
[51] Vgl. Rudolph/Schäfer (2005), S. 29.
[52] Unter dem Oberbegriff Marktpreisrisiken lassen sich v. a. Zins-, (Aktien-) Kurs-, Devisenkurs-, Rohstoff- und Absatzgüterpreisrisiken zusammenfassen. Vgl. Zantow (2007), S. 382, sowie Rudolph/Schäfer (2005), S. 26, hier Tabelle 2.1.
[53] Vgl. Durbin (2011), S. 4, Benhamou (2007), S. 23 f., sowie Rudolph/Schäfer (2005), S. 30 f.

So könnte z. B. der Inhaber der Short-Position des oben beschrieben Gold-Forward-Kontraktes ein Goldminenbetreiber sein, der in den nächsten Monaten ein Sinken des Goldkurses befürchtet und sich für das in dieser Zeit abzubauende und in drei Monaten zu verkaufende Gold den „aktuellen" Terminkurs von 1.500 USD pro Feinunze sichern will (Abwälzung des Preisänderungsrisikos: Hedging-Motiv). Es könnte sich aber auch um einen Spekulanten ohne direkten Bezug zum Goldgeschäft, jedoch mit denselben Annahmen bezüglich des zukünftigen Kursverlaufes, handeln, der die Differenz zwischen Terminkurs und dem zukünftigen, annahmegemäß niedrigeren Kassakurs vereinnahmen will (absichtliche Übernahme eines Preisänderungsrisikos: Spekulationsmotiv).

Beim Inhaber der Long-Position könnte es sich um einen (industriellen) Goldschmied handeln, der, anders als der Goldminenbetreiber, mit einem Anstieg des Goldkurses in der nächsten Zeit rechnet und sich für den Kauf des für seine nächste Produktionstranche benötigten Goldes den „aktuellen" Terminkurs von 1.500 USD sichern will. Alternativ kann es sich auch wieder um einen Spekulanten mit derselben Kursprognose handeln. Das Beispiel zeigt auch gut, dass die Gegenpartei eines Hedgers nicht zwingend ein Spekulant sein muss.

Als weiteres Motiv des Einsatzes von Derivaten gilt die Wahrnehmung von Arbitragemöglichkeiten[54], wobei Arbitrage als „das risikolose, gewinnbringende Ausnutzen räumlicher und zeitlicher Preisdifferenzen für gleiche Positionen durch simultane Kauf- und Verkaufstransaktionen [...]"[55] definiert werden kann. Um beim Beispiel des Gold-Forwards zu bleiben: Betrüge der Zinssatz bei Abschluss des Forward-Kontrakts z. B. 4 % p. a. und der Kassakurs 1.470 EUR, so könnte bzw. würde ein Arbitrageur einen Kredit i. H. v. 1.470 EUR aufnehmen, eine Feinunze Gold erwerben und diese sofort per Forward in drei Monaten zum Terminkurs von 1.500 EUR verkaufen. Mit dieser Transaktionsabfolge würde er einen risikolosen Gewinn i. H. v. 1.500 € − 1.470 € · (1 + 0,04 · 0,25) = 15,3 € erzielen.[56] Da diese Gewinnmöglichkeit jedoch auch anderen Arbitrageuren nicht verborgen bliebe und diese identische Geschäfte durchführen würden, würde − vereinfachend sei an dieser Stelle ein fixer Terminkurs angenommen − der Goldkassakurs durch die arbitrageinduzierte Nachfrage solange steigen, bis er bei

---

[54] Vgl. Hull (2009), S. 38.
[55] Rudolph/Schäfer (2005), S. 31.
[56] Ein Arbitrageur würde in der Realität natürlich mit wesentlich größeren Summen handeln, sein risikoloser Gewinn also ein Vielfaches von 15,3 EUR betragen.

$$K_0 = \frac{F_0}{(1 + r \cdot T)} = \frac{1.500\ \text{€}}{(1 + 0{,}04 \cdot 0{,}25)} = 1.485{,}15\ \text{€}$$

seinen „fairen" i. S. v. keine gewinnbringende Arbitrage mehr zulassenden Wert erreicht hätte.[57] Um Arbitragemöglichkeiten (wenn diese überhaupt auftreten) zu realisieren, muss ein Investor offensichtlich „[...] sehr nahe am Markt sein und rasch reagieren können."[58]

2.2 Zur Geschichte des Derivatehandels

Der Handel mit Derivaten hat in den vergangenen 40 Jahren ein bemerkenswertes Ausmaß angenommen. Ein Überblick über diese Entwicklung sowie deren Determinanten erfolgt in Kapitel 2.2.2. Zunächst soll jedoch in Kapitel 2.2.1 ein kurzer Rückblick auf die historische Entwicklung des Derivatehandels ab dem 16. Jahrhundert sowie auf das Verhältnis der Öffentlichkeit respektive Politik gegenüber diesem erfolgen. Der Ausgangszeitpunkt der Betrachtung ist dabei nicht willkürlich gewählt.[59] Erstens etablierten sich im Laufe des 16. Jh. in Antwerpen und Amsterdam die ersten Warenbörsen[60], die eine kontinuierliche Preisfeststellung der gehandelten Güter implizierten und damit die Grundlage für einen regelmäßigen Derivatehandel schufen.[61] Zweitens ist der Handel und die Entstehung unterschiedlicher derivativer Finanzinstrumente seit Mitte der Renaissance bereits recht gut durch die Wirtschaftshistorik erforscht, die Kernpunkte der Entwicklung lassen sich so, ohne auf allzu vage Vermutungen zurückgreifen zu müssen, rekon-

---

[57] Beispiel und Formel angelehnt an Bösch (2011), S. 134 f., und Hull (2009), S. 140 ff. K_0: Zum Zeitpunkt des Kontraktabschlusses herrschender Kassakurs. F_0: Vereinbarter 3-Monats-Terminkurs. r: Zinssatz p. a.. T (hier): Laufzeit (in Monaten) · 30 / 360. Während Bösch (2011) zur Zinsberechnung die Formel $(1 + r)^T$ nutzt, greift Hull (2009) auf die Formel $e^{r \cdot T}$ zurück. Mit der Zinsberechnungsformel (1 + r · T) sei im Rahmen der vorliegenden Arbeit durchgehend ein Mittelweg [Beispiel: $(1 + 0{,}04)^{0{,}25} = 1{,}0099 < (1 + 0{,}04 \cdot 0{,}25) = 1{,}01 < e^{0{,}04 \cdot 0{,}25} = 1{,}0101$] zwischen den Formeln der genannten Autoren beschritten.
[58] Vuillaume/Obrist/Hirt (2005), S. 25.
[59] Für eine detaillierte Beschreibung der Entwicklung von Derivaten bzw. von Termingeschäften mit eindeutig derivativen Eigenschaften von der Antike bis ins 16. Jh. siehe Weber (2008), S. 4-11, oder Poitras (2000), S. 338 ff.
[60] Es soll hier Poitras (2009), S. 5, gefolgt werden, der, des historischen Kontextes wegen, die Definition von „Börse" durch Ehrenberg (1928), S. 54, übernimmt: „A bourse or exchange is an assembly meeting at frequent intervals, usually daily, consisting of the merchants and other persons, who meet for the purpose of dealing without exhibiting, delivering and paying for their goods at the same time." Ehrenberg (1928), S. 54. Eine Börse erfordert hiernach nicht unbedingt einen festen, physischen Ort in Form eines Börsengebäudes.
[61] Vgl. Gelderblom/Jonker (2005), S. 4 ff. Gelderblom/Jonker (2005) betrachten eine stetige Preisfeststellung der zu Grunde liegenden Güter als Voraussetzung für einen regelmäßigen Derivatehandel.

struieren. Wichtiger im Zusammenhang mit der vorliegenden Studie ist jedoch, dass sich in der Literatur der Historiker viele Belege finden, die aufzeigen, dass die Manifestierung eines aktiven Derivatehandels mit all seinen Facetten eng einher ging mit der spekulativen Nutzung dieser Finanzinstrumente. Diese wurde von Öffentlichkeit und Politik schon damals, wohl zu Recht, für Marktverwerfungen verantwortlich gemacht und immer wieder zu reglementieren versucht. Ein Rückblick auf die Geschichte der Derivate zeigt also vor allem, dass deren (spekulativer) Handel und die Versuche, diesen einzuschränken, nicht erst in unserer Zeit ein viel beachtetes Thema sind und erlaubt es, die aktuell diskutierte FTS, ein zentrales Element dieser Studie, in einen historischen Kontext einzubetten.

2.2.1 Entwicklung des Derivatehandels ab der Renaissance

An der in der ersten Hälfte des 16. Jh. entstehenden Antwerpener Warenbörse konnte sich – aus bereits aufgeführten Gründen – erstmals in der Geschichte ein stetiger Handel mit Terminkontrakten auf Waren, v. a. auf Getreide, das sich noch auf dem Seeweg befand, herausbilden. An diesem partizipierten bereits Händler mit rein spekulativen Absichten.[62] Die Möglichkeit zur Spekulation durch Marktteilnehmer, die an einer Abnahme bzw. einer Lieferung der gehandelten Ware gar nicht interessiert waren, erwuchs dabei v. a. durch das Aufkommen standardisierter Terminkontrakte[63], die den gewinn- oder auch verlustbringenden Verkauf eben dieser an eine dritte Partei vor dem Liefertermin erleichterten. An der Amsterdamer Warenbörse, die sich etwa ab Mitte desselben Jahrhunderts etablierte, wurden bereits Termingeschäfte auf Getreide abgeschlossen, die vom Käufer – nach einer gewissen Zeit und gegen Zahlung einer Prämie – annulliert werden konnten.[64] Diese stellten eine weitere Möglichkeit der Terminmarktspekulation dar und können durchaus als Vorgänger der Optionen betrachtet werden.

---

[62] Vgl. Poitras (2009), S. 12.
[63] Vgl. Poitras (2009), S. 13. Der Terminus Terminkontrakt wird im Kontext des Derivatehandels an den frühen Börsen beibehalten, eine Differenzierung zwischen Forward- und Future-Kontrakten erfolgt hier nicht. Von der Existenz sämtlicher, aus Sicht der aktuellen Literatur, konstitutiver Merkmale des Future-Handels (siehe Kapitel 2.1) an den erwähnten Börsen ist nichts bekannt. Auch finden sich keine näheren Angaben darüber, welche Merkmale die erwähnte Standardisierung umfasste. Der erstmalige Handel mit Futures wird allgemein auf die Chicago Board of Trade (1848) zurückgeführt, auch wenn die Handelspraktiken und die Kontraktgestaltung auf dem Reismarkt im japanischen Osaka (1730) diesem bereits sehr ähnlich waren.
[64] Vgl. Gelderblom/Jonker (2005), S. 6.

Im Jahr 1556 bezichtigte der „Sheriff" von Amsterdam erstmals Händler, mittels Terminkontrakten den Preis von Getreide in die Höhe zu treiben. Als Konsequenz wurde der Handel mit diesen per Erlass aus Brüssel noch im selben Jahr verboten. Erneute Verbote aus den Jahren 1565 und 1571 belegen jedoch, dass der Terminhandel unvermindert weiterging.[65]

Ein regelmäßiger Handel mit Terminkontrakten existierte derweil nicht nur an den Warenbörsen in Antwerpen und Amsterdam, sondern auch an der 1571 gegründeten Royal Exchange in London.[66]

1602 emittierte die „Vereinigde Oostindische Compagnie" (VOC) in Amsterdam erstmals Aktien, die – die „Technik" war ja bereits aus dem Warenhandel bekannt – alsbald auch auf Termin gehandelt wurden. 1609/1610 kam es zu einem spekulativen „Angriff" auf die Aktien der VOC durch eine Gruppe von Spekulanten um Isaac Lemaire. Diese verkauften hohe Volumina an Aktien, die sie nicht besaßen, per Termin und verbreiteten anschließend beunruhigende Gerüchte über die Geschäftsentwicklung der VOC, um den Kurs zu drücken und auf diese Weise Gewinne zu realisieren. Daraufhin wurden solche „nackten" Leerverkäufe per Termin verboten. Das Verbot wurde in den folgenden Jahren regelmäßig erneuert, konnte den spekulativen Terminhandel jedoch, auch wegen fehlender Härte bei dessen Durchsetzung, nicht unterbinden.[67] So spielten um 1637 Terminkontrakte auf Tulpenzwiebeln eine wichtige Rolle bei der Entstehung der bekannten Tulpenmanie[68] und Mitte des 17. Jh. hatte sich in Amsterdam bereits ein Markt für Optionen auf Waren und Aktien herausgebildet, wo „[...] puts and calls with regular expiration dates [...]"[69] gehandelt wurden. Gegen Ende des Jahrhunderts existierte schließlich auch in London ein aktiver Optionshandel, hier vornehmlich mit Aktienoptionen.[70] Die Spekulation mit diesen Derivaten spielte wohl eine wichtige Rolle bei der Entstehung der Südseeblase, die um 1720 platzte. In Folge dessen erließ die britische Regierung 1733 den sog. „Barnards Act", der den Handel mit Aktienoptionen für illegal erklärte

---

[65] Vgl. Gelderblom/Jonker (2005), S. 6.
[66] Vgl. Chance (2008), S. 7. Chance (2008) vermutet, dass die Royal Exchange die erste Börse war, an der Terminkontrakte gehandelt wurden. Dies ist mit Verweis auf die Antwerpener Börse kritisch zu sehen.
[67] Vgl. Gelderblom/Jonker (2005), S. 8 f., sowie die ins Englische übersetzten Ausführungen von van Dillen (1935) über die Taktik von Lemaire und seinen Mitstreitern in Poitras/Majithia (2006), S. 59.
[68] Vgl. Chance (2008), S. 7.
[69] Poitras (2000), S. 343.
[70] Vgl. Murphy (2009), S. 10. Für eine detaillierte Beschreibung des mannigfaltigen Einsatzes der Optionen sowie deren Bepreisung, die aufzeigt, wie weit fortgeschritten das Verständnis dieser Derivate zu dieser Zeit bereits war, siehe Murphy (2009), S. 14-26.

und mit einer Geldstrafe belegte. Ebenso wie sämtliche Bemühungen in Amsterdam, bestimmte spekulative Derivategeschäfte zu unterbinden, sollte sich auch dieser Vorstoß als wenig erfolgreich herausstellen.[71]

Auch in Frankreich fand ab Beginn des 18. Jh. ein zunehmender Handel mit derivativen Finanzinstrumenten statt und auch hier kam es zum bereits aus den anderen Ländern bekannten Wechselspiel aus spekulativen Übertreibungen und Versuchen seitens der Politik, den Derivatemarkt zu regulieren.[72] Von Frankreich ausgehend breitete sich der Derivatehandel im 19. Jh. in Deutschland aus, wo er zunächst erlaubt war, während des Ersten Weltkriegs jedoch verboten wurde.[73]

Fernab von Europa, im japanischen Osaka, entstand im Jahr 1730 die erste „reine" Terminbörse, an der ausschließlich Kontrakte auf Reis gehandelt wurden. Die standardisierte Ausgestaltung der Verträge und die Organisationsform deren Handels, etwa die Abwicklung über zentrale Gegenparteien in Gestalt von Clearing-Stellen, erinnern bereits stark an den modernen Future-Handel.[74] Allerdings gab es einige Merkmale, die, bei genauer Orientierung an den heute als konstitutiv angesehenen Merkmalen von Futures, die Bezeichnung der damaligen Kontrakte als solche verbieten. Nach Schaede (1990)[75] musste für *jede* eingenommene Position eine dieser fest zugeschriebene „Initial Margin" bei der Clearing-Stelle hinterlegt werden, die von dieser, außer bei einem Zahlungsausfall, unberührt blieb und „[...] mit dem Kontrakt gehandelt [...]"[76] wurde. Die Marktteilnehmer hatten keine individuellen Konten, auf denen die Ergebnisse der Positionen saldiert wurden. Ergab sich nach dem täglichen „Marking to Market" ein Verlust, so musste dieser am nächsten Tag in bar an die Clearing-Stelle gezahlt werden. Gewinne führten im Gegenzug zu einer Barauszahlung.

Die erste Börse, an der sich im Laufe der Zeit ein Future-Handel[77] herausbildete, der dessen heutiger Definition gerecht wird, war die 1848 gegründete Chicago Board of Trade (im Folgenden: CBoT). Nach deren Vorbild entstanden bald weitere Terminbörsen, u. a. die New York Cotton Exchange (1870) oder das Chicago Butter and Egg Board (1898), Vorläufer der 1919 gegründeten Chicago Mercantile

---
[71] Vgl. Poitras (2008), S. 506 f.
[72] Vgl. Poitras (2008), S. 511 f., und Weber (2008), S. 24-28.
[73] Vgl. Weber (2008), S. 31 u. S. 37, und Rudolph (2005), S. 49.
[74] Vgl. Poitras (2000), S. 365.
[75] Vgl. Schaede (1990), S. 54-68.
[76] Schaede (1990), S. 56.
[77] Die ersten Futures wurden auf Getreide gehandelt, es folgten weitere Agrargüter. Heute werden an der Terminbörse von Chicago auch Futures auf Aktien und Bonds gehandelt.

Exchange (im Folgenden: CME).[78] An der CBoT fand zunächst auch ein Handel mit Optionen statt, dieser wurde seitens der Börse jedoch von Beginn an missbilligt.[79] An den anderen Terminbörsen und an Aktienbörsen waren Optionen wohl ebenfalls nicht unbekannt, jedoch gleichermaßen unerwünscht, denn Poitras (2009) bemerkt: „By the end of the 19th century, all US stock and produce exchanges had banned option trading [...]"[80]. Vollständig unterbunden werden konnte der Handel freilich nicht. Des Weiteren versuchten die Behörden auch die Spekulation mit Futures durch Gesetze einzuschränken. So sah etwa die „Hatch-Washburn Bill", deren Einführung im letzten Moment scheiterte, die Erhebung einer prohibitiven Steuer auf spekulative Future-Geschäfte vor.

Wie gezeigt, existierte zu Beginn des 20. Jh. bereits ein reger Handel mit verschiedenen derivativen Finanzinstrumenten. In den folgenden Jahrzehnten breitete sich vor allem der Future-Handel an organisierten Terminbörsen auch außerhalb der USA immer weiter aus.[81] Das Handelsvolumen in Derivaten blieb zunächst jedoch, zumindest aus heutiger Sicht, gering: „[...] derivatives markets were small until the 1970s [...]"[82].

2.2.2 Entwicklung des Derivatehandels ab den 1970er Jahren

Der bis zum heutigen Tage anhaltende „Boom" im Handel mit derivativen Finanzinstrumenten begann in den 1970er Jahren.[83] Die Aufkündigung der Goldbindung des USD durch den damals amtierenden US-Präsident Nixon Ende des Jahres 1971 und der darauf folgende Zusammenbruch des Systems fixer Wechselkurse („Bretton-Woods-System") 1973[84] „[...] transformed a fixed, relatively predictable foreign exchange market into a market of floating and highly irregular rates"[85]. Zur gleichen Zeit begannen auch die internationalen Zins- und Aktienmärkte eine sprunghaft gestiegene Volatilität aufzuweisen[86], die in den folgenden Jahrzehnten zur „Normalität" werden sollte:

---

[78] Vgl. Whaley (2006), S. 12-16.
[79] Vgl. Poitras (2009), S. 34 f.
[80] Poitras (2009), S. 36.
[81] Vgl. die Zeittafel in Whaley (2006), S. 13 ff.
[82] Stulz (2004) S. 177.
[83] Vgl. Rieger (2009), S. 23.
[84] Vgl. Moffett/Stonehill/Eiteman (2012), S. 62 f.
[85] Jones/Jones (1987), S. 3.
[86] Vgl. Mishkin/Eakins (2009), S. 641.

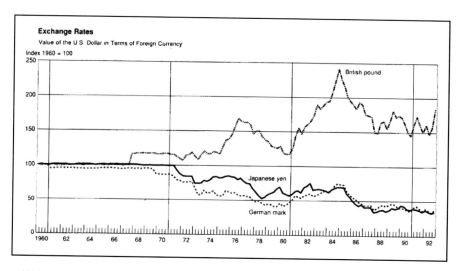

Abbildung 5: Beispiel für die sprunghaft gestiegene Volatilität auf den Devisenmärkten ab Anfang der 1970er Jahren – USD-Werte gegenüber DEM, JPY und GBP in den 1960er, 70er und 80er Jahren
Quelle: Remolona (1992), S. 35, basierend auf Daten des "Board of Governors of the Federal Reserve System"

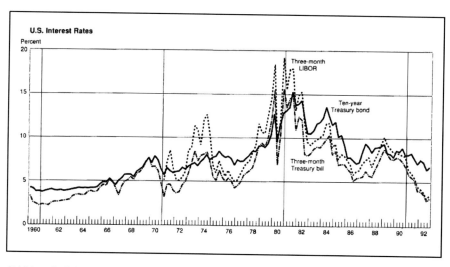

Abbildung 6: Beispiel für die sprunghaft gestiegene Volatilität auf den Zinsmärkten ab Anfang der 1970er Jahre – Entwicklung der Zinsen für dreimonatige US-Schatzwechsel und zehnjährige US-Staatsanleihen sowie des 3-Monats-USD-LIBORS in den 1960er, 70er und 80er Jahren
Quelle: Remolona (1992), S. 36, basierend auf Daten des "Board of Governors of the Federal Reserve System"

Die veränderten, wesentlich volatileren Bedingungen auf den Finanzmärkten weckten bei vielen Wirtschaftsakteuren den Bedarf nach Absicherung gegen die hieraus resultierenden „neuen" – zumindest jedoch stark gestiegenen – Risiken, bei anderen jedoch auch den Wunsch, diese zu spekulativen Zwecken möglichst unkompliziert übernehmen zu können.[87]

Es waren die bereits etablierten US-amerikanischen Warenterminbörsen, die diese latente Nachfrage als Erste bedienten. So führte die CME im Jahre 1972 die ersten Devisen-Futures ein, die CBoT bot ab 1973 – dem Jahr, in dem auch das Optionsbewertungsmodell von Black und Scholes veröffentlicht wurde, welches erstmals die mathematische Bestimmung eines „fairen" (i. S. v. arbitragefrei) Optionspreises ermöglichte[88] – standardisierte und offiziell gehandelte Aktienoptionen an.[89] Ab 1975 begann an derselben Börse der Handel mit Zins-Futures, deren Basisobjekte u. a. US-Schatzwechsel und -Staatsanleihen waren, und Anfang der 1980er Jahre präsentierten gleich mehrere US-Terminbörsen erste Futures auf Aktienindizes.[90] Die 1980er Jahre markierten mit dem Einstieg großer Banken in das zunehmend lukrativer erscheinende Derivategeschäft auch den Beginn des „modernen" OTC-Handels in seiner heutigen Form. Bereits 1981 wurde auf dem OTC-Markt der erste Zinsswap abgeschlossen, das heute mit Abstand am meisten gehandelte derivative Finanzinstrument war geboren.[91]

Das in den folgenden Jahrzehnten beobachtbare Wachstum des Derivatehandels kann getrost als atemberaubend bezeichnet werden. Getrieben durch Deregulierung[92], Computerisierung und daraus resultierender zunehmender Globalisierung und Größe der Finanz-, Waren- und Dienstleistungsmärkte, einer erfindungsreichen Derivateindustrie, die regelmäßig mit Produktinnovationen aufwarten konnte, sowie durch Manager und Mitarbeiter, denen der Einsatz derivativer Finanzinstrumente zunehmend vertraut war, stieg die Nachfrage nach Derivaten kontinuierlich an.[93] So wuchs das Nominalvolumen ausstehender *börsengehandelter* Derivatkontrakte, welches von der Bank for International Settlements (BIS) seit 1986 erfasst wird, von 617,27 Mrd. USD im ersten Jahr der Datenerfassung zwischenzeitlich bis auf

---

[87] Vgl. Lipke (2003), S. 32.
[88] Vgl. Rieger (2009), S. 25, sowie Bösch (2011), S. 67.
[89] Vgl. Whaley (2006), S. 16.
[90] Vgl. Walter (2009), S. 94.
[91] Vgl. Whaley (2006), S. 18.
[92] Als Paradebeispiel für eine Deregulierung, die direkt den Derivatemarkt betraf, kann die Verabschiedung des „Commodity Futures Modernization Act" in den USA im Jahr 2000 gesehen werden, der eine von manchen Politikern angestrebte stärkere Regulierung des OTC-Derivatemarktes verhinderte. Vgl. Sherman (2009), S. 10 f.
[93] Vgl. Rieger (2009), S. 25 f., sowie Lipke (2003), S. 34 f., Stulz (2004), S. 177, und Chance (2008), S. 9.

79.087,77 Mrd. USD im Jahr 2007[94] – ein Anstieg um ca. 12.800 % bzw. ein durchschnittliches jährliches Wachstum von ca. 609 %. Im Zuge der Finanzkrise sank das Nominalvolumen auf „aktuell" (Stand Dezember 2011) 56.563,31 Mrd. USD. Das Nominalvolumen ausstehender außerbörslich gehandelter Derivate wird von der BIS erst seit dem Jahr 1998 erfasst. In diesem Jahr betrug dieses bereits 69.921,94 Mrd. USD, um bis Ende 2011 kontinuierlich – die Finanzkrise schlug sich im OTC-Markt „lediglich" in deutlich geringeren Zuwachsraten, nicht aber in einem Rückgang des Nominalvolumens nieder – auf 605.152,92 Mrd. USD anzuwachsen. Das „aktuelle" gesamte Nominalvolumen ausstehender Derivatkontrakte beträgt damit 661.716,23 Mrd. USD, ein Wert, der etwa dem Zehnfachen der Weltwirtschaftsleistung (Gross World Product) 2011 von 70.160 Mrd. USD[95] entspricht.

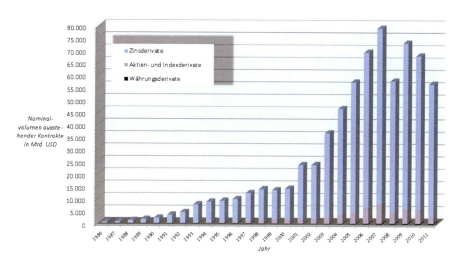

Abbildung 7: Entwicklung des Nominalvolumens ausstehender börsengehandelter Derivate 1986-2011
Quelle: Eigene Darstellung basierend auf Daten der BIS (siehe Fußnote 94)

---

[94] Sämtliche Daten zum Nominalvolumen ausstehender Derivatkontrakte sind den umfassenden Statistiken der BIS entnommen, online unter http://www.bis.org/statistics/extderiv.htm (Statistiken zu börsengehandelten Derivaten) sowie http://www.bis.org/statistics/derstats.htm (Statistiken zu außerbörslich gehandelten Derivaten), aufgerufen am 29.07.2012.
[95] Quelle: CIA World Factbook, online unter https://www.cia.gov/library/publications/the-world-factbook/ geos/xx.html, aufgerufen am 30.07.2012.

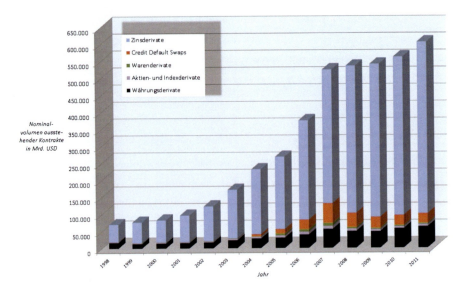

Abbildung 8: Entwicklung des Nominalvolumens ausstehender außerbörslich gehandelter Derivate 1998-2011

Quelle: Eigene Darstellung basierend auf Daten der BIS (siehe Fußnote 94)

Indes blieben auch in der jüngeren Geschichte des Derivatehandels weithin Aufmerksamkeit erregende Spekulationsfälle nicht aus. So führten Verluste (823 Mrd. GBP) aus hochvolumigen derivativen Spekulationsgeschäften eines einzigen Händlers 1995 zum Zusammenbruch der bis dahin hoch angesehenen Barings Bank (diese verfügte zum Zeitpunkt des Verlusteintritts als „kleine" Privatbank lediglich über Eigenkapital i. H. v. etwa 309 Mrd. GBP).[96] 1994 bzw. 1997 trug die Spekulation mit Währungsderivaten (mindestens) zu einer Verschärfung der Mexikokrise bzw. der Asienkrise bei.[97] Der Hedgefonds „Long-Term Capital Management" musste, nachdem er sich im Jahr 1998 durch fehlgeschlagene hoch gehebelte Derivatgeschäfte an den Rand des Zusammenbruchs spekuliert hatte[98], von einem durch die US-amerikanische Notenbank einberufenen Bankenkonsortium gerettet werden, um schwerwiegende Auswirkungen auf die Finanzmärkte zu verhindern.[99]

---

[96] Vgl. Körnert (2003), S. 196-201, sowie Benhamou (2007), S. 15 f.
[97] Vgl. Arnoldi (2004), S. 23, sowie Epstein (2005), S. 152.
[98] Der Hedgefonds verfügte über Eigenkapital i. H. v. etwa fünf Mrd. USD und Fremdkapital i. H. v. 125 Mrd. USD. Mit dieser nahezu ausschließlich auf Fremdkapital basierenden Kapitalstruktur im Hintergrund hatte er spekulative Positionen mit einem Nominalvolumen i. H. v. über 1,4 Billionen USD eingenommen. Vgl. Edwards (1999), S. 198, sowie Epstein (2005), S. 152.
[99] Vgl. Edwards (1999), S. 197-200.

Die Kosten der Rettung betrugen 3,63 Billionen USD. Der bekannte Investor Warren Buffett dürfte all diese Fälle im Kopf gehabt haben, als er im Jahresbericht 2002 seiner Investmentgesellschaft Berkshire Hathaway Derivate in typisch US-amerikanischer Rhetorik als „[...] financial weapons of mass destruction [...]"[100] und „[...] time bombs, both for the parties that deal in them and the economic system"[101] bezeichnete.

Derivate wurden des Weiteren in mehreren Fällen auch im Rahmen von Marktpreismanipulationen eingesetzt. Belegte Fälle sind z. B. die Manipulation der Weltmarktpreise für Sojabohnen durch das italienische Unternehmen Ferruzzi (1989), die Manipulation des Kupferpreises durch die japanische Sumitomo Bank (1995/96) sowie die Manipulation des Ölpreises durch den britischen Ölhändler Arcadia (2001).[102]

Trotz der teilweise weitreichenden sozioökonomischen Folgen der beschriebenen (und anderer) Spekulations- und Manipulationsskandale reagierte die Politik der Industrie- und Schwellenländer – anders als in früheren Zeiten – nicht mit einer schärferen Regulierung oder sogar einem Verbot des Derivatehandels, sondern setzte weiterhin – ganz im Sinne der Friedmanschen neoliberalen Dogmatik – auf die Selbstdisziplinierung und die ökonomische Effizienz deregulierter Finanzmärkte.[103]

Erst seit dem Ausbruch der verheerenden Finanzkrise im Jahr 2007/08 und der Krise des Euroraums im Jahr 2010 ist die Notwendigkeit einer strengen und umfassenden Regulierung der Finanzmärkte, die u. a. auch eine Eindämmung der Spekulation mit derivativen und anderen Finanzinstrumenten wie Aktien, Anleihen, Zertifikaten oder Optionsscheinen einschließt[104], (wieder) in den Blickpunkt der internationalen Politik gerückt. Die von der EU-Kommission vorgeschlagene europa-

---

[100] Buffett (2003), S. 15.
[101] Buffett (2003), S. 13.
[102] Vgl. Dodd (2008), S. 302.
[103] Vgl. Dodd (2008), S. 289. Als Paradebeispiel für den „Siegeszug" neoliberaler Grundsätze auch auf dem Derivatemarkt kann die Verabschiedung des „Commodity Futures Modernization Act" in den USA im Jahr 2000 gesehen werden, der eine von manchen Politikern angestrebte stärkere Regulierung des OTC-Derivatemarktes verhinderte. Vgl. Sherman (2009), S. 10 f.
[104] Die unheilvolle Rolle der Spekulation in der Finanzkrise und der Europakrise, deren sozioökonomische Konsequenzen diejenigen vorhergegangener, durch Spekulation zumindest verschärfter Krisen (z. B. Mexikokrise, Asienkrise) bei weitem übertrafen, scheint den Politikern sprichwörtlich die Augen geöffnet zu haben. So wird die massive spekulative Investition in intransparente und im Zuge zunehmender Kreditausfälle im Jahr 2007 stark an Wert verlierender „Collateralized Debt Obligations" (CDOs) durch v. a. US-amerikanische und europäische Banken allgemein als einer der Auslöser der Finanzkrise gesehen. Vgl. Zimmermann/Badunenko/Schäfer (2010), S. 11-18, sowie Evans (2011), S. 33-36. Die Spekulation auf einen Zahlungsausfall europäischer Krisenländer mittels CDS steht im Verdacht, zu einer Verschärfung der Finanzkrise bzw. der Krise in Europa beigetragen zu haben. Vgl. Karrass/Stierle (2011), S. 34 f.

weite FTS, die in Kapitel 5 der vorliegenden Studie näher vorgestellt wird, kann als ein erster, auf eine möglichst *umfassende* (i. S. v. gleichzeitig die Finanzmärkte mehrerer Länder und eine breite Palette von Finanzinstrumenten betreffende) Einschränkung der Spekulation abzielender Reformvorstoß angesehen werden.

2.3 Devisenmärkte, Wechselkurse und gedeckte Zinsparität

2.3.1 Devisenmärkte und Wechselkurse

Unter Devisen versteht man allgemein „[...] auf ausländischen Plätzen zahlbare Zahlungsanweisungen in fremder Währung [...]"[105], insbesondere Sichteinlagen bei Banken („Buchgeld"), Schecks oder Wechsel. Ausländische Geldscheine und Münzen zählen dagegen nicht zu den Devisen, sie werden als „Sorten" bezeichnet.[106] Da Sorten für die vorliegende Studie irrelevant sind, werden sie im Folgenden auch nicht weiter beachtet. Sämtliche Ausführungen beziehen sich auf Devisen bzw. den Devisenhandel.

Als Wechselkurs sei hier denn auch das für den Umtausch bargeldloser Zahlungsmittel geltende Austauschverhältnis zweier Währungen[107] definiert, wobei zwischen dem *Kassa-* und dem *Terminkurs* zu unterscheiden ist.[108] Während Ersterer den Wechselkurs darstellt, der zum herrschenden Betrachtungszeitpunkt t für den sofortigen Umtausch der Währungen gilt, ist Letzterer der Kurs, zu dem *in t* Verträge über den Kauf bzw. Verkauf eines bestimmten Währungsbetrags *zu einem späteren Termin* (z. B. t + 3 Monate) abgeschlossen werden können. Für jeden zukünftigen Termin existiert dabei ein eigener Terminkurs.[109] Die Differenz zwischen Termin- und Kassakurs wird als „Swapsatz" (positiv: „Report" oder Terminaufschlag, negativ: „Deport" oder Terminabschlag) bezeichnet und meist in Prozent [(Terminkurs – Kassakurs) / Kassakurs)] ausgedrückt.

Die Angabe des Kassa- bzw. Terminkurses kann in zwei verschiedenen Notierungen erfolgen.[110] Die *Mengennotierung*, z. B. 1,30 $/€[111] (Inlandssicht), gibt

---

[105] Vgl. Stocker (2006), S. 148.
[106] Vgl. Jahrmann (2007), S. 326.
[107] Vgl. Büter (2010), S. 351. Alternativ kann der Wechselkurs auch als relativer Preis zweier Währungen definiert werden. Vgl. z. B. Gärtner/Lutz (2009), S. 13.
[108] Vgl. im Folgenden Rose/Sauernheimer (2006), S. 195, sowie Rübel (2009), S. 55 f.
[109] Von dem eher unwahrscheinlichen Fall der Gleichheit der Terminkurse (und dem Kassakurs), dessen Eintritt *mindestens* erfordern würde, dass in beiden Ländern exakt die gleichen Zinsen herrschen *und* die gedeckte Zinsparität (siehe weiter unten) ohne die geringste Abweichung erfüllt ist, sei hier abgesehen.
[110] Vgl. im Folgenden Altmann (2001), S. 338, sowie Stocker (2006), S. 151 f.

an, wie viele Einheiten ausländischer Währung man für eine Einheit inländischer Währung erhält bzw. zu zahlen hat. Der *Kehrwert der Mengennotierung*, hier 0,7692 €/$, stellt die *Preisnotierung* (Inlandssicht) dar und gibt an, wie viele Einheiten inländischer Währung man für eine Einheit ausländischer Währung erhält bzw. zu zahlen hat. Die Mengennotierung aus Inlandssicht entspricht wiederum der Preisnotierung aus ausländischer Perspektive (ein US-Amerikaner muss 1,30 USD, für ihn Inlandswährung, für einen EUR bezahlen), die Preisnotierung aus Inlandssicht entspricht der Mengennotierung aus Auslandssicht. Die in diesem Buch zu Explikations- bzw. Kalkulationszwecken verwendeten Kassa- und Terminkurse sind, so nicht anders angegeben, stets als Mengennotierung aus deutscher Sicht zu verstehen.

Kassa- und Terminkurse werden, freie Konvertibilität der jeweiligen Währungen vorausgesetzt, durch Devisenangebot und -nachfrage auf dem *Devisenkassa- bzw. terminmarkt* determiniert.[112] Angebot und Nachfrage auf beiden Märkten resultieren einerseits aus Transaktionen, deren Motiv im Allgemeinen *nicht* der Devisenhandel selbst ist[113] (z. B. Waren- bzw. Dienstleistungsexport/-import, Kauf-/Verkauf ausländischer Wertpapiere, grenzüberschreitende Kreditaufnahme bzw. -vergabe, Direktinvestitionen im Ausland, Bezug von Einkommen in ausländischer Währung), andererseits aus zum Selbstzweck betriebenen Devisengeschäften (unterschiedliche Formen der „reinen" Devisenspekulation bzw. -arbitrage). Zu Letzteren können auch Zentralbank-interventionen gezählt werden.[114]

Der Devisenmarkt als Oberbegriff für Devisenkassa- und Terminmarkt ist (zum größten Teil) als globaler OTC-Markt „organisiert"[115], auf dem, verbunden durch

---

[111] In Anlehnung an Stocker (2006), S. 152, soll bei Verwendung der Mengennotierung stets der „Fremdwährungscode" im Zähler, der „Heimatwährungscode" im Nenner stehen, also 1,30 $/€ bzw. 1,30$/1€. Für einen EUR erhält man die *Menge* von 1,30 USD, bzw. man muss die *Menge* von 1,30 USD für einen EUR geben.
[112] Vgl. Harms (2008), S. 299.
[113] Dies bedeutet *nicht*, dass Kalküle hinsichtlich des aktuellen/zukünftigen Wechselkurses bei diesen Transaktionen keine Rolle spielten.
[114] Vgl. Dieckheuer (2001), S. 233-246, sowie Brunner/Kehrle (2009), S. 678 f. Für einen Überblick über die Faktoren, die wiederum die verschiedenen genannten devisenangebots- bzw. nachfrageinduzierenden Transaktionen auslösen, letztlich also für die Wechselkursentwicklung ausschlaggebend sind, sei auf die sich dem Thema der Wechselkursbestimmung sehr ausführlich widmenden Kapitel in Dieckheuer (2001), S. 293-341, hier insb. Tabelle 8.1 auf S. 294, Rose/Sauernheimer (2006), S. 179-240, sowie Frenkel (1995), S. 22-264, verwiesen.
[115] Vgl. Mishkin (2004), S. 438, Feenstra/Taylor (2008), S. 477. Genau genommen sind auch die Terminbörsen als Bestandteil bzw. ein „Mosaikstein" des weltweiten Devisenmarktes zu sehen. Der an diesen getätigte Umsatz ist, verglichen mit dem OTC-Markt, jedoch sehr gering und ihr Einbezug in die Ausführungen dieses Kapitels, dessen Ziel „lediglich" eine *Einführung* in die allgemeinen Begrifflichkeiten und Funktionszusammenhänge des Devisenhandels/-marktes ist, kann und soll

modernste Kommunikationstechnologie, sowohl Banken mit ihren (internationalen) Kunden als auch Banken untereinander (Interbankenmarkt) Devisen handeln.[116] Nach den aktuellsten verfügbaren Daten der BIS betrug der durchschnittliche *tägliche* Umsatz auf diesem Markt im April 2010 etwa 4 Billionen USD (4 Trillionen in US-amerikanischer Notation). Davon entfielen 39% auf Geschäfte zwischen den Banken, die verbleibenden 61% auf Transaktionen zwischen diesen und ihren Kunden.[117] Trotz des geringeren Anteils am Devisenumsatzvolumen ist der Interbankenmarkt maßgebend für die *Bestimmung des Wechselkurses*[118], da auf diesem letztlich Devisennettoangebot und -nachfrage der Banken nach interner Verrechnung[119] sowie, in Abhängigkeit von der Währung, Devisenangebot und -nachfrage der Zentralbanken zusammenlaufen. Aufgrund von Devisenarbitrageprozessen sowie der hohen Wettbewerbsintensität zwischen den Banken werden sich die von diesen gestellten Interbanken-Geld/Brief-Kurse – der Geldkurs ist derjenige Kurs, zu dem die Bank Heimatwährung gegen Fremdwährung ankauft, der Briefkurs derjenige, zu dem die Bank Heimatwährung gegen Fremdwährung verkauft – bis auf minimalste Abweichungen nicht unterscheiden.[120] Die Kurse, welche die Banken ihren Kunden offerieren, werden aus den Interbankenkursen abgeleitet (d. h. gleicher Mittelkurs), wobei die Geld/Brief-Spanne abhängig vom Volumen der vom Kunden gewünschten Transaktion, jedoch immer höher als im Interbankenhandel ist[121]. Am 13.06.2012 um 14:19 Uhr galten z. B. folgende $/€-Kurse:

---

unterbleiben. Eine genaue Beschreibung der (auch) an den Terminbörsen gehandelten Produkte erfolgt in Kapitel 3.3.3. An dieser Stelle sei lediglich bereits angemerkt, dass Futures-Kurse und die in diesem Kapitel betrachteten Terminkurse (geltend für Forward-Kontrakte) bedingt durch Arbitrageprozesse (annähernd) gleich sind. Vgl. Shapiro/Sarin (2009), S. 188 f.

[116] Vgl. Dobeck/Elliott (2007), S. 116-119.
[117] Vgl. BIS (2010), S. 7 f.
[118] Vgl. Rugman/Collinson (2009), S. 197, sowie Rübel (2009), S. 118.
[119] Eine Bank wird typischerweise sämtliche terminkongruenten, gegenläufigen Devisengeschäfte gleichen Typs, die aus Eigenhandel und Kundentransaktionen resultieren, gegeneinander verrechnen. Vgl. Brunner/Kehrle (2009), S. 678. Die positive oder negative Nettoposition nach Aufrechnung wird dann am Interbankenmarkt nachgefragt bzw. angeboten. Will eine deutsche Bank z. B. 5.000.000 USD aus spekulativen Gründen kaufen (Bank will EUR in USD umtauschen) und erhält von einem Kunden den Auftrag, auf seinem Konto eingehende 3.000.000 USD gegen EUR umzutauschen, so wird sie die gegenläufigen Geschäfte verrechnen (die Bank spart dabei einen EUR-Betrag i. H. v. [3.000.000$/Geldkurs (Interbank) anderer Bank ($/€)] - [3.000.000$/eigener Briefkurs ggü. Kunde ($/€)]) und nur die verbleibenden 2.000.000 USD als Nettonachfrage auf den Interbankenmarkt „tragen".
[120] Vgl. Rübel (2009), S. 55, sowie Shapiro/Sarin (2009), S. 170 f.
[121] Vgl. Clark (2002), S. 136. Im Rahmen der Arbeit sei jedoch vereinfachend angenommen, dass die Geld-/Brief-Spanne für Kundengeschäfte immer der auf den Websites der Banken und in den Wirtschaftszeitungen für Kundengeschäfte angegebenen „Standardspanne" von 60 Pips im Falle von Kassatransaktionen plus einem geringen Aufschlag im Falle von Termintransaktionen entspricht.

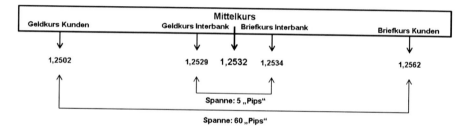

Abbildung 9: Kassakurse am 13.06.2012, 14:19 Uhr
Quelle: Eigene Darstellung[122] in Anlehnung an Stocker (2006), S. 155

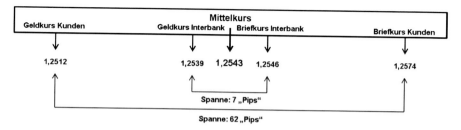

Abbildung 10: 3-Monats-Terminkurse am 13.06.2012 um 14:19
Quelle: Eigene Darstellung

Die Ermittlung der Wechselkurse erfolgte wie nachstehend beschrieben:

- Entnahme der Interbanken-Kassa- und Terminkurse (Geld/Brief) von der Website der HSBC[123] (dort fünfminütlich aktualisiert) und Ableitung des jeweiligen aufgerundeten Mittelkurses.

- Berechnung der Kassakurse (Geld/Brief) gegenüber Kunden unter Verwendung der von Banken für diesen $/€-Kassakurs seit jeher standardmäßig angegebenen Spanne von 60 „Pips" (Mittelkurs –/+ 30 „Pips").[124]

---

[122] Hinweise: „Pip": „Percentage in Point". Geringstmögliche Veränderung des Wechselkurses. Bei Mengennotierung mit vier Nachkommastellen entspricht ein „Pip" 0,0001 Einheiten der Fremdwährung, im Beispiel also 0,01 $-Cents. Geld/Brief-Spannen werden üblicherweise in „Pips" angegeben. Vgl. z. B. Sidddaiah (2010), S. 9.
[123] Quelle: www.hsbctrinkhaus.de/global/display/maerkteundresearch/devisen/devisenkurse, aufgerufen am 13.06.2012 um 14:19 Uhr.
[124] Vgl. z. B. Devisenkursarchiv der Commerzbank unter www.commerzbank.de/de/hauptnavigation/ kurse/kursinfo/devisenk/archiv/2012_1/devisenk_archiv_12.html.

- Ermittlung der Terminkurse (Geld/Brief) gegenüber Kunden nahezu äquivalent, jedoch unter Berücksichtigung der weiteren Geld/Brief-Spanne (im Beispiel: Geld/Brief-Spanne beim Interbanken-3-Monats-Terminkurs um 2 „Pips" höher als beim Interbanken-Kassakurs, also auch Erweiterung der Geld/Brief-Spanne für Terminkurs gegenüber Kunden um 2 „Pips" auf 62 „Pips").

Diese Systematik der Kursermittlung wird in sämtlichen Beispielen der vorliegenden Studie, in denen „reale" Mittel-, Geld- oder Briefkurse zur Berechnung herangezogen werden, zur Anwendung kommen.

2.3.2 Die Bedingung der gedeckten Zinsparität

Das Verhältnis von Termin- und Kassakurs bzw. die prozentuale Differenz (prozentualer Swapsatz) zwischen beiden stellt sich natürlich nicht beliebig ein, sondern wird – zumindest in der Theorie – *exakt* durch die für die Heimat- und die jeweilige Fremdwährung geltenden risikolosen Zinssätze in folgender Form determiniert:[125]

$$\frac{1+z_a}{1+z_i} = \frac{w_{t;M}}{w_{k;M}} \qquad (I)$$

bzw.

$$\left(\frac{1+z_a}{1+z_i}\right) \cdot w_{k;M} = w_{t;M} \qquad (II)$$

bzw.

$$\left(\frac{1+z_a}{1+z_i}\right) \cdot w_{k;M} - \left(\frac{1+z_i}{1+z_i}\right) \cdot w_{k;M} = w_{t;M} - w_{k;M}$$

bzw.

$$\left(\frac{z_a - z_i}{1+z_i}\right) \cdot w_{k;M} = w_{t;M} - w_{k;M}$$

---

[125] Vgl. hierzu und im Folgenden Sperber/Sprink (2007), S. 151-154.

bzw.

$$\frac{z_a - z_i}{1 + z_i} = \frac{w_{t;M} - w_{k;M}}{w_{k;M}} \qquad \text{(III)}$$

mit

z_i = risikoloser Inlandszinssatz
z_a = risikoloser Auslandszinssatz gleicher Laufzeit
$w_{k;M}$ = Kassa-Mittelkurs
$w_{t;M}$ = „zinslaufzeitgleicher" Termin-Mittelkurs

Die oben dargestellten Bedingungen (I) und (III) werden auch als „Bedingung der gedeckten Zinsparität" bezeichnet.[126] Man beachte, dass jene Bedingung als theoretisches Konstrukt *erstens* von Transaktionskosten in Form von Geld/Brief-Spannen[127] abstrahiert und *zweitens* implizit unterstellt, dass zunächst einmal risikolose Zinssätze überhaupt existieren *und* ein inländischer Investor eine Auslandsanlage zum ausländischen risikolosen Zinssatz als genauso wenig risikobehaftet ansieht wie die Anlage zum inländischen risikolosen Zinssatz. Warum die Bedingung der gedeckten Zinsparität *unter genannten Einschränkungen* „stets" (etwa bei Überprüfung im Minutentakt) erfüllt sein wird, soll anhand des folgenden, plakativen Beispiels[128] für die $/€-Kurse aufgezeigt werden:

a) Es sei die Devisenabteilung einer deutschen Bank betrachtet. Dort beobachtet ein Mitarbeiter um 11:37:00 Uhr folgende Zinssätze und Kurse:

---

[126] In der Literatur wird zur formellen Darstellung der Bedingung der gedeckten Zinsparität überwiegend auf Formel (III) abgestellt. Meist wird dabei vereinfachend der Nenner des linken Terms vernachlässigt, um den Zusammenhang zwischen Zinsen und Wechselkursen im Sinne der Lehre „eingängig" („*der Swapsatz sollte der Zinsdifferenz entsprechen*") darzustellen. In der vorliegenden Studie wird dagegen mit Formel (I) gearbeitet.
[127] Geld/Brief-Spannen existieren auch für die Interbanken-Zinssätze, die in der Literatur (meist) [vgl. z. B. Kolb/Overdahl (2003), S. 63 ff.] und auch im Rahmen der vorliegenden Studie als die „risikolosen" Zinssätze je Währung betrachtet werden. So existiert neben dem EURIBOR auch ein EURIBID (European Interbank Bid Rate), neben dem LIBOR ein LIBID (London Interbank Bid Rate), wobei die „Bid Rates" nicht offiziell angegeben werden. Vgl. Fischer (2010), S. 104 f.
[128] Das Beispiel ist angelehnt an die Ausführungen in Appleyard/Field/Cobbs (2010), S. 503 f., und Rose/Sauernheimer (2006), S. 196 ff.

- Risikoloser Inlands- bzw. EUR-Zinssatz (z_i) für drei Monate: 4 % (p. a.)
- Risikoloser Auslands- bzw. USD-Zinssatz (z_a) gleicher Laufzeit: 8 % (p. a.)
- Aktueller Kassa-Mittelkurs ($w_{k;M}$): 1,3000 $/€
- 3-Monats-Termin-Mittelkurs ($w_{t;M}$): 1,3129 $/€

Die Bedingung der gedeckten Zinsparität ist zu diesem Zeitpunkt erfüllt. Beweis mittels (I):[129]

$$\frac{1 + 0,08 \cdot 90/360}{1 + 0,04 \cdot 90/360} = \frac{1,02}{1,01} = (1,0099 =) \frac{1,3129 \, \$/€}{1,3000 \, \$/€}$$

b) Um 11:37:30 Uhr stellt der Mitarbeiter fest, dass, bei Konstanz der anderen Parameter, der risikolose USD-Zinssatz für drei Monate auf 8,8 % (p. a.) gestiegen ist. Die Bedingung der gedeckten Zinsparität ist in diesem Moment nicht mehr erfüllt:

$$\frac{1 + 0,088 \cdot 90/360}{1 + 0,04 \cdot 90/360} = \frac{1,022}{1,01} (= 1,0119) > \frac{1,3129 \, \$/€}{1,3000 \, \$/€} (= 1,0099)$$

c) Der Mitarbeiter veranlasst sofort folgende Transaktionen:

- Aufnahme eines dreimonatigen EUR-Kredits, z. B. von 10.000.000 EUR zu z_i.
-
- Kauf von USD mit dem EUR-Betrag zum gültigen Kassa-Mittelkurs $w_{k;M}$ und Anlage des USD-Betrags für drei Monate zu z_a.
-
- Verkauf (bereits jetzt) des nach drei Monaten resultierenden USD-Betrags gegen EUR per Termin.
-

d) Die von dem Mitarbeiter vorgenommenen Transaktionen stellen ein Zinsarbitragegeschäft dar, dem folgendes Kalkül zugrunde liegt:

---

[129] Sämtliche Kurse und Ergebnisse im Beispiel sind auf vier Nachkommastellen gerundet. Der hinsichtlich der Erfüllung der gedeckten Zinsparität „korrekte" Terminkurs wäre nach (II) 1,3128713 $/€. Als Zinsberechnungsmethode sei im Beispiel die „30/360-Methode" herangezogen. Zu den verschiedenen Zinsberechnungsmethoden vgl. Bösch (2009), S. 69.

- Die Tilgung des EUR-Kredits nach drei Monaten wird kosten:
- 10.000.000 € · 1,01 = 10.100.000 €

- Für die 10.000.000 EUR erhält man zum aktuellen Kassakurs:
- 10.000.000 € · 1,30 $/€ = 13.000.000 $
- Die Anlage des USD-Betrags für drei Monate erbringt:
- 13.000.000 $ · 1,022 = 13.286.000 $

- Der Verkauf des resultierenden USD-Betrags zum Terminkurs erbringt:
- 13.286.000 $ / 1,3129 $/€ = 10.119.583 €

- Nach Tilgung des EUR-Kredits mit dem erhaltenen EUR-Betrag verbleibt ein risikolos erzielter Gewinn i. H. v.:
- 10.119.583 € − 10.100.000 € = 19.583 €

Zum Vergleich: Um 11:37 Uhr, als die gedeckte Zinsparität noch erfüllt war, hätte dasselbe Geschäft keinen Gewinn erbracht, der aus dem „Round-trip" resultierende EUR-Betrag hätte gerade zur Tilgung der EUR-Verbindlichkeit gereicht:

- 13.000.000 $ · 1,02 = 13.260.000 $
- 13.260.000 $ / 1,3129 $/€ ≈ 10.100.000 €[130]

d) Nun wird die Arbitragemöglichkeit natürlich nicht nur von der betrachteten Bank bemerkt werden. Auch die Mitarbeiter von Devisenabteilungen anderer Banken der Eurozone werden „simultan" die Gewinnchance erkennen und auf die gleiche Weise zu nutzen versuchen. Unterstellt man zur Vereinfachung der folgenden Ausführungen fixen Terminkurs von 1,3129 $/€, so wird durch das arbitrageinduzierte Überschussangebot an EUR (bzw. die Überschussnachfrage nach USD) der Kassakurs sinken.[131] Die Arbitrageaktivitäten und das dadurch bedingte

---

[130] Würde man 1,3128713 $/€ als Terminkurs einsetzten, so käme man genau auf 10.100.000 EUR.
[131] Genau genommen können die Arbitragegeschäfte auch wiederum die Zinssätze selbst berühren, d. h. z_i würde im Beispiel tendenziell steigen, während z_a tendenziell wieder etwas abnehmen würde. Eine hierzu durchgeführte Studie ergab jedoch, dass sich Anpassungsprozesse hin zur gedeckten Zinsparität zum Großteil über Wechselkursveränderungen vollziehen. Vgl. Appleyard/Field/Cobb (2010), S. 504.

Absinken des Kassakurses werden solange anhalten, bis die gedeckte Zinsparität bei einem Kassakurs von [Formel abgeleitet aus (I)]

$$\frac{1{,}01}{1{,}022} \cdot 1{,}3129 \ \$/€ = 1{,}2975 \ \$/€$$

wieder „hergestellt" und damit keine gewinnbringende Zinsarbitrage mehr möglich ist. Der beschriebene Anpassungsprozess würde dabei in Sekundenschnelle ablaufen. Zu zum Gleichgewicht der gedeckten Zinsparität zurückführenden Arbitragegeschäften kommt es in der Theorie natürlich nicht nur in dem beschriebenen Fall des Anstiegs des USD-Zinssatzes, sondern immer, wenn die Bedingungen (I) bzw. (III) verletzt werden, sei dies nun letztlich durch Änderungen des inländischen/ ausländischen risikolosen Zinssatzes oder des Kassakurses/Terminkurses ausgelöst.[132]

Ist die Gültigkeit der gedeckten Zinsparität nun auch in der Realität zu beobachten? Zur Beantwortung dieser für den Kernteil der vorliegenden Studie äußerst wichtigen Frage seien aktuelle Daten herangezogen und in Bedingung (I) eingesetzt, wobei wieder USD und EUR betrachtet werden. Am 18.06.2012 um 16:51 Uhr waren folgende Zinssätze und Wechselkurse zu beobachten:

- 3-Monats-EURIBOR (z_i): 0,6590 %
- 3-Monats-USD-LIBOR (z_a): 0,4679 %[133]
- Kassa-Mittelkurs ($w_{k;M}$): 1,2594 \$/€
- 3-Monats-Termin-Mittelkurs ($w_{t;M}$): 1,2605 \$/€[134]

Eingesetzt in (I) ergibt sich:

$$\frac{1 + 0{,}004679 \cdot 93/360}{1 + 0{,}006590 \cdot 93/360} = \frac{1{,}001209}{1{,}001702}(= 0{,}999508) < \frac{1{,}2605 \ \$/€}{1{,}2594 \ \$/€}(= 1{,}000873)^{135}$$

---

[132] Vgl. Rose/Sauernheimer (2006), S. 198.
[133] Zinssätze entnommen von: http://www.finanzen.net/zinsen/euribor (EURIBOR) und http://www.finanzen.net/zinsen/libor/?stWaehrung=USD (USD-LIBOR), aufgerufen am 18.06.2012 um 16:51 Uhr. Der USD-LIBOR wird hier als Proxy-Variable für die US-amerikanischen Interbankenzinssätze verwendet.
[134] Quelle: www.hsbctrinkhaus.de/global/display/maerkteundresearch/devisen/devisenkurse, aufgerufen am 18.06.2012 um 16:51 Uhr.

Es ist ersichtlich, dass die Bedingung der gedeckten Zinsparität *annähernd*, aber *nicht exakt* erfüllt ist (der „korrekte Terminkurs betrüge 1,2588 \$/€)[136], theoretisch eröffnete die dargelegte Zins-Wechselkurs-Konstellation eine Arbitragechance für USD-Investoren.[137] Diese Beobachtung deckt sich mit der Aussage von Levi (2005): „In reality, covered interest parity holds very closely, but it does not hold precisely"[138]. Als Erklärung für die in der Realität beobachtbaren Abweichungen von der gedeckten Zinsparität stellen die meisten Autoren[139] auf die Existenz von Transaktionskosten in Form von Geld/Brief-Spannen bei Wechselkursen und Zinsen ab, die in den Bedingungen (I) und (III) nicht berücksichtigt werden. So würden US-amerikanische Round-trip-Arbitrageure statt mit den Mittelkursen mit den Geld/Brief-Kursen, statt mit dem EURIBOR mit dem etwas niedrigeren EURIBID kalkulieren. Es könnte also sein, dass zwar die *theoriebasierte* Bedingung der gedeckten Zinsparität nicht erfüllt ist, sich in der Realität aber dennoch keine gewinnbringenden Arbitragemöglichkeiten mehr ergeben. Dieser – wie erwähnt weit verbreiteten – transaktionskostenbezogenen Erklärung der Abweichung von der gedeckten Zinsparität spricht wiederum Levi (2005) jedoch die Gültigkeit ab: „[...] it has generally become recognized that transaction costs *do not* [Hervorh. d. Verf.] contribute to deviations from interest parity"[140]. Als Begründung nennt er die Existenz von „Nicht-Round-trip-Arbitrageuren", die z. B. in drei Monaten ohnehin EUR benötigen und deren Überlegungen sich auf folgende zwei Alternativen konzentrieren:

1) Kauf von EUR jetzt zum Kassakurs (Brief) und dreimonatige Anlage zum 3-Monats-EURIBID.

---

[135] Bei Berechnungen, die ein exaktes Vorgehen erfordern, werden hier und im Folgenden sämtliche Ergebnisse auf sechs Nachkommastellen gerundet. Die Zinsberechnung im Falle des EURIBOR und des LIBOR erfolgt in der Realität – so denn auch hier – auf Basis der „actual/360-Methode".

[136] Berechnung des „korrekten" Terminkurses mittels (II):

$$\frac{1 + 0{,}004679 \cdot 93/360}{1 + 0{,}006590 \cdot 93/360} \cdot 1{,}2594 \, \frac{\$}{€} = 1{,}2588 \, \frac{\$}{€}.$$

[137] Die *theoretische*, aus Formel (I) ablesbare Entscheidungsregel lautet:

- $(1 + z_a)/(1 + z_i) > w_{t;M}/w_{k;M}$: Arbitragemöglichkeit für EUR-Investoren.
- $(1 + z_a)/(1 + z_i) < w_{t;M}/w_{k;M}$: Arbitrage-möglichkeit für USD-Investoren.

[138] Levi (2005), S. 171.
[139] Vgl. z. B. Wang (2005), S. 51 f., Connolly (2007), S. 56 f., oder Appleyard/Field/Cobb (2010), S. 501 f.
[140] Levi (2005), S. 172.

2) Anlage von USD jetzt zum USD-LIBID und Terminkauf von EUR zum 3-Monats-Terminkurs (Brief).

Für die Kalkulation dieser Arbitrageure spielen Transaktionskosten in Form von Geld/Brief-Spannen keine Rolle, weshalb deren Handeln (unterstellt man, dass der prozentuale Abschlag des EURIBID vom EURIBOR demjenigen des USD-LIBID zum USD-LIBOR entspricht und die Differenz in „Pips" zwischen Kassabrief- und -mittelkurs derjenigen zwischen Terminbrief- und -mittelkurs entspricht) letztlich zur Erfüllung der gedeckten Zinsparität nach (I) bzw. (III) führen müsste.[141]

Betrage z. B. der USD-LIBID bzw. der EURIBID 95 % des USD-LIBORS bzw. EURIBORS, also 0,004679 · 93/360 · 0,95 = 0,001148 (USD-LIBID) und 0,006590 · 93/360 · 0,95 = 0,001617, der Kassakurs (Brief) 1,2596 \$/€ und der 3-Monats-Terminkurs (Brief) 1,2607 \$/€. In diesem Falle wäre für die Arbitrageure Alternative 1 lohnenswerter (z. B. [2.000.000 \$ / 1,2596 \$/€] · 1,001617 = 1.590.373,1 € > [2.000.000 \$ · 1,001148] / 1,2607 \$/€ = 1.588.241,5 €). Durch die Überschussnachfrage nach Kassa-EUR würde der Kassakurs solange steigen, bis beide Alternativen zum selben Ergebnis führen. Dies wäre beim Kassakurs (Brief) von 1,2613 \$/€ der Fall. Abzüglich 2 „Pips" ergäbe dies einen Kassamittelkurs von 1,2611 \$/€, genau derjenige Kurs, zu dem die Bedingung der gedeckten Zinsparität erfüllt wäre:

$$\frac{1 + 0,004679 \cdot 93/360}{1 + 0,006590 \cdot 93/360} = \frac{1,001209}{1,001702}(= 0,999508) \approx \frac{1,2605 \, \$/€}{1,2611 \, \$/€}(= 0,999524)$$

Für Abweichungen von der gedeckten Zinsparität müssen also andere Faktoren verantwortlich sein. Ein solcher Erklärungsfaktor kann v. a. das Vorliegen einer Risikoprämie sein. So könnten Arbitrageure mit einem Zahlungsausfall der ausländischen Bank rechnen, bei der der „Arbitragebetrag" angelegt wird (Ausfallrisiko)[142], oder befürchten, dass die ausländische Regierung, während das Kapital im Ausland angelegt ist, den Kapitalverkehr restringiert bzw. im Extremfall ausländische Gelder

---

[141] Vgl. Levi (2005), S. 172-179.
[142] Empirische Belege für die Relevanz des Ausfallrisikos als Erklärungsfaktor für Abweichungen von der gedeckten Zinsparität finden sich bei Fong/Valente/Fung (2010), S. 1098-1107, sowie Baba/Packer (2009), S. 1953-1962.

„einfriert" oder konfisziert (politisches Risiko).[143] Beides würde dazu führen, dass Arbitrage nur bis zu einem gewissen „Punkt" erfolgt, in dem die erzielbaren Arbitragegewinne gerade noch das eingegangene (subjektiv bewertete) Risiko kompensieren. Bezogen auf Abweichungen von der gedeckten Zinsparität im Falle von Währungen der Industrieländer dürfte das politische Risiko eigentlich keine Rolle spielen[144], somit auch nicht als Erklärungsfaktor für die beobachtete Abweichung im EUR-USD-Fall in Frage kommen. Ein gegenüber europäischen Banken wahrgenommenes Ausfallrisiko kann in Anbetracht der derzeit als „angespannt" zu bezeichnenden Lage vieler Institute (Stand: Juni 2012) dagegen als durchaus valide Erklärung für die genannte Deviation angesehen werden.

---

[143] Vgl. Moffett/Stonehill/Eiteman (2012) S. 189, sowie Madura/Fox (2007), S. 270 f., und Levi (2005), S. 179 f.
[144] Vgl. Moffett/Stonehill/Eiteman (2012), S. 189.

3 Das Management von Währungstransaktionsrisiken in internationalen Unternehmen

3.1 Zur Frage der Notwendigkeit der Absicherung von Währungstransaktionsrisiken

Seit dem Zusammenbruch des Bretton-Woods-Systems Anfang der 1970er Jahre, der eine deutliche Zunahme der Volatilität vieler weltwirtschaftlich bedeutender Wechselkurse nach sich zog, unterliegen vor allem international operierende Unternehmen einem erhöhten Wechselkursrisiko. Dieses ergibt sich aus der Unsicherheit bezüglich der zukünftigen Entwicklung des Wechselkurses[145], für deren Beurteilung angesichts der als stark eingeschränkt zu bezeichnenden Prognosefähigkeit fundamentaler und technischer Analyseverfahren[146] „bestenfalls [...] eine Wahrscheinlichkeitsverteilung [...]"[147] zu Verfügung steht. In der Literatur wird dabei zwischen drei Ausprägungsformen des Wechselkursrisikos unterschieden, dem Translationsrisiko, dem Transaktionsrisiko und dem ökonomischen Risiko. Deren Abgrenzung erfolgt im Hinblick auf die verschiedenen Finanzpositionen eines Unternehmens[148], deren Werte vom Wechselkurs abhängen und durch die Ungewissheit über dessen Entwicklung selbst zu Zufallsvariablen werden (*Translationsrisiko:* Von der Kapitalkonsolidierung berührte Bilanzpositionen bei Existenz einer oder mehrerer ausländischer Tochtergesellschaften. *Transaktionsrisiko:* Offene Fremdwährungspositionen. *Ökonomisches Risiko:* Sämtliche zukünftige Ein- oder Auszahlungen in Inlands- oder Fremdwährung). Im Mittelpunkt der vorliegenden Studie soll dabei alleine die Betrachtung des Transaktionsrisikos und dessen Management stehen.

---

[145] Vgl. Pfennig (1998), S. 11. Das Wechselkursrisiko (i. w. S.) bezieht sich dabei nicht nur auf die Unsicherheit hinsichtlich einer aus Sicht des Unternehmens ungünstigen Wechselkursentwicklung, die zu einer „negativen" Verfehlung geplanter finanzieller Ziele in Form von Währungsverlusten führt bzw. führen kann, sondern auch auf die Unsicherheit bzgl. einer vorteilhaften Entwicklung und einer damit (möglicherweise) einhergehenden „positiven" Zielverfehlung in Form von Währungsgewinnen. Vgl. Arnsfeld/Le/Willen (2008), S. 10. Hieraus resultiert letztlich die Komplexität der Entscheidungsfindung im Management von Wechselkursrisiken.

[146] Mit Fundamentalmodellen erstellte Prognosen sind in der kurzen und mittleren Frist sogar denen eines „naiven" Random-Walk-Modells unterlegen. Vgl. Frenkel (1995), S. 51. Empirische Untersuchungen zum Prognoseerfolg technischer Analysemethoden kommen zwar zu dem Ergebnis, dass Devisenhändler mittels dieser durchaus regelmäßige Profite erzielen können, die Prognosen mithin also richtig sind, dies jedoch nur für bestimmte Perioden gilt, z. B. in Zeiten verstärkter Zentralbankaktivitäten. Vgl. Menkhoff/Taylor (2007), S. 946 f., sowie LeBaron (1999), S. 140 f. Somit erlauben auch diese Modelle keine verlässlichen Vorhersagen. Beobachtungen über den weit verbreiteten Einsatz der technischen Analyse im Allgemeinen und deren zeitweiser Profitabilität im Besonderen dürften eher für die Diskussion der Effizienz von Devisenmärkten interessant sein.

[147] Vgl. Breuer (1997), S. 109.

[148] Vgl. ebenda, S. 109-123.

Ein Transaktionsrisiko für ein Unternehmen entsteht immer dann, wenn Verträge abgeschlossen werden, die zu Ein- bzw. Auszahlungen in einer Fremdwährung zu einem späteren Zeitpunkt führen.[149] Da der zukünftige Gegenwert dieser Zahlungsströme in Heimatwährung[150] abhängig ist vom zum Stichtag[151] geltenden, ex ante nicht verlässlich prognostizierbaren Wechselkurs, kann er vom kalkulierten Betrag z. T. erheblich abweichen[152] und stellt damit eine risikobehaftete Position („Transaktionsexposure", im Folgenden als „Exposure", bezeichnet)[153] dar.

Hinsichtlich des Transaktionsrisikos stellt sich nun für jedes Unternehmen, das Handelsbeziehungen mit dem Ausland unterhält, die zu Fremdwährungsein- bzw. -ausgängen führen, die grundsätzliche Frage, ob eine Erfassung und Steuerung desselben überhaupt vorgenommen werden soll. Ein aktives Währungstransaktionsrisikomanagement (im Folgenden: Transaktionsrisikomanagement) bringt nun einmal auch Kosten mit sich, etwa für qualifiziertes Personal, moderne Informationstechnologie, externe Informationsdienstleistungen oder in Form von Gebühren im Handel mit derivativen Kurssicherungsinstrumenten.[154] Eine Unternehmensleitung, die der Ansicht folgt bzw. darauf spekuliert, dass sich längerfristig wechselkursinduzierte Verluste und Gewinne aus Fremdwährungspositionen ausgleichen[155] bzw. die Nettoverluste zumindest geringer sind als die kumulierten Kosten eines Transaktionsrisikomanagement[156], könnte deshalb geneigt sein, auf ein solches gänzlich zu verzichten. Ein derartiges, von Stocker (2006) auch als „Laisser-faire Einstellung"[157] bezeichnetes Verhalten sollte jedoch nur für Unternehmen eine Option darstellen, deren Fremdwährungsforderungen bzw. -verbindlichkeiten in Relation zum Umsatz bzw. Aufwand gering sind.[158] In Unternehmen mit im obigen Sinne signifikanten Fremdwährungsaktivitäten kann eine solche „Taktik" hingegen – verstärkt noch bei

---

[149] Vgl. Rudolph/Schäfer (2005), S. 139.
[150] Bezug genommen wird hier auf ein Unternehmen bzw. selbstständiges Unternehmensteil, dessen Kalkulationsbasis die Währung seines Niederlassungslandes, vereinfachend als Heimatwährung bezeichnet, ist.
[151] Als Stichtag wird im Folgenden der Tag in der Zukunft bezeichnet, an dem die Aus- bzw. Einzahlung des Fremdwährungsbetrages erfolgt.
[152] Vgl. Rudolph/Schäfer (2005), S. 139.
[153] In der Literatur wird das Transaktionsexposure je Fremdwährung manchmal mit der Höhe der zukünftigen (saldierten) Fremdwährungszahlungsströme gleichgesetzt. Vgl. z. B. Beck (1989), S. 15, oder Pfennig (1998), S. 18. Genau genommen sind es aber nicht diese, sondern deren Gegenwert in Heimatwährung, der den Wechselkursschwankungen „ausgesetzt" ist und damit das Transaktionsexposure darstellt.
[154] Vgl. Liepach (1993), S. 28.
[155] Vgl. Eilenberger (1987), S. 176.
[156] Vgl. Beck (1989), S. 23.
[157] Stocker (2006), S. 334 f.
[158] Vgl. Büter (2011), S. 364.

geringen Margen – u. U. liquiditäts- und damit existenzgefährdend sein.[159] Die Frage nach der Notwendigkeit eines Transaktionsmanagements ist in deren Falle also sinnvollerweise zu bejahen. Auf subjektiven Einschätzungen der Wechselkursentwicklung beruhende Spekulation ist dann, nachdem im Rahmen des internen Transaktionsrisikomanagements die Exposure bereits minimiert und damit das Transaktionsrisiko „entschärft" wurden (siehe weiter unten), immer noch möglich.

3.2 Instrumente und Strategien des Managements von Währungstransaktionsrisiken

Das Management von Transaktionsrisiken in international operierenden Unternehmen[160] kann untergliedert werden in ein unternehmensinternes und ein unternehmensexternes.[161] Um die weiteren Ausführungen nicht unnötig kompliziert zu gestalten, werden internes und externes Management in Anlehnung an Mayrhofer (1992)[162] nicht als simultan, sondern als sequentiell ablaufende Prozesse beschrieben. Das zeitlich vorangestellte interne Management ist eng mit dem Cash-Management des Unternehmens/Konzerns verzahnt, wobei die im Cash-Management eingesetzten Instrumente zur Minimierung konzerninterner (Fremdwährungs-) Zahlungsströme[163] gleichzeitig zur Erreichung der Zielsetzung des internen Transaktionsrisikomanagements – der Identifikation und Reduktion der konzernweiten Netto-Exposure – beitragen. Der Aufgabenbereich des externen Managements umfasst dann Entscheidungen über die Absicherung der verbleibenden Netto-Exposure mittels externer Instrumente auf Basis einer festgelegten Strategie.

Im folgenden Unterkapitel 3.2.1 werden die wichtigsten Maßnahmen des Cash- und internen Transaktionsrisikomanagements skizziert. Die Beschreibung der Strategien und derivativen Instrumente (sowie deren Wirkungsweise) des unternehmensexternen Transaktionsrisikomanagements ist Gegenstand der Unterkapitel 3.2.2 bzw. 3.2.3. Der Schwerpunkt soll dabei auf Kapitel 3.2.3 liegen, da eben diese

---

[159] Vgl. Liepach (1993), S. 29.
[160] Als solche werden hier Unternehmen bezeichnet, welche *kontinuierliche und umsatzmäßig bedeutende* Austauschbeziehungen mit „externen" ausländischen Unternehmen unterhalten, und Konzerne, in denen Mutter- und ausländische Tochtergesellschaften regelmäßig sowohl untereinander Waren/Zahlungsströme austauschen als auch mit externen, ausländischen Unternehmen handeln.
[161] Vgl. hierzu und im Folgenden Mayrhofer (1992), S. 28 ff. u. S. 161. Mayrhofer (1992) bezieht sich dabei auf das Währungsrisikomanagement im Allgemeinen. Die Untergliederung kann jedoch eins zu eins auf das Transaktionsrisikomanagement übertragen werden.
[162] Vgl. ebenda, S. 161 f.
[163] Vgl. Gamper (1995), S. 284.

externen Absiche-rungsinstrumente (Derivate) auch im Mittelpunkt der Diskussion der Auswirkungen der FTS auf das Transaktionsrisikomanagement stehen werden.

3.2.1 Instrumente des unternehmensinternen Währungstransaktionsrisikomanagements

3.2.1.1 Fakturierung in Heimatwährung

Eine möglichst weitgehende Fakturierung von Exporten/Importen in Heimatwährung ist für ein Unternehmen auf den ersten Blick sicherlich die einfachste Maßnahme, um Fremdwährungs-Exposure gar nicht erst entstehen zu lassen bzw. so gering wie möglich zu halten.[164] Da das Transaktionsrisiko in diesem Fall auf den Geschäftspartner überwälzt wird[165], ist aber v. a. von Seiten unternehmensexterner Vertragskontrahenten tendenziell mit Widerstand gegenüber dieser Politik zu rechnen. Ob eine Fakturierung in Heimatwährung letztlich durchgesetzt werden kann, hängt deshalb, neben den Usancen der internationalen Preisstellung[166], maßgeblich von der Verhandlungsposition des Unternehmens ab.[167]

Für Unternehmen mit starker internationaler Verflechtung ist die „blinde" Verfolgung einer Strategie der möglichst weitgehenden Fakturierung in Heimatwährung mithin problematisch, da diese offene Fremdwährungspositionen noch vergrößern statt verkleinern kann. Dies sei an folgendem einfachen Beispiel illustriert: Empfängt ein Unternehmen alle drei Monate Dividendenzahlungen i. H. v. 500.000 USD aus Anlagen in US-amerikanischen Wertpapieren, bezieht jedoch im selben zeitlichen Abstand Importe aus den USA mit einem Dollarwert von 700.000 USD, so wäre es nicht sinnvoll, eine EUR-Fakturierung der Importe durchzusetzen, auch wenn dies möglich wäre. Würden die Importe in Euro gezahlt, so ergäbe sich alle drei Monate eine offene Fremdwährungsposition (aktiv) von 500.000 USD. Werden sie dagegen mit den eingehenden USD beglichen, so ergibt sich nach Saldierung[168] lediglich eine offene Passivposition von 200.000 USD.[169]

---

[164] Vgl. Gamper (1995), S. 273.
[165] Vgl. Linares (1999), S. 76.
[166] Vgl. Büschgen (1997), S. 318. Rohstoffe werden z. B. grundsätzlich in US-Dollar gehandelt. Vgl. Baselt/ Welter (2010), S. 391.
[167] Vgl. Sperber/Sprink (1999), S. 223 f. Beim Handel innerhalb eines Unternehmensverbundes wird die Fakturierungspolitik der einzelnen Gesellschaften wohl eher nicht Verhandlungssache, sondern, z. B. mit dem Ziel einer optimalen Risikoallokation, restriktiv vorgegeben sein. Vgl. Mayrhofer (1992), S. 116 f. Existiert im Konzern ein Netting-System mit zentralem Clearing, so ist die Fakturierungswährung letztlich unerheblich.
[168] Es handelt sich dabei um ein „einfaches" Matching auf Gesellschaftsebene (siehe weiter unten).

3.2.1.2 Netting

„Netting" bezeichnet die Aufrechnung von zwischen den Gesellschaften eines multinationalen Konzerns bestehenden Forderungen und Verbindlichkeiten[170], die am selben Tag bzw. in derselben Periode (z. B. einer Woche) der Zukunft zahlungswirksam werden.[171] Ziel des Nettings ist zunächst die Minimierung wechselseitiger Zahlungsströme zwischen den Unternehmensteilen und die damit verbundene Einsparung von Transaktionskosten des (internationalen) Zahlungsverkehrs (Gebühren für Überweisungen, Konvertierungsverluste aufgrund der Geld-Brief-Spanne).[172] Die nach der Verrechnung verbleibenden und zu überweisenden Fremdwährungsdifferenzbeträge stellen gleichzeitig die *konzerninternen Netto-Exposure* dar. Durch diese „Identifikationsfunktion" ist das Netting auch als Hilfsmittel des Transaktionsrisikomanagements[173] des Konzerns zu betrachten.

In Abhängigkeit vom spezifischen Transaktionsgefüge innerhalb des Unternehmensverbundes[174] kann das Netting bilateral, also zwischen je zwei Einheiten, oder multilateral unter Einbezug sämtlicher oder einer Gruppe von Gesellschaften erfolgen.[175] Das multilaterale Netting kann wiederum mittels eines direkten Saldenausgleichs zwischen den Beteiligten (dezentral) oder über eine, meist der Muttergesellschaft (im Folgenden: MG, Tochtergesellschaft: TG) angegliederte (bzw. ins Transaktionsrisikomanagement der MG eingegliederte), zentrale Clearing-Stelle abgewickelt werden. Letztere Variante verspricht v. a. hinsichtlich der Effizienz der Kurssicherung Vorteile (gebündeltes Know-how, bessere Bankkonditionen, Vermeidung opponierenden Verhaltens seitens der TG bei zentral vorgegebener Absicherungsstrategie). Das folgende vereinfachte Beispiel soll Schritt für Schritt die Funktionsweise des multilateralen Nettings mit zentralem Clearing verdeutlichen:[176]

---

[169] Eine Beschreibung weiterer Probleme die eine solche „Maxime" der Fakturierung in Heimatwährung mit sich bringen kann, findet sich in Bernhard (1992), S. 135.
[170] Vgl. Sperber/Sprink (1999), S. 167.
[171] Vgl. Beck (1989), S. 16.
[172] Vgl. Wiethoff (1991), S. 55, sowie Sperber/Sprink (1999), S. 169.
[173] Vgl. de Filippis (2011), S. 132.
[174] Vgl. Gamper (1995), S. 299.
[175] Vgl. hierzu und im Folgenden Mayrhofer (1992), S. 119.
[176] Das Beispiel orientiert sich an Gamper (1995), S. 300-306, und Sperber/Sprink (1999), S. 169 f. Für das Beispiel und sämtliche seiner Erweiterungen seien dabei, unabhängig von den individuellen Annahmen, identische Zinssätze in den verschiedenen Ländern, das Abhandensein einer terminkursbezogenen Risikoprämie und damit die Gleichheit von Kassa- und Terminkursen unterstellt. Zur Umrechnung von Währungsbeträgen wird des Weiteren vereinfachend der Kassa-Mittelkurs herangezogen.

a) Es sei ein aus drei Gesellschaften bestehender Unternehmensverbund betrachtet. Die MG befinde sich in Deutschland, die beiden TG in Großbritannien und Mexiko. Am 01.02.2012 schließen die Gesellschaften untereinander mehrere Lieferverträge ab, die am 01.05.2012 zu den in Abbildung 1 dargestellten Zahlungsströmen führen:

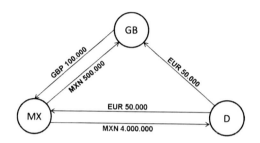

Abbildung 11: Konzerninterne Zahlungsströme vor Netting
(Quelle: eigene Darstellung)

Ohne Netting fielen am Stichtag somit fünf internationale Überweisungen und deren anschließende Konvertierung in Heimatwährung an. Darüber hinaus würde im „Extremfall"[177] jeder Umwechslungsvorgang per 01.02. mit entsprechenden Instrumenten gegen Kursschwankungen abgesichert. In einem Konzern mit regelmäßigen Zahlungsflüssen zwischen den Gesellschaften entstünden aus einer solchen Nichtwahrnahme der Netting-Möglichkeit auf lange Frist erhebliche und zum großen Teil vermeidbare Kosten (zur Problematik der Quantifizierung von *Kurssicherungskosten* siehe weiter unten).

b) Im Zuge des Netting werden nun die Zahlungsströme zu den am 01.02. geltenden Wechselkursen auf eine Basiswährung – meist die Währung des Sitzlandes der MG, im Beispiel EUR – umgerechnet[178], um eine einfache Saldierung zu gewährleisten:

---

[177] Dies hängt von der Absicherungsstrategie des Konzerns bzw. der einzelnen Gesellschaften ab. Theoretisch ist außerdem auch ohne Netting die korrekte Erfassung der wesentlich geringer ausfallenden konzerninternen Netto-Exposure möglich.
[178] Die zur Konvertierung herangezogenen Kassa-Mittelkurse (Mengennotierung aus Sicht der MG) am 01.02.2012 waren folgende: MXN/EUR: 17,0319 und GBP/EUR: 0,8351. Quelle: http://www.oanda.de.

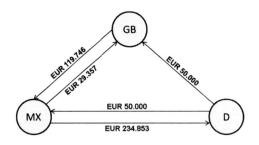

Abbildung 12: Konzerninterne Zahlungsströme in Euro (gerundet)
(Quelle: eigene Darstellung)

c) Nach Verrechnung der wechselseitigen Zahlungsströme ergeben sich für die britische und mexikanische TG Nettozahlungsverpflichtungen i. H. v. 40.389 EUR bzw. 94.464 EUR. Demgegenüber steht eine Aktivposition der MG i. H. v. 134.853 EUR. Die Positionen werden nun wieder in die jeweilige Heimatwährung der Gesellschaften rekonvertiert. Die so errechneten Beträge werden am 01.05. an die der MG angegliederte Clearing-Stelle überwiesen bzw. von dieser gutgeschrieben:

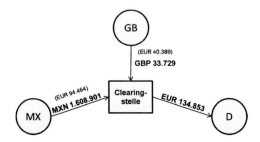

Abbildung 13: Ergebnis des multilateralen Nettings mit zentralem Clearing
(Quelle: eigene Darstellung)

Durch das Netting hat sich die Anzahl der *internationalen* Überweisungen, der Umwechslungsvorgänge sowie der korrespondierenden Kurssicherungsgeschäfte (falls, in Abhängigkeit von der Sicherungsstrategie, eine Absicherung nötig ist bzw. erfolgen soll) bei gleichzeitig wesentlich geringerem Transaktionsvolumen auf nur noch zwei reduziert. Umtausch und Absicherung der von den TG zu leistenden Zahlungen, deren EUR-Gegenwerte gleichzeitig die konzerninternen Netto-Exposure darstellen, liegen zentral bei der Clearing-Stelle.

3.2.1.3 Matching

Die obige, rein partielle Betrachtung des Nettings diente vornehmlich dazu, den Prozess der Verrechnung gruppeninterner Zahlungsströme und deren Abwicklung über eine zentrale Stelle aufzuzeigen, der auch im Folgenden eine wichtige Rolle spielt. Aus Sicht des Transaktionsrisikomanagements ist das Netting für sich alleine gesehen jedoch völlig unzureichend, da bei diesem die Fremdwährungszahlungsströme, die aus Leistungsbeziehungen mit konzernexternen Dritten resultieren, keinerlei Berücksichtigung finden.[179] Genau dieser Gedanke liegt dem „Matching" als Maßnahme zur „[...] exposureorientierten Steuerung der Unternehmenstransaktionen [...]"[180], im Rahmen derer „[...] sowohl die internen als auch die externen Zahlungsströme zur Ermittlung und Optimierung der Totalexposure betrachtet [...]"[181] werden, zugrunde. Konkret bedeutet Matching – im Folgenden wird genau genommen nur das *konzernweite Matching* als optimale Form des Matchings im Konzern betrachtet – dass *sämtliche* bei den Gesellschaften zum gleichen Zeitpunkt und in der gleichen Fremdwährung anfallende Forderungen und Verbindlichkeiten zentral erfasst und anschließend die identifizierten Passivpositionen konzernübergreifend weitestgehend möglich mit den Aktivpositionen bedient werden[182], um so die *konzernweiten* Netto-Exposure zu minimieren. Die Ergebnisse des Nettings, die wiederum durch das Matching modifiziert werden, dienen dabei als wichtiger Input.

Ein konzernweit[183] durchgeführtes Matching setzt selbstverständlich einen anspruchsvollen internen Verrechnungsmechanismus voraus, der aus Gründen der Komplexitätsreduktion und Effizienzsteigerung zentral, z. B. mittels eines typischerweise in einem „Steuerparadies" ansässigen Reinvocing-Centers[184], welches Netting *und* Matching übernimmt, gehandhabt werden kann[185], theoretisch aber nicht muss.

---

[179] Vgl. Gamper (1995), S. 308.
[180] Vgl. Mayrhofer (1992), S. 129.
[181] Vgl. ebenda, S. 129.
[182] Vgl. Buckley (2004), S. 215, sowie Foster Back (1997), S. 63
[183] Matching kann und sollte grundsätzlich auch von Unternehmen ohne Tochtergesellschaften angewandt werden, die lediglich im- und exportieren. Gleichsam ist ein individuell auf Gesellschaftsebene durchgeführtes Matching sinnvoll, falls im Konzern kein zentrales Cash- und Transaktionsrisikomanagement existiert. In beiden Fällen werden einfach auf Unternehmens- bzw. Gesellschaftsebene Fremdwährungszahlungsausgänge mit zeit- und währungsgleichen Fremdwährungszahlungseingängen verrechnet, so dass nur die resultierende Nettoposition abgesichert werden muss. Die genannten Voraussetzungen hinsichtlich der Infrastruktur gelten in diesen Fällen natürlich nicht.
[184] Zur Funktionsweise von Reinvoicing-Centern vgl. z. B. Linares (1999), S. 88 ff., Stocker (2006), S. 344 ff., oder Gamper (1995), S. 250-256. Reinvoicing-Center bedingen auch wieder eine zentrale Kurssicherung und die damit einhergehenden Vorteile.
[185] Vgl. Gamper (1995), S. 308.

Zur Darstellung des Matchings i. V. m. einem Reinvoicing-Center sei noch einmal auf das Netting-Beispiel zurückgegriffen, welches nun um Fremdwährungsforderungen und -verbindlichkeiten gegenüber externen Geschäftspartnern erweitert wird:

a) Es sei angenommen, dass am 01.05. folgende zusätzliche Zahlungen zu tätigen sind bzw. empfangen werden (diese gründen wiederum auf am 01.02. abgeschlossenen Verträgen):

- Die MG hat 50.000 GBP an einen britischen und 100.000 USD an einen amerikanischen Lieferanten zu überweisen.
-
- Die mexikanische TG empfängt 100.000 USD von einem amerikanischen Kunden.

b) Das Reinvoicing-Center übernimmt nun am 01.02. sämtliche Forderungen und Verbindlichkeiten der Gesellschaften gegenüber anderen Gesellschaften sowie gegenüber Dritten und garantiert dadurch ein effizientes und komplikationsfreies Matching und Netting. Am 01.05. ergibt sich, nach „an die neue Situation angepasstem" Netting[186], folgendes Transaktionsgefüge:

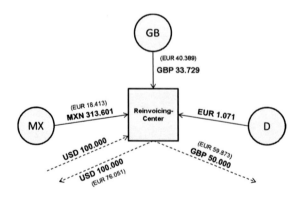

Abbildung 14: Ergebnis des zentralen Matchings
Quelle: Eigene Darstellung

---

[186] Dadurch, dass die eigentlich der mexikanischen TG zustehenden USD und die von der britischen TG zu überweisenden GBP zur Deckung der der MG zuzuschreibenden Verbindlichkeiten herangezogen werden (Matching), ändert sich das Verbindlichkeitsgefüge. Kassa-Mittelkurs USD/EUR am 01.02.2012: 1,3149. Quelle: http://www.oanda.de.

c) Mit den eingehenden 100.000 USD wird die Verbindlichkeit in gleicher Höhe bedient. Die Verbindlichkeit von 50.000 GBP wird zum Großteil mit der Einzahlung der britischen TG liquidiert. Als evtl. durch das Reinvoicing-Center abzusichernde Zahlungsströme (die TG haben in einem solchen System keinerlei Absicherungsaufgaben mehr) verbleiben die Forderung von 313.601 MXN (Verkauf gegen EUR) sowie die Restverbindlichkeit i. H. v. 16.271 GBP (Kauf mit EUR). Theoretisch könnten z. B. aber auch direkt mit dem MXN-Betrag auf Termin GBP erworben und der Kauf der restlichen GBP mit den 1.071 EUR als offene Position belassen werden. Eine weitere Möglichkeit[187] zur Einsparung von Kurssicherungskosten wäre, dass die mexikanische TG den mit einem festzulegenden Zinssatz diskontierten MXN-Betrag sofort per 01.02 an das Reinvoicing-Center überweist. Abzusichern wäre dann nur noch der Kauf der 16.271 GBP.

Es bleibt anzumerken, dass die dargestellte Form des Matchings/Nettings mit Abwicklung und Absicherung der Zahlungsströme über ein Reinvoicing Center so wohl eher in international stark verflochtenen Großkonzernen vorzufinden ist. Kleinere Konzerne werden, abhängig von ihrem Transaktionsgefüge und darauf basierenden Kosten-Nutzen-Überlegungen, eine andere Netting- und Matchingsystematik aufweisen. Eine denkbare Variante für einen Unternehmensverbund mit geringem Transaktionsvolumen wäre z. B. ein multilaterales Netting und Matching mit direkten Überweisungen, wobei hier aber zumindest ein gesellschaftsübergreifendes, IT-basiertes Verrechnungssystem gepflegt werden müsste. Auf obiges Beispiel bezogen, würde dann die mexikanische TG die bei ihr eingehenden 100.000 USD und die 316.601 MXN an die MG überweisen, die britische TG die 33.729 GBP. Die MG hätte sich um Absicherung und Zahlung ihrer Verbindlichkeiten zu kümmern.

Darüber hinaus könnte ein Matching des bei der mexikanischen TG anfallenden Fremdwährungszahlungseingangs von 100.000 USD mit dem bei der MG anfallenden Fremdwährungszahlungsausgang von 100.000 USD *auch dann* stattfinden, wenn die mexikanische TG gar keine gleichzeitige interne Verbindlichkeit gegenüber der MG hätte, mit der der EUR-Gegenwert der 100.000 bereitgestellten USD verrechnet werden könnte. Der Umsatz würde zwar der mexikanischen TG zuge-

---

[187] Vgl. Gamper (1995), S. 252.

rechnet, diese müsste die 100.000 USD jedoch „entschädigungslos" an die MG abführen. Auf das Konzernergebnis hätte dieser Vorgang keine größeren Auswirkungen, Voraussetzung wäre lediglich, dass die mexikanische TG nicht unter Liquiditätsknappheit leidet.

3.2.1.4 Leading und Lagging

„Leading" und „Lagging" bezeichnen allgemein „[...] das bewußte (sic!) Beschleunigen oder Hinauszögern von Zahlungen [...]"[188]. Im Cash-/internen Transaktionsrisikomanagement können diese Maßnahmen genutzt werden, um neues Netting- bzw. Matching-Potenzial zu schaffen[189] und so zahlungsverkehrsinduzierte Transaktionskosten und konzernweite Netto-Exposure (weiter) zu reduzieren. Ansatzpunkte des Leadings und Laggings sind sowohl Zahlungsströme zwischen den Konzerngesellschaften als auch Zahlungsströme zwischen diesen und externen Dritten[190], wobei gerade die zeitliche Manipulation Letzterer einigen Restriktionen unterliegt. So wird ein Aufschieben von Zahlungsverpflichtungen gegenüber Dritten über das vereinbarte maximale Zahlungsziel hinaus in vielen Fällen nur schwer durchsetzbar oder aber mit hohen Opportunitätskosten verbunden sein. Gleiches gilt für das Bestreben, Dritte zu einer beschleunigten Zahlung ihrer Verbindlichkeiten gegenüber einem (Konzern-) Unternehmen zu veranlassen.

Die Instrumentalisierung des Leadings und Laggings im Cash-/Transaktionsrisikomanagement soll anhand einer absichtlich „überzeichneten" Erweiterung des schon bekannten Beispiels aufgezeigt werden:

a) Es sei angenommen, dass aus einem am 01.01.2012 geschlossenen Vertrag zwischen mexikanischer TG und der MG eine am 01.04.2012 begleichbare Verbindlichkeit der MG i. H. v. genau 18.413 EUR vorliegt, die gleichsam die einzige konzerninterne Transaktion an diesem Tag darstellen würde. Auch hat die mexikanische TG am 01.04. keine EUR-Verbindlichkeit zu tilgen. Unter vergleichbaren Voraussetzungen sei weiterhin angenommen, dass die britische TG und

---

[188] Vgl. Pfennig (1998), S. 39.
[189] Vgl. Linares (1999), S. 87.
[190] Vgl. Mayrhofer (1992), S. 141. Im Falle eines Ex-/Importeurs ohne TG beziehen sich Leading und Lagging natürlich nur auf die Zahlungsströme zwischen diesem und seinen externen Vertragspartnern, mit genannten Einschränkungen.

die MG am 01.03.2012 einen Vertrag schließen, der am 01.06.2012 zu einer Zahlung der TG an die MG i. H. v. genau 16.271 GBP führen würde.

b) Im Falle eines hier unterstellten tagesgenauen Nettings und Matchings würden beide Zahlungen und deren Konvertierung am 01.04. respektive 01.06. erfolgen und evtl. abgesichert werden. Nun kann die zentrale Verrechnungsstelle jedoch die mexikanische TG auffordern, einer *Aufschiebung* des Zahlungstermins auf den 01.05. zuzustimmen (Lagging). Gleichzeitig wird die britische TG „gebeten", die Zahlung des Pfund-Betrages *bereits* am 01.05. zu effektuieren (Leading). Die konzernweiten Netto-Exposure per 01.04., 01.05. und 01.06. würden dadurch auf Null reduziert, die Transaktionskosten des internationalen Zahlungsverkehrs für diese Daten maximal minimiert.

3.2.2 Grundlegende Sicherungsstrategien des externen Transaktionsrisikomanagements

Im Umgang mit den verbleibenden Netto-Exposures kann das externe Transaktionsrisikomanagement eine *Strategie der vollständigen Absicherung* oder eine *Strategie der selektiven Absicherung* verfolgen.[191] Die Wahl der Strategie läuft letztlich auf die Frage hinaus, inwieweit ein Unternehmen bereit ist, *wechselkursinduzierte Verlustrisiken* im Austausch für die Wahrung *wechselkursinduzierter Gewinnchancen* bzw. die Einsparung von Kurssicherungskosten zu übernehmen, und hängt deshalb v. a. vom Grad der *absicherungsbezogenen* Risikotoleranz[192] des Unternehmens/Konzerns ab. Dieser wird i. d. R. von der Unternehmensleitung festgelegt werden, die dabei neben der Berücksichtigung der unternehmensspezifischen Risikotragfähigkeit[193] auch auf einen *möglichen* Widerspruch zwischen ihren persönlichen Interessen und denen der Shareholder achten muss, die meist über gut diversifizierte Portfolios verfügen und daher eine Renditemaximierung – auch unter Inkaufnahme eines

---

[191] Vgl. Wiethoff (1991), S. 27-30.
[192] Vgl. Sperber/Sprink (1999), S. 190, sowie Beck (1989), S. 24 f. Genannte Autoren sehen den *Grad der Risikoaversion* des Unternehmens als Determinante der Strategiewahl. Hier soll jedoch der etwas allgemeinere Begriff der *Risikotoleranz* genutzt werden. Eingedenk der sehr schlechten Prognostizierbarkeit des Wechselkurses – dies gilt selbst für Wahrscheinlichkeitsverteilungen bezüglich der künftigen Kursentwicklung, vgl. Spremann (1994), S. 841 - ist es aus Sicht des Verfassers der vorliegenden Studie fraglich, ob z. B. bei eine Strategie der selektiven Absicherung, bei der aufgrund einer aus Unternehmenssicht „positiven" Kursprognose sämtliche betroffenen Positionen offen gelassen werden, noch von, wenn auch nur begrenzter Risikoaversion gesprochen werden kann.
[193] Vgl. de Filippis (2011), S. 134.

höheren Risikos – anstreben, oft sogar den Sinn des auf Unternehmensebene betriebenen Risikomanagements gänzlich in Frage stellen.[194]

Im Folgenden, nach Exkurs 1, sollen beide Strategien in der gegebenen Kürze vorgestellt werden.

> *- Exkurs 1: Kurssicherungskosten[195]-*
>
> *Die Quantifizierung der Kurssicherungskosten ist problematischer als es auf den ersten Blick scheinen mag. Bei reiner ex-ante-Betrachtung zum Zeitpunkt des Vertragsabschlusses ergeben sich die Kosten bei Einsatz von Forwards aus der Höhe eines evtl. existierenden positiven bzw. negativen Swapsatzes (Mengennotierung, Sicht Exporteur bzw. Importeur), eventuellen sonstigen Gebühren (z. B. Kommissionen) und der weiteren Geld/Brief-Spanne bzw. aus der Höhe der Brokergebühren (der Optionsprämie) beim Einsatz von Futures (Optionen) zzgl. eventueller sonstiger Gebühren. Das tatsächliche Ergebnis bzw. die tatsächlichen Kosten der Kurssicherung können zuverlässig jedoch nur ex post zum Fälligkeitszeitpunkt unter Einbezug von Opportunitätskosten – als solche sind dann auch entgangene Währungsgewinne zu betrachten – ermittelt werden und stellen somit bei Vertragsabschluss eher eine Zufallsvariable dar. Beträgt z. B. der aktuelle USD/EUR-Kassakurs 1,30 $/€, der 3-Monats-Terminkurs 1,31 $/€ und steht der Kassakurs in drei Monaten bei 1,29 $/€, so sind für einen Exporteur, der eine Dollarforderung von 1.000.000 per Forward abgesichert hat, ex post Kurssicherungskosten i. H. v. 1.000.000$ • (1/1,29$/€ - 1/1,31$/€) = 11.835 € anstatt aus Sicht bei Vertragsabschluss 1.000.000$ • (1,30$/€ - 1,31$/€) = 5.872 € ent-standen. Steht der Kassakurs dagegen in drei Monaten bei 1,31 $/€, so sind ex post keine Kurssicherungskosten entstanden, wohingegen bei Vertragsabschluss die Kurssicherungskosten wiederum mit 5.872 € quantifiziert worden wären.*

---

[194] Vgl. für eine ausführliche Diskussion dieses Themas („Sollten Unternehmen überhaupt ein Risikomanagement betreiben?") Kürsten (2006), S. 3-32.

[195] Vgl. im Folgenden Eilenberger (2004), S. 99 f., 105 f. u. 133 f., sowie Jones/Jones (1987), S. 59-62, Liepach (1993), S. 30 (hier insb. Fußnote 59) u. S. 32-44, Stephan (1989), S. 22 f., und Mayrhofer (1992), S. 173 ff.

3.2.2.1 Strategie der vollständigen Absicherung

Vertraut das Management nicht auf die Korrektheit von Wechselkursprognosen und sieht die Übernahme jeglichen aus einer prognosebasierten Absicherungsstrategie resultierenden Transaktionsrisikos als inakzeptabel an (Risikointoleranz), so wird das externe Transaktionsrisikomanagement (mit Billigung der Shareholder) *sämtliche* zum Betrachtungszeitpunkt feststehende Netto-Exposure mit entsprechenden Instrumenten (vgl. Kapitel 3.2.3) absichern.[196] „[...] Unvorhergesehene Cash-Flow Schwankungen in der Heimatwährung [...]"[197] werden somit um den Preis der Kurssicherungs-(opportunitäts-)kosten vermieden.

Die Anwendung einer Strategie der vollständigen Absicherung ist v. a. in Unternehmen/Konzernen vorstellbar, die jährlich nur wenige, umsatzmäßig jedoch sehr bedeutende Auslandsgeschäfte durchführen (z. B. Spezialmaschinen/-anlagenbauer) oder in international stark engagierten Unternehmen mit geringen Margen[198] (vor allem dann, wenn diese ein nicht allzu belastbares „Liquiditätspolster" aufweisen). Im ersten Fall würde, unterstellt man eine Nischenposition des Anbieters und damit höhere Margen, ein spekulatives Offenlassen von Positionen zwar nicht unbedingt die Liquiditätssituation des Unternehmens bedrohen, könnte jedoch, da die Kursprognose eben auch einmal falsch sein kann und wegen der geringen Anzahl der Transaktionen ein Ausgleich von Spekulationsverlusten und -gewinnen innerhalb eines Geschäftsjahres eher unwahrscheinlich ist, das Ergebnis schwer beeinträchtigen. Eine Abwälzung der Kurssicherungskosten über den Preis wird für diese Unternehmen außerdem eher unproblematisch sein.

Die Notwendigkeit einer vollständigen Absicherung im Falle letzterer Unternehmen ist dagegen offensichtlich, gleichsam jedoch dilemmatisch: Die geringen Margen machen sowohl eine Absicherung als auch eine Abwälzung der Kurssicherungskosten unabdingbar[199], deuten jedoch auch darauf hin, dass das Unternehmen in einer sehr wettbewerbsintensiven Branche agiert, in der schon geringe Preiserhöhungen zu Marktanteilsverlusten führen können.

---

[196] Vgl. Beck (1989), S. 24.
[197] Liepach (1993), S. 29.
[198] Vgl. Gamper (1995), S. 203 f.
[199] Vgl. Büschgen (1997), S. 354.

3.2.2.2 Strategie der selektiven Absicherung

Im Rahmen einer Strategie der selektiven Absicherung – eine Strategie, die den Interessen der Shareholder *zumindest eher* entsprechen dürfte – entscheidet das externe Transaktionsrisikomanagement jeweils auf Basis von Wechselkursprognosen, ob ein betrachtetes Netto-Exposure abgesichert wird oder nicht.[200] Durch das bewusste selektive Offenlassen von Positionen bei entsprechenden Kursprognosen sollen ex ante quantifizierbare Kurssicherungskosten minimiert, v. a. aber Währungsgewinne realisiert werden.[201] Da ein solches Vorgehen mit Blick auf die mangelnde Zuverlässigkeit von Prognosemodellen immer eine „[...] Abweichung von der [ex ante, Anm. d. Verf.] erreichbaren risikominimalen Position [...]"[202] bedeutet, ist es, „although rarely acknowledged by the firms themselves [...]"[203], als Spekulation zu bezeichnen.

Ist das Unternehmen bezüglich der Kurssicherung sehr risikotolerant, so wird das externe Transaktionsmanagement konsequent sämtliche Netto-Exposure mit vollem Volumen in den Entscheidungsprozess einbeziehen und diese, je nach Kursprognose, als offene Positionen belassen. Eine solch „extreme" Auslegung der Strategie ist, auch wenn die Netto-Exposure durch das interne Transaktionsrisikomanagement schon reduziert wurden und die Prognosen ja auch nicht immer falsch sein werden, im Falle von Unternehmen mit bedeutendem Auslandsgeschäft eigentlich nur solchen mit höheren Margen und regelmäßigen Fremdwährungstransaktionen[204] oder solchen mit reichlich vorhandener Liquidität zu empfehlen.

Unternehmen mit weniger ausgeprägter Risikotoleranz werden dagegen ein Limitsystem aufweisen[205], welches die Höhe des „Spekulationskapitals" und damit der Verlustgefahr beschränkt. So kann etwa festgelegt werden, dass unabhängig von Kursprognosen immer ein gewisser Anteil der Netto-Exposure abgesichert wird.[206]

---

[200] Vgl. Mayrhofer (1992), S. 180 f.
[201] Vgl. Liepach (1993), S. 30 f. Verfolgt der Exporteur aus Exkurs 1 eine solche Strategie und geht z. B. davon aus, dass sich der Wechselkurs entweder nicht ändert oder fällt, so wird er in Anbetracht des Swapsatzes durch eine Nichtabsicherung mit der für diese Entscheidung ausreichenden, subjektiv unterstellten Wahrscheinlichkeit, mindestens die durch den Swapsatz bedingten Ex-ante-Kurssicherungskosten einsparen, im besten Falle einen Währungsgewinn realisieren.
[202] Gamper (1995), S. 202. Risiko ist hierbei natürlich als „negatives" Risiko zu verstehen.
[203] Moffett/Stonehill/Eiteman (2012), S. 278.
[204] Im Falle regelmäßiger Transaktionen besteht im „Worst-Case-Szenario" mehrmaliger Fehlspekulation zumindest die Möglichkeit, dass sich Spekulationsverluste und -gewinne im Laufe des Geschäftsjahres ganz oder bis zu einem gewissen Grad kompensieren. Natürlich kann am Ende des Jahres auch ein Netto-Gewinn stehen.
[205] Vgl. Linares (1999), S. 54.
[206] Vgl. Moffett/Stonehill/Eiteman (2012), S. 278.

Das Limitsystem kann auch auf dem „Value-at-Risk" als Risikomaß basieren.[207] Mittels des VaR, der im einfachsten Fall unter der (problematischen)[208] Annahme einer Normalverteilung der Wechselkursbewegungen mit aus der historischen Volatilität abgeleiteter Standardabweichung berechnet wird, kann der maximale Verlust aus offenen Tages- bzw. Wochenpositionen, der mit einer festgelegten Wahrscheinlichkeit (z. B. 95%) nicht überschritten wird, ermittelt werden.[209] Ein unternehmensseitig festgesetztes Tages- bzw. Wochenverlustlimit, welches nur mit der Restwahrscheinlichkeit überschritten wird, determiniert dann das minimale Absicherungsvolumen.

3.2.3 Instrumente des externen Transaktionsrisikomanagements

Ist die Absicherung eines Netto-Exposures in Abhängigkeit von der Sicherungsstrategie beschlossen, wird das externe Transaktionsrisikomanagement hierfür auf verschiedene derivative Finanzinstrumente (Devisen-Forwards, -Futures, -Optionen oder Währungs-Swaps) zurückgreifen.[210] Die Systematik der Absicherung mittels dieser Instrumente soll im Folgenden jeweils anhand von Beispielen beschrieben werden.

3.2.3.1 Absicherung mittels Devisen-Forwards

Der Abschluss von Forward-Kontrakten stellt in der Praxis – wohl aufgrund der einfachen Verständlichkeit deren Wirkungsweise hinsichtlich der Wechselkurssicherung, den relativ niedrigen (Ex-ante-) Kosten und der individuellen Ausgestaltbarkeit der Verträge – die am weitesten verbreitete Methode des Hedgings von Währungstransaktionsrisiken dar.[211] Zur Darstellung der Absicherung eines Netto-Exposures gegen Wechselkursschwankungen mittels eines Forward-Kontraktes sei ein Exporteur (Importeur) betrachtet, der heute (05.07.2012) einen Liefervertrag mit einem ausländischen Käufer (Verkäufer) schließt, der in drei Monaten (05.10.2012) zu einem Fremdwährungszahlungseingang (-ausgang) i. H. v. 1.000.000 USD führen

---

[207] Vgl. Stocker (2006), S. 341 ff.
[208] Vgl. Linares (1999), S. 214.
[209] Vgl. de Filippis (2011), S. 96-107. Hier findet sich auch eine ausführliche Beschreibung weiterer Möglichkeiten zur Ermittlung des VaR.
[210] Forward- oder Future-Sicherungen von Exposures können in einigen Fällen auch durch das sogenannte „Finanz-Hedging" repliziert/ersetzt werden. Auf dieses sei in der vorliegenden Studie nicht näher eingegangen. Für eine Beschreibung des Vorgehens beim Finanz-Hedging wird auf die sehr ausführlichen Darstellungen in Stocker (2006), S. 227-233, verwiesen.
[211] Vgl. Grath (2012), S. 108.

wird.[212] Der EUR-Gegenwert der Fremdwährungsforderung (-verbindlichkeit) zum Zeitpunkt des Vertragsabschlusses beträgt bei einem Kassabriefkurs (-geldkurs) von 1,2401 $/€ (1,2341 $/€)[213] 806.386,58 EUR (810.307,11 EUR). Gegen das Risiko, am 05.10.2012 auf dem Kassamarkt aufgrund einer zwischenzeitlich ungünstigen Wechselkursentwicklung einen (wesentlich) geringeren EUR-Betrag für die 1.000.000 USD zu erhalten (zahlen zu müssen), möchte sich der Exporteur (Importeur) *komplett* absichern, indem er mit seiner Bank einen Forward-Kontrakt abschließt, in welchem er sich dazu verpflichtet, der Bank den USD-Betrag in drei Monaten zu einem bereits heute festgelegten Kurs zu verkaufen (abzukaufen).[214] Der dem Forward zugrunde gelegte Kurs ist der am 05.07.2012 geltende 3-Monats-Termin-Briefkurs (-Geldkurs): 1,2417 $/€ respektive 1,2355 $/€.[215] Mit dem Forward-Kontrakt sichert sich der Exporteur (Importeur) also einen von Wechselkursbewegungen *unabhängigen* Zahlungseingang (-ausgang) in drei Monaten i. H. v. exakt 805.347,51 EUR (809.388,91 EUR). Der Differenzbetrag i. H. v. 805.347,51 € − 806.386,58 € = − 1.039,07 € bzw. 810.307,11 € − 809.388,91 € = + 918,18 € stellt dabei die ex ante quantifizierbaren Kurssicherungskosten (den ex ante quantifizierbaren Kurssicherungsgewinn) des Exporteurs (Importeurs) dar[216], der aufgrund des Reports des Terminkurses entsteht. Das Ex-ante-Kurssicherungsergebnis [in Form

---

[212] Das Beispiel ist angelehnt an die Ausführungen in Priermeier/Stelzer (2001), S. 51 f., Eilenberger (2004), S. 98-107, sowie Stocker (2006), S. 214-218. Netting-, Matching-, Leading- oder Lagging-Möglichkeiten gebe es zum 05.10.2012 nicht.
[213] Quelle: http://www.hsbctrinkaus.de/global/display/maerkteundresearch/devisen/devisenkurse, aufgerufen am 05.07.2012 um 16:30 Uhr. Briefkurs/Geldkurs: Mittelkurs: 1,2371 $/€ +/- 30 Pips. Es sei, Stocker (2006) folgend, angenommen, dass sowohl Exporteur als auch Importeur mit diesen Kursen kalkulieren, im Falle des Exporteurs die Dollarpreissetzung also auf Basis des genannten Briefkurses erfolgte. Vgl. Stocker (2006), S. 215. In der Praxis könnte der Exporteur den Preis natürlich auch mit dem Termin-Briefkurs kalkulieren (neuer Preis: 1.001.290,2 USD). In diesem Fall, der hier nicht näher betrachtet werden soll, würde er die Ex-ante-Kurssicherungskosten auf den Kunden überwälzen und das Ex-post-Kurssicherungsergebnis würde dem Ergebnis des Offenlassens der „Original"-Fremdwährungsposition von 1.000.000 USD exakt entgegenlaufen.
[214] Es sei also die Sichtweise eingenommen, dass die „gehandelte" Währung die Fremdwährung ist. Der Exporteur nimmt also die Short-Position ein, der Importeur die Long-Position. Deswegen sind in den folgenden grafischen Darstellungen die Beschriftungen der Diagonalen im Vergleich zu Kapitel 2.1 auch „vertauscht".
[215] Quelle: http://www.hsbctrinkaus.de/global/display/maerkteundresearch/devisen/devisenkurse, aufgerufen am 05.07.2012 um 16:32 Uhr. Termin-Briefkurs/-Geldkurs: Termin-Mittelkurs: 1,2386 $/€ +/- 31 Pips.
[216] Bezüglich der im Folgenden verwendeten Begriffe „Ex-ante-" sowie „Ex-post-" Kurssicherungskosten vgl. Exkurs 1 der vorliegenden Studie und die dort genannten Autoren.

von Kosten (−) oder Gewinn (+)] eines Exporteurs (Importeurs) aus einem Forward-Geschäft lassen sich auch einfach anhand folgender Formeln ermitteln:[217]

- Ex-ante-Kurssicherungsergebnis Exporteur:

$$EAKE(FW)_{Exp} = FB \cdot \left(\frac{1}{w_{t(0);B}} - \frac{1}{w_{k(0);B}} \right)$$

- Ex-ante-Kurssicherungsergebnis Importeur:

$$EAKE(FW)_{Imp} = FB \cdot \left(\frac{1}{w_{k(0);G}} - \frac{1}{w_{t(0);G}} \right)$$

mit

FB = Abzusichernder Fremdwährungsbetrag
$w_{k(0);B}$ = Kassa-Briefkurs per Vertragsabschluss[218]
$w_{k(0);G}$ = Kassa-Geldkurs per Vertragsabschluss
$w_{t(0);B}$ = Termin-Briefkurs per Vertragsabschluss
$w_{t(0);G}$ = Termin-Geldkurs per Vertragsabschluss

Beispiel:

$$EAKE(FW)_{Exp} = 1.000.000 \text{ USD} \cdot \left(\frac{1}{1,2417 \frac{\$}{\text{€}}} - \frac{1}{1,2401 \frac{\$}{\text{€}}} \right) = -1.039,07 \text{ EUR}$$

Das *endgültige* Ergebnis des Forward-Geschäftes lässt sich natürlich erst am Fälligkeitstermin der Fremdwährungszahlung, dem 05.10.2012, unter Einbezug des dann bestehenden Kassa-Briefkurses bzw. -Geldkurses ($w_{k(1);B/G}$) feststellen:[219]

---

[217] Formeln des Ex-ante-Kurssicherungsergebnisses angelehnt an Stocker (2006), S. 215 u. 217. Sämtliche weiteren Formeln in diesem und den folgenden Kapiteln sind, so nicht anders angegeben, Entwürfe des Verfassers der vorliegenden Studie.
[218] Vertragsabschluss bezieht sich auf den Abschluss des *Grundgeschäfts*.
[219] Vgl. Eilenberger (2004), S. 133 f.

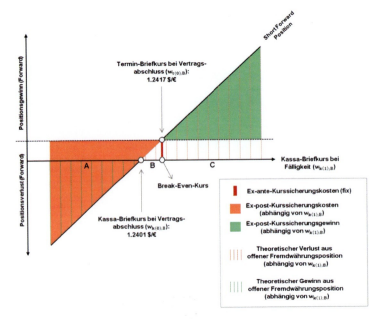

Abbildung 15: Ergebnis der Wechselkurssicherung mittels Forward-Kontrakt, Exporteur

Quelle: Eigene Darstellung

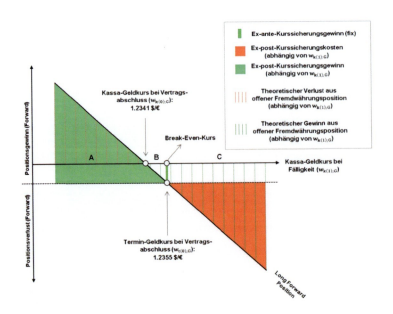

Abbildung 16: Ergebnis der Wechselkurssicherung mittels Forward-Kontrakt, Importeur

Quelle: Eigene Darstellung

Aus den grafischen Darstellungen des Absicherungsergebnisses ist leicht ersichtlich, dass sich für den *Exporteur* der Abschluss des Forward-Kontraktes im *Nachhinein gelohnt* hat, wenn der Kassa-Briefkurs am 05.10.2012 über dem Break-Even-Kurs von 1,2417 $/€ – dem per Forward gesicherten Kurs – notiert (Abschnitt C). In diesem Fall kann man von einem Ex-post-Kurssicherungs*gewinn* in dem Sinne sprechen, dass die Kosten eines Offenlassens der Fremdwährungsposition höher gewesen wären als es die Ex-ante-Kurssicherungskosten sind. Liegt der Kassa-Briefkurs per Fälligkeit zwischen dem Kassa-Briefkurs bei Vertragsabschluss und dem Break-Even-Kurs (Abschnitt B) bzw. sogar unter dem Kassa-Briefkurs bei Vertragsabschluss (Abschnitt A), so hat sich das Absicherungsgeschäft im *Nachhinein nicht gelohnt*. Man kann dann von Ex-post-Kurssicherungs*kosten* in dem Sinne sprechen, dass die Kosten eines Offenlassens der Fremdwährungsposition geringer gewesen wären als es die Ex-ante-Kurssicherungskosten sind bzw. dass mit dem Offenlassen der Position sogar ein Währungsgewinn einhergegangen wäre, der durch die Absicherung „liegen gelassen" wird und die Ex-ante-Kurssicherungskosten deswegen zusätzlich noch um Opportunitätskosten erweitert. Formal kann das Ex-post-Kurssicherungs-ergebnis eines Exporteurs wie folgt berechnet werden:

$$\text{EPKE(FW)}_{\text{Exp}} = \text{FB} \cdot \left(\frac{1}{w_{t(0);B}} - \frac{1}{w_{k(1);B}} \right)$$

Beispiel: $w_{k(1);B} = 1{,}2500 \ \$/€$

$$\text{EPKE(FW)}_{\text{Exp}} = 1.000.000 \ \text{USD} \cdot \left(\frac{1}{1{,}2417 \frac{\$}{€}} - \frac{1}{1{,}2500 \frac{\$}{€}} \right) = +5.347{,}51 \ \text{EUR}$$

(Die Kosten aus dem Offenlassen der Position hätten – 6.386,58 EUR betragen, die Ex-ante-Kurssicherungskosten betragen nur – 1.039,07 EUR).

Für den Importeur hat sich die Absicherung *im Nachhinein* dagegen *nicht gelohnt*, wenn der Kassa-Geldkurs per Fälligkeit über dem Break-Even-Kurs notiert (Abschnitt C). Der Gewinn aus einem Offenlassen der Fremdwährungsposition hätte in diesem

Falle den Ex-ante-Kurssicherungsgewinn überstiegen, dem Importeur entstehen Ex-post-Kurssicherungs-(opportunitäts-)kosten. Liegt der Kassa-Geldkurs zum Fälligkeitstermin dagegen zwischen dem Break-Even-Kurs und dem Kassa-Geldkurs zum Vertragsabschluss (Abschnitt B) bzw. sogar unter diesem (Abschnitt A), so hat sich das Absicherungsgeschäft *im Nachhinein gelohnt*, der Importeur verzeichnet einen Ex-post-Kurssicherungsgewinn. Dieser ergibt sich daraus, dass der Gewinn aus einem Offenlassen der Fremdwährungsposition geringer gewesen wäre als es der Ex-ante-Kurssicherungsgewinn ist, bzw. dass aus dem Offenlassen der Position sogar ein Verlust entstanden wäre, der zusätzlich zum realisierten Ex-ante-Kurssicherungsgewinn durch die Absicherung vermieden wurde. Formal gilt für das Ex-post-Kurssicherungsergebnis eines Importeurs

$$EPKE(FW)_{Imp} = FB \cdot \left(\frac{1}{w_{k(1);G}} - \frac{1}{w_{t(0);G}} \right)$$

Beispiel: $w_{k(1);G} = 1{,}2438\ \$/€$

$$EPKE(FW)_{Imp} = 1.000.000\ USD \cdot \left(\frac{1}{1{,}2438\ \frac{\$}{€}} - \frac{1}{1{,}2355\ \frac{\$}{€}} \right) = -5.104{,}13\ EUR$$

(Der Gewinn aus dem Offenlassen der Position hätte 6.319,31 EUR betragen, der Ex-ante-Kurssicherungsgewinn beträgt nur 918,18 EUR).

Die Betrachtung und Berechnung der *tatsächlich* angefallenen Ex-post-Kurssicherungskosten/Ex-post-Kurssicherungsgewinne wird in der Praxis wohl vor allem von Unternehmen, die eine Strategie der selektiven Absicherung verfolgen, also nichts anderes versuchen als das Ex-post-Kurssicherungsergebnis mittels Wechselkursprognosen bereits ex ante zu quantifizieren und dann auf dieser Basis (im Rahmen eines eventuellen Limitsystems) über eine Absicherung entscheiden, zum Zwecke der Erfolgsevaluierung vorgenommen werden.

3.2.3.2 Absicherung mittels Devisen-Futures

Zur Absicherung eines Netto-Exposures gegen Wechselkursschwankungen kann ein Exporteur (Importeur) auch auf Devisen-Futures zurückgreifen. Um die Grundzüge der Wechselkurssicherung mittels dieser gleichfalls unbedingten, jedoch börsengehandelten Terminkontrakte darzustellen, sei das Beispiel des vorigen Kapitels zunächst vereinfachend hinsichtlich der Zeitspanne zwischen Liefervertragsschluss und Fremdwährungszahlungseingang (-ausgang) abgeändert. Es sei angenommen, dass der Vertrag am 09.07.2012 geschlossen, der korrespondierende Zahlungseingang (-ausgang) jedoch nicht in drei Monaten, sondern bereits am 17.09.2012 erfolgen wird.

Der Kurs der „EUR/USD-September-Futures" der CME[220] mit Fälligkeit genau an jenem 17.09.2012 notiert am 09.07.2012 bei 1,2320 \$/€[221] (bei einem Kassa-Mittelkurs von 1,2308 entspricht dies einem Swapsatz[222] – hier ausgedrückt in Pips – von + 12, es liegt also ein Report vor).

Es überrascht nicht, dass dieser Kurs mit dem Termin-Mittelkurs gleicher Fälligkeit nahezu identisch ist.[223] Erstens wird der Future-Kurs (w_f) durch dieselben Arbitrageaktivitäten determiniert wie der Terminkurs[224] gleicher Fälligkeit, müsste in Abhängigkeit von den risikolosen Zinssätzen und dem aktuellen Kassakurs also wie der Terminkurs dem Ergebnis der Formel (II) entsprechen:[225]

$$\left(\frac{1+z_a}{1+z_i}\right) \cdot w_{k;M} = w_{t;M} = w_f$$

---

[220] Devisen-Futures werden an den Terminbörsen des Euroraumes, z. B. der EUREX, nicht gehandelt. Vgl. Möbius/Pallenberg (2011), S. 204, sowie Beike/Barckow (2002), S. 101.
[221] Quelle: http://www.cmegroup.com/trading/fx/g10/euro-fx_quotes_globex.html, aufgerufen am 09.07.2012 um 14:40 Uhr.
[222] Der Terminus „Swapsatz" sei im Folgenden beibehalten, auch wenn man im Falle von Futures eigentlich von der „Basis" spricht, die genau umgekehrt berechnet wird, also Kassa-Mittelkurs – Future-Kurs statt Future-Kurs – Kassa-Mittelkurs. Vgl. Stephens (2001), S. 82 f.
[223] 3-Monats-Termin-Mittelkurs (Fälligkeit: 09.10.2012) am 09.07.2012: 1,2324 \$/€. 2-Monats-Termin-Mittelkurs (Fälligkeit: 09.09.2012): 1,2318 \$/€. Differenz in Pips: + 6. Tagesdifferenz der Fälligkeiten: 30 Tage. Tagesdifferenz 09.09.2012 bis 17.09.2012: 8 Tage. Termin-Mittelkurs für Fälligkeit am 17.09.2012: 1,2318 \$/€ + 6 Pips/30 · 8 = 1,2318 \$/€ + 1,6 Pips ≈ 1,2320 \$/€. Zur Berechnung von Terminkursen für gebrochene Fälligkeiten vgl. Jahrmann (2007), S. 340 f. Quelle Wechselkurse: http://www.hsbctrinkaus.de/global/display/maerkteundresearch/devisen/devisenkurse, aufgerufen am 09.07.2012 um 14:40 Uhr.
[224] Vgl. Madura/Fox (2007), S. 154, sowie die Ausführungen in Kapitel 2.3 der vorliegenden Studie.
[225] Vgl. Chance (2010), S. 347, sowie Rudolph/Schäfer (2005), S. 192. Im vorliegenden Fall träfe die Formel bzw. Gleichung, die ja aus der Bedingung der gedeckten Zinsparität abgeleitet ist, allerdings nicht zu. Future- und Terminkurs sind zwar gleich, weisen jedoch einen Report auf, obwohl die kurzfristigen Zinsen in Europa höher sind als in den USA (Stand: 09.07.2012). Dies kann wahrscheinlich wiederum auf die Existenz einer Risikoprämie zurückgeführt werden.

Zweitens „erzwingen" Arbitrageaktivitäten zwischen dem „Forward-Markt" und dem „Future-Markt" eine ungefähre Übereinstimmung der Kurse für Kontrakte gleicher Fälligkeit.[226]

Um sein Netto-Exposure i. H. v. 1.000.000 USD mittels Futures komplett abzusichern, müsste der Exporteur (Importeur) nun (1.000.000 $ / 1,2320 $/€) / 125.000 € = 6,4935 „klassische" Future-Kontrakte mit einer Kontraktgröße von 125.000 EUR kaufen (verkaufen). Da dies natürlich nicht möglich ist, wird er nur sechs Kontrakte kaufen (verkaufen). Zur Absicherung des Restbetrages i. H. v. 1.000.000 $ – 6 · 125.000 € · 1,2320 $/€ = 76.000 $ kauft (verkauft) er zusätzlich einen „e-mini-EUR/USD-Future" mit einer Kontraktgröße von nur 62.500 EUR. Damit ist die Fremdwährungsposition fast „perfekt" abgesichert, es liegt lediglich eine Übersicherung („Over-Hedge")[227] i. H. v. 62.500 € · 1,2320 $/€ – 76.000 $ = 1.000 $ vor. Mit dem Kauf (Verkauf) der Future-Kontrakte hat der Exporteur (Importeur) sich verpflichtet, am 17.09.2012 den Betrag von 812.500 EUR gegen die Zahlung (den Erhalt) von 1.001.000 USD zu kaufen (verkaufen).[228] Die 1.000 „übersicherten" USD müssen dabei als spekulative, risikobehaftete Position innerhalb der Future-Position angesehen werden, die, je nach Entwicklung des Wechselkurses, zu einem Gewinn oder Verlust führen wird, der *nicht mehr* durch einen entsprechenden Verlust oder Gewinn aus der Grundposition ausgeglichen wird.[229]

Die Kosten des Eingehens der Future-Positionen, die sich aus Broker- und Börsengebühren zusammensetzen[230], dürften etwa 15 USD pro Kontrakt betragen[231]. Geht man weiterhin davon aus, dass Exporteur und Importeur mit dem Kassa-Briefkurs

---

[226] Vgl. Shapiro/Atulya (2009), S. 188. Chang/Chang (1990) bestätigen in einer empirischen Studie, dass Termin- und Future-Kurse für Kontrakte gleicher Fälligkeit tatsächlich nahezu identisch bzw. die Kursdifferenzen statistisch nicht signifikant sind. Vgl. Chang/Chang (1990), S. 1333.
[227] Vgl. Beike/Barckow (2002), S. 138.
[228] Der Exporteur ist dabei Inhaber der Long-Position, da er sich an einer US-Börse verpflichtet hat, für einen fixen USD-Betrag einen fixen EUR-Betrag zu kaufen. Bei einem in Deutschland geschlossenen Forward-Kontrakt verpflichtet er sich, einen fixen USD-Betrag gegen einen fixen EUR-Betrag zu verkaufen und hat damit die Short-Position inne. Gekauft (Long) und verkauft (Short) wird also immer die aus Sicht des Landes des Vertragsschlusses fremde Währung. Vgl. Möbius/Pallenberg (2011), S. 205. Gleichsam ist der Importeur im Future-Fall Inhaber der Short-Position, da er einen EUR-Betrag gegen USD verkauft (im Forward-Fall: Long-Position, da Kauf von USD).
[229] Vgl. Stephens (2001), S. 83 f.
[230] Vgl. Sharan (2009), S. 134. Folgender Geschäftsablauf sei angenommen: Das deutsche Unternehmen richtet seinen Auftrag an einen US-Broker (bzw. an die deutsche Filiale dessen, die den Auftrag dann an diesen weiterleitet), dieser schließt die Futures über einen seiner Parketthändler oder über ein elektronisches Trading-System ab und „hält" anschließend die Futures für das deutsche Unternehmen (Gegenpartei des Brokers wird nach erfolgtem Vertragsabschluss mit einem anderen Broker „automatisch" die Clearing-Stelle). Vgl. Walter (2009), S. 98.
[231] Vgl. Shapiro (2009), S. 184 f. sowie Chance (2010), S. 280 f.

(1,2338 $/€) bzw. Kassa-Geldkurs (1,2278 $/€) des Tages des Kontraktabschlusses kalkulieren, so ergibt sich – zumindest auf den ersten Blick – *etwa* folgendes Ex-ante-Ergebnis der Wechselkurssicherung mittels Devisen-Futures:

- Ex-ante-Kurssicherungsergebnis Exporteur:[232]

$$EAKE(FUT)_{Exp} = FB \cdot \left(\frac{1}{w_{f(0)}} - \frac{1}{w_{k(0);B}}\right) + B_{Ü} \cdot \left(\frac{1}{w_{f(0)}} - \frac{1}{w_{k(0);M}}\right) - K \cdot \frac{G}{w_{k(0);G}}$$

- Ex-ante-Kurssicherungsergebnis Importeur:

$$EAKE(FUT)_{Imp} = FB \cdot \left(\frac{1}{w_{k(0);G}} - \frac{1}{w_{f(0)}}\right) + B_{Ü} \cdot \left(\frac{1}{w_{k(0);M}} - \frac{1}{w_{f(0)}}\right) - K \cdot \frac{G}{w_{k(0);G}}$$

mit

FB = Abzusichernder Fremdwährungsbetrag aus Grundgeschäft

$w_{k(0);B}$ = Kassa-Briefkurs per Vertragsschluss

$w_{k(0);G}$ = Kassa-Geldkurs per Vertragsschluss

$w_{k(0);G}$ = Kassa-Mittelkurs per Vertragsschluss

$w_{f(0)}$ = Future-Kurs per Vertragsschluss

$B_{Ü}$ = Übersicherungsbetrag

K = Anzahl Kontrakte

G = Gebühr je Kontrakt

---

[232] Der mittlere Term ($B_{Ü}$ ...) basiert auf folgenden Überlegungen: Zunächst ist der übersicherte Betrag einzeln zu betrachten, da diesem kein entsprechender Fremdwährungszahlungseingang (-ausgang) aus dem Grundgeschäft gegenüber steht und er nicht in der Kalkulation des Exporteurs (Importeurs) berücksichtigt wurde. Mit abnehmender Laufzeit des Future-Kontrakts nimmt der Swapsatz aufgrund dessen Abhängigkeit von den Zinssätzen im Normalfall immer weiter ab, am Fälligkeitstermin müssen sich Future-Kurs und Kassa-Mittelkurs entsprechen. Vgl. Breuer (2000), S. 206 f. Allein aus dieser Tatsache realisiert der Exporteur (Importeur) mit der übersicherten Position einen ex ante feststehenden Verlust (-Gewinn), der in EUR ausgedrückt etwa dem Ergebnis des Terms entspricht. Im letzten Term wird der aktuelle Kassa-Geldkurs verwendet, da nicht davon auszugehen ist, dass der Exporteur (Importeur) für den Erwerb der für die Gebührenzahlung benötigten USD den Kassa-Mittelkurs oder auch nur den Interbankenkurs angeboten bekommt.

Setzt man die beobachteten Werte ein, so erhält man:

$$EAKE(FUT)_{Exp} = 1.000.000\ \$ \cdot \left(\frac{1}{1{,}2320\,\frac{\$}{€}} - \frac{1}{1{,}2338\,\frac{\$}{€}}\right) + 1.000\ \$ \cdot \left(\frac{1}{1{,}2320\,\frac{\$}{€}} - \frac{1}{1{,}2308\,\frac{\$}{€}}\right) - 7 \cdot \frac{15\ \$}{1{,}2278\,\frac{\$}{€}}$$

$$= +1.097{,}87\ €$$

und

$$EAKE(FUT)_{Imp} = 1.000.000\ \$ \cdot \left(\frac{1}{1{,}2278\,\frac{\$}{€}} - \frac{1}{1{,}2320\,\frac{\$}{€}}\right) + 1.000\ \$ \cdot \left(\frac{1}{1{,}2308\,\frac{\$}{€}} - \frac{1}{1{,}2320\,\frac{\$}{€}}\right) - 7 \cdot \frac{15\ \$}{1{,}2278\,\frac{\$}{€}}$$

$$= +2.691{,}86\ €$$

Das Ex-ante-Ergebnis einer entsprechenden Forward-Sicherung betrüge dagegen:

$$EAKE(FW)_{Exp} = 1.000.000\ \$ \cdot \left(\frac{1}{1{,}2351\,\frac{\$}{€}} - \frac{1}{1{,}2338\,\frac{\$}{€}}\right) = -853{,}09\ €$$

$$EAKE(FW)_{Imp} = 1.000.000\ \$ \cdot \left(\frac{1}{1{,}2278\,\frac{\$}{€}} - \frac{1}{1{,}2289\,\frac{\$}{€}}\right) = +729{,}04\ €$$

Auf den ersten Blick erscheint die Absicherung mittels Devisen-Futures aufgrund der Einsparung der Geld/Brief-Spanne, die (die Einsparung) höher ist als die Future-Gebühren, also lohnender als die Absicherung mittels Devisen-Forwards.

Wie stellt sich nun der weitere Verlauf des Future-Geschäfts dar? Mit dem Abschluss der Future-Kontrakte muss der Exporteur (Importeur) ein Margin-Konto bei der Clearing-Gesellschaft der CME eröffnen, auf dem täglich die Gewinne und Verluste aus seinen Positionen verrechnet werden.[233] Die auf diesem zu

---

[233] Vgl. Heussinger/Klein/Raum (2000), S. 115. Im Regelfall besitzt der Kunde kein Margin-Konto direkt bei der Clearing-Gesellschaft, sondern bei seinem Broker. Dieser wiederum besitzt ein Margin-Konto bei der Clearing-Gesellschaft und leitet die vom Kunden geleisteten Margins auf dieses weiter. Vgl. Rieger (2009), S. 53, sowie Levi (2005), S. 69. Da der Broker jedoch nur als Mittler agiert, sei er in Anlehnung an Bösch (2011), S. 12 im Folgenden vereinfachend ausgeblendet. Die Darstellung erfolgt, als ob der Kunde direkt ein Margin-Konto bei der Clearing-Gesellschaft unterhielte.

hinterlegende anfängliche Sicherheit (Initial Margin) beträgt etwa zwei Prozent des USD-Wertes der Kontrakte bei Abschluss[234], im vorliegenden Fall also 1.001.000 $ · 0,02 = 20.020 $, umgerechnet 20.020 $ / 1,2278 $/€[235] = 16.305,59 €. Der Mindestbetrag auf dem Konto (Maintenance Margin), bei dessen Unterschreitung der Kunde von der Clearing-Gesellschaft per Margin-Call zu einer Nachschusszahlung (Variation Margin) aufgefordert wird, beträgt i. d. R. 75 Prozent der Initial Margin[236], hier also 15.015 USD.

Zur Darstellung der täglichen Bewertung der Futures-Positionen (Marking to Market) und deren Auswirkung auf das Margin-Konto sei folgendes, sehr vereinfachendes Szenario unterstellt: Kassa-Mittelkurs und Future-Kurs bleiben zunächst exakt gleich, bevor sie am 30.07.2012 aufgrund abermals gescheiterter Verhandlungen zur Rettung der Eurozone auf 1,2190 $/€ bzw. 1,2200 $/€ sinken.[237] Danach verharren die Kurse auf diesem Niveau, bis am 20.08.2012 die deutsche Bundeskanzlerin Merkel nach harten nächtlichen Verhandlungen überraschend von ihrer bisherigen Position abweicht und der Emission von Eurobonds zustimmt. Kassa- und Future-Kurs quittieren dies mit einem Sprung auf 1,2600 $/€ bzw. 1,2606 $/€. Danach bewegen sich die Kurse nicht mehr, bis beide am 16.09.2012 aufgrund leicht verbesserter Konjunkturdaten aus Italien auf 1,2700 $/€ steigen. 1,2700 $/€ sei gleichzeitig der letzte Future-Abrechnungskurs am Fälligkeitstermin, dem 17.09.2012. In diesem Szenario fallen aus der Sicht des Exporteurs (Importeurs) folgende Buchungen auf dem Margin-Konto und daraus resultierende Cash-Flows an:

---

[234] Vgl. Eun/Resnick/Sabherwal (2012), S. 173, sowie Jones/Jones (1987), S. 68.
[235] Wiederum ist nicht davon auszugehen, dass der Exporteur (Importeur) die USD zum Mittel- bzw. Interbankenkurs erwerben kann.
[236] Vgl. Heussinger/Klein/Raum (2000), S. 115. Die Nachschusszahlung hat dabei so hoch zu sein, dass das Konto durch diese wieder mindestens bis zur Initial Margin aufgefüllt wird.
[237] Die marginalen Veränderungen auf dem Margin-Konto zwischen 09.07.2012 und 30.07.2012 aufgrund der Reduktion des Swapsatzes sollen hier und im Folgenden unbeachtet bleiben.

Datum (t)	Kassa-Mittelkurs in (t)	Future-Kurs in (t)	Wertänderung Future-Positionen in (t)	Margin-Konto in (t)	Einschuss/Nachschuss-zahlung in (t)[238]
09.07.2012 (t=1)	1,2308 $/€	1,2320 $/€	---	20.020 $	20.020 $ / 1,2278 $/€ = (-) **16.305,59 €**
30.07.2012 (t=2)	1,2190 $/€	1,2200 $/€	$(-120)^{239} \cdot 6 \cdot 12{,}5$ \$ - 120 · 6,25 \$ = - 9.750 \$	20.020 $ - 9.750 $ = 10.270 $	(20.020 $ - 10.270 $) / 1,2160 $/€ = (-) **8.018,09 €**
20.08.2012 (t=3)	1,2600 $/€	1,2606 $/€	406 · 6 · 12,5 \$ + 406 · 6,25 \$ = 32.987,5 \$	20.020 $ + 32.987,5 $ = 53.007,5 $	---
16.09.2012 (t=4)	1,2700 $/€	1,2700 $/€	94 · 6 · 12,5 \$ + 94 · 6,25 \$ = 7.637,5 \$	53.007,5 $ + 7.637,5 $ = 60.645 $	---
17.09.2012 (t=5)	1,2700 $/€	1,2700 $/€	---	60.645 $	---

Tabelle 2: Buchungen auf dem Margin-Konto und resultierende Cash-Flows, Exporteur, Long Position
Quelle: Eigene Darstellung

Datum (t)	Kassa-Mittelkurs in (t)	Future-Kurs in (t)	Wertänderung Future-Positionen in (t)	Margin-Konto in (t)	Einschuss/Nachschusszahlung in (t)
09.07.2012 (t=1)	1,2308 $/€	1,2320 $/€	---	20.020 $	20.020 $ / 1,2278 $/€ = (-) **16.305,59 €**
30.07.2012 (t=2)	1,2190 $/€	1,2200 $/€	$120^{240} \cdot 6 \cdot 12{,}5$ \$ + 120 · 6,25 \$ = 9.750 \$	20.020 $ + 9.750 $ = 29.770 $	---
20.08.2012 (t=3)	1,2600 $/€	1,2606 $/€	(-406) · 6 · 12,5 \$ 406 · 6,25 \$ = - 32.987,5 \$	29.770 $ - 32.987,5 $ = - 3.217,5 $	(20.020$ + 3.217,5$) / 1,2570 $/€ = (-) **18.486,48 €**
16.09.2012 (t=4)	1,2700 $/€	1,2700 $/€	(-94) · 6 · 12,5 \$ - 94 · 6,25 \$ = - 7.637,5 \$	20.020 $ - 7.637,5 $ = 12.382,5 $	(20.020$ - 12.382,5$) / 1,2670 $/€ = (-) **6.028,02 €**
17.09.2012 (t=5)	1,2700 $/€	1,2700 $/€	---	20.020 $	---

Tabelle 3: Buchungen auf dem Margin-Konto und resultierende Cash-Flows, Importeur, Short Position
Quelle: Eigene Darstellung

---

[238] In EUR zum Kassa-Geldkurs.
[239] Änderung $(w_{f(t)} - w_{f(t-1)})$ des Future-Kurses in Pips. 12,5 \$ bzw. 6,25 \$: Wertveränderung einer klassischen bzw. e-mini-Future-Position bei Änderung des Future-Kurses um einen Pip.
[240] Änderung $(w_{f(t-1)} - w_{f(t)})$ des Future-Kurses in Pips.

Nun sei angenommen, dass der Exporteur (Importeur) usancengemäß[241] seine Future-Positionen am Fälligkeitstag durch das Eingehen entsprechender Gegenpositionen glattstellt. Der *Exporteur* tauscht dann die vom Kunden eingehenden 1.000.000 USD sowie die auf dem Margin-Konto gutgeschriebenen 60.645 USD zum herrschenden Kassa-Briefkurs von 1,2730 $/€ in EUR. Er erhält: 1.060.645 $ / 1,2730 $/€ = 833.185,39 €. Nach Abzug der Zahlungen für Initial- und Variation-Margin „verbleiben": 833.185,39 € − 16.305,59 € − 8.018,09 € = 808.861,71 €.[242] Berücksichtigt man noch die anfangs gezahlten Gebühren i. H. v. 85,52 € (7 · 15 $ / 1,2278 $/€), verbleiben schließlich 808.861,71 € − 85,52 € = 808.776,19 €. Ein Offenlassen der Fremdwährungsposition hätte zu folgendem Ergebnis geführt: 1.000.000 $ / 1,2730 $/€ = 785.545,95 €. Somit hat der Exporteur einen Ex-post-Kurssicherungsgewinn im Sinne einer Verlustvermeidung von 808.776,19 € − 785.545,95 € = 23.230,24 € erzielt. Hätte er die Fremdwährungsposition mittels eines Forward-Kontraktes abgesichert, so hätte er am 17.09.2012 allerdings 1.000.000 $ / 1,2351 $/€ = 809.651,04 € erhalten und einen Ex-post-Kurssicherungsgewinn i. H. v. 809.651,04 € − 785.545,95 € = 24.105,09 € zu verzeichnen gehabt (Differenz zum Future-Ergebnis: + 874,85 EUR).

Der *Importeur* kauft entsprechend die benötigten 1.000.000 USD am Kassamarkt und bezahlt hierfür 1.000.000 $ / 1,2670 $/€ = 789.265,98 €. Die auf dem Margin-Konto gutgeschriebenen 20.020 USD werden in EUR zurückgetauscht und müssen von diesem Betrag subtrahiert werden. Durch Addition der Initial Margin, der Variation Margins und den Gebühren erhält man schließlich den tatsächlich gezahlten EUR-Betrag: 789.265,98 € − 20.020 $ / 1,2730 $/€ + 16.305,59 € + 18.486,48 € + 6.028,02 € + 85,52 € = 814.444,96 €. Ein Offenlassen der Fremdwährungsverbindlichkeit hätte zu folgendem Zahlungsausgang geführt: 1.000.000 $ / 1,2670 $/€ = 789.265,98 €. Der Importeur erleidet also Ex-post-Kurssicherungskosten im Sinne eines entgangenen Währungsgewinns i. H. v.

---

[241] In der Praxis werden etwa 99 Prozent aller Future-Kontrakte vor Fälligkeit oder am Fälligkeitstermin glattgestellt. Vgl. Durbin (2011), S. 25. Die Kalkulation des Ergebnisses einer Absicherung mittels Devisen-Futures unter der Annahme einer Glattstellung der Positionen ist des Weiteren schon deshalb gerechtfertigt, da in der Praxis in den wenigsten Fällen eine Kongruenz des Fälligkeitstermins mit dem Tag des Fremdwährungszahlungseingangs (-ausgangs) zu beobachten sein dürfte. Vgl. Breuer (2000), S. 157.

[242] Eventuelle zinsinduzierte (kalkulatorische) Verluste, die im Rahmen der Hinterlegung von Initial-Margin und Variation Margins z. B. aufgrund der Tatsache entstehen, dass der unternehmensindividuelle Kalkulationszinssatz (wesentlich) höher ist als die Verzinsung der Beträge auf dem Margin-Konto, seien hier der Einfachheit halber nicht beachtet.

789.265,98 € − 814.444,96 € = − 25.178,98 €. Hätte er die Fremdwährungsposition per Forward-Kontrakt abgesichert, so hätte er für die 1.000.000 $ weniger, nämlich insgesamt 1.000.000 $ / 1,2289 $/€ = 813.735,86 € bezahlen müssen und seine Ex-post-Kurssicherungskosten hätten „nur" 789.265,98 € − 813.735,86 € = − 24.469,88 € betragen (Differenz zum Future-Ergebnis: + 709,1 EUR).

Wie lässt es sich nun erklären, dass die Absicherung der Fremdwährungsposition mittels Devisen-Futures letztlich sowohl aus Sicht des Exporteurs als auch aus der des Importeurs zu einem schlechteren Ergebnis führt als die Absicherung mittels Devisen-Forwards, obwohl sie auf den ersten Blick günstiger erschien? Die über-sicherte Position i. H. v. 1.000 USD kann kaum als Erklärungsfaktor herangezogen werden, denn diese führt − isoliert betrachtet − im Falle des Exporteurs sogar zu einem geringfügigen Gewinn, der bei Forward-Sicherung nicht erzielt worden wäre. Im Falle des Importeurs führt sie zwar zu einem geringfügigen „Zusatzverlust", dieser kann jedoch die Differenz zwischen den Ex-post-Kurssicherungskosten der Future-Sicherung und einer Forward-Sicherung nur marginal erklären. Die Gründe[243] für das „schlechtere" Ergebnis der Future-Sicherung in beiden Fällen liegen vielmehr darin, dass

- durch den letztlich effektuierten Kassaverkauf (-erwerb) des eingehenden (benötigten) Fremdwährungsbetrages neben den zu zahlenden Gebühren *zusätzlich* noch Transaktionskosten in Form der Geld-/Brief-Spanne getragen werden müssen (1),

- im Zuge der Überweisung der Initial Margin und der Variation Margins sowie des Rücktausches des Schlussbetrages auf dem Margin-Konto wiederum Transak-tionskosten in Form der Geld-/Brief-Spanne anfallen (2)

- und dass die anfänglich hinterlegte Sicherheitsleistung sowie die aus Positionsgewinnen resultierenden Gutschriften auf dem Margin-Konto − werden diese nicht sofort abgehoben und in EUR zurückgetauscht − selbst ungesicherte

---

[243] Die im Folgenden aufgezählten Überlegungen bzw. Tatsachen werden in der Literatur, die vor-wiegend die Auffassung vertritt, dass die Absicherung von Fremdwährungspositionen mittels Devi-sen-Futures günstiger ist als die mittels Forwards [vgl. z. B. Sercu (2009), S. 226 f., oder Chance (2010), S. 280], überhaupt nicht berücksichtigt.

Fremdwährungspositionen darstellen, aus denen Verluste (aber auch Gewinne) resultieren können (3).

Da, wie bereits in Fußnote 241 erwähnt, in den meisten Absicherungsfällen eine Inkongruenz zwischen Fälligkeitstermin der Future-Kontrakte und dem Termin des Fremdwährungszahlungseingangs bzw. -ausgangs beobachtbar sein dürfte, eine vorzeitige Glattstellung der Future-Positionen[244] und der anschließende Kassaverkauf (-erwerb) des eingehenden (benötigten) Fremdwährungsbetrages also obligat ist, steht schon bei Abschluss der Future-Kontrakte fest, dass *neben den Gebühren* auch noch Transaktionskosten in Form der Geld-/Brief-Spanne anfallen werden. Unter Einbezug der Überlegungen in Punkt 2 werden die gesamten auf die Geld-/Brief-Spanne zurückzuführenden Kosten sogar höher sein als im Falle einer Forward-Sicherung. Daraus kann dann aber auch bereits ex ante geschlossen werden, dass das Ex-post-Kurssicherungsergebnis einer Future-Sicherung wenn, dann nur durch eine zufallsbedingte Wechselkursentwicklung[245] besser sein wird als das einer Forward-Sicherung.[246] Dies dürfte die Future-Sicherung für Unternehmen, die das Transaktionsrisiko eines vorliegenden Netto-Exposures komplett ausschalten wollen, unattraktiver erscheinen lassen als eine Forward-Sicherung. Ein Unternehmen, das der Spekulation[247] hingegen nicht gänzlich abgeneigt ist, wird sich für diese sicherlich „direkterer" und transparenterer Möglichkeiten bedienen, z. B. indem bei entsprechenden Wechselkurserwartungen nur ein Teil der Fremdwährungsposition per *Forward* abgesichert wird.

---

[244] Auf ein explizites zusätzliches Beispiel der Absicherung mittels Devisen-Futures, die vor dem Fälligkeitstermin glattgestellt werden, sei der Kürze halber verzichtet. Es sei angenommen, dass eine solche Absicherung abgesehen von den drei genannten Punkten zum selben Ergebnis wie eine auf den Termin des Zahlungseingangs bzw. -ausgangs zugeschnittene Forward-Sicherung führt. Bei genauer Betrachtung müsste man bei einer Absicherung mittels Futures, die vor Fälligkeit glattgestellt werden, eigentlich auch noch das sog. Basisrisiko mit berücksichtigen. Für eine ausführliche Diskussion dieses sei auf Breuer (2000), S. 204-215 verwiesen.

[245] Die Future-Sicherung könnte im Fall des Importeurs z. B. dann ex post „doch noch" lohnender sein als eine Forward-Sicherung, wenn der Future-Kurs ausgehend von 1,2320 $/€ bis zur Glattstellung der Kontrakte stetig und stark fällt. In diesem Falle würden sich neben dem „Zusatzgewinn" aus dem Übersicherungsbetrag auch noch deutliche Gewinne durch die Initial Margin als ungesicherte Position und – bei nicht sofortiger Rücküberweisung – durch die sich auf dem Margin-Konto kumulierenden und bei Glattstellung zu einem günstigeren Kurs rückführbaren Positionsgewinne ergeben.

[246] Die anfangs eingeführte Formel zur Berechnung der Ex-ante-Kurssicherungsergebnisse von Future-Sicherungen ist deshalb auch mit Vorsicht zu sehen und wird im Weiteren nicht mehr verwendet werden.

[247] Spekulation im Sinne einer Spekulation mit (=Offenlassen von) aus dem Grundgeschäft resultierenden Fremdwährungsbeträgen. Die bewusste Durchführung „reiner" Devisenspekulationsgeschäfte (für solche wären Futures wegen der Möglichkeit der jederzeitigen Glattstellung wiederum sehr gut geeignet) sei hier für Unternehmen per Annahme ausgeschlossen.

Die Absicherung eines Netto-Exposures mittels Devisen-Futures kann angesichts der obigen Ausführungen deshalb zumindest keinem in einer anderen Währung als dem USD kalkulierenden (Punkt 2 und 3!), das Transaktionsrisiko komplett zu vermeiden suchenden Unternehmen empfohlen werden und es ist – vielleicht ja genau deshalb – nicht verwunderlich, dass sich „[...] Währungsfutures im Gegensatz zu den Zinsfutures [...] in Europa noch sehr wenig durchsetzen [...]"[248] konnten. V. a. kleinere Unternehmen, denen wegen ihrer betraglich geringeren abzusichernden Fremdwährungspositionen der OTC-Markt und damit eine Forward-Sicherung nicht offensteht (auf dem OTC-Markt werden normalerweise nur Beträge in der Größenordnung von 1.000.000 USD und mehr gehandelt)[249], werden jedoch „gezwungen" sein, trotz der offensichtlichen Nachteile für die Absicherung ihrer Netto-Exposure auf Devisen-Futures zurückzugreifen.

3.2.3.3 Absicherung mittels Devisenoptionen

Um die Absicherung eines Netto-Exposures mittels Devisenoptionen darzustellen, sei wiederum auf das bereits bekannte Beispiel des deutschen Exporteurs (Importeurs) zurückgegriffen. Dieser schließe heute (18.07.2012) einen Vertrag, der in drei Monaten, am 18.10.2012, zu einem Fremdwährungszahlungseingang (-ausgang) i. H. v. 1.000.000 USD führen wird. Der bestehende Kassa-Briefkurs bzw. -Geldkurs ($w_{k(0);B}$ bzw. $w_{k(0);G}$), der zu Kalkulationszwecken herangezogen wird, beträgt 1,2281 $/€ bzw. 1,2221 $/€.[250] Betrachtet sei die Absicherung der Fremdwährungsforderung (-verbindlichkeit) mittels *europäischer „Plain Vanilla"-OTC-Optionen*. Die *gehandelte Währung* sei wie im Beispiel der Absicherung mittels Devisen-Forwards die *Fremdwährung*, also der USD, der *Exporteur* wird also *USD-Puts* kaufen, der *Importeur USD-Calls*.[251] Des Weiteren sei angenommen, dass *ein* USD-Put bzw.

---

[248] Stocker (2006), S. 305.
[249] Vgl. Stocker (2006), S. 303.
[250] Quelle: http://www.hsbctrinkaus.de/global/display/maerkteundresearch/devisen/devisenkurse, aufgerufen am 18.07.2012 um 16:00 Uhr.
[251] Statt mit einem USD-Put könnte man auch mit einem EUR-Call, statt mit einem USD-Call mit einem EUR-Put argumentieren (jeweils Long-Position). Die Ergebnisse wären exakt gleich. Vgl. Bloss et al. (2009), S. 100 u. 110. Um in Einklang mit den Ausführungen der Fußnote 228 der vorliegenden Studie zu bleiben, sei hier terminologisch jedoch die Absicherung mittels USD-Puts und -Calls betrachtet.

USD-Call das Recht darstellt, einen bestimmten Menge USD gegen *einen* EUR zu verkaufen bzw. für *einen* EUR zu kaufen.[252]

Am 18.07.2012 kauft der Exporteur zur Absicherung der Fremdwährungsforderung bei seiner Bank eine bestimmte Menge USD-Put-Optionen, deren Basiskurs mit 1,2281 $/€ seinem Kalkulationskurs entspricht, also 1.000.000 / 1,2281 = 814.265,94 ≈ 814.266 USD-Puts.[253] Dadurch sichert er sich das *Recht*, am 18.10.2012 die eingehenden 1.000.000 USD gegen 814.265,94 EUR zu verkaufen.[254] Die Optionsprämie für *eine* USD-Put-Option mit dreimonatiger Laufzeit beträgt 0,0253 USD.[255]

Entsprechend kauft der Importeur am 18.07.2012 zur Absicherung der Fremdwährungsverbindlichkeit bei seiner Bank eine bestimmte Menge USD-Call-Optionen, deren Basiskurs mit 1,2221 $/€ *seinem* Kalkulationskurs entspricht, also 1.000.000 / 1,2221 = 818.263,64 ≈ 818.264 USD-Calls. Mit dem Kauf der Calls sichert er sich das Recht, am 18.10.2012 die benötigten 1.000.000 USD für 818.263,64 EUR zu erwerben. Die Optionsprämie für *eine* USD-Call-Option mit dreimonatiger Laufzeit beträgt 0,0238 USD.[256] Da der Basiskurs der Optionen mit 1,2281 $/€ bzw. 1,2221 $/€ jeweils dem Kalkulationskurs des Exporteurs bzw. Importeurs entspricht, ergeben sich die Ex-ante-Kurssicherungskosten für beide einfach als:

- Ex-ante-Kurssicherungskosten Exporteur (Importeur) bei Basiskurs = Kalkulationskurs und Optionsprämie in USD:

$$EAKK\,(OPT)_{Exp\,(Imp)} = \frac{P \cdot K}{w_{k(0);G}}$$

mit

---

[252] Dies entspricht durchaus der Realität. So sind z. B. die von der HSBC angebotenen Devisenoptionen, obwohl OTC gehandelt, tatsächlich hinsichtlich des Kontraktvolumens wie beschrieben standardisiert.
[253] Vgl. Beike/Barckow (2002), S. 112 f.
[254] Genau genommen sichert er sich das Recht, 1.000.000,1 USD gegen 814.266 EUR zu verkaufen. Dieser marginale Unterschied sei jedoch im Folgenden, wie auch im Falle des Importeurs, nicht weiter beachtet.
[255] Quelle: http://www.hsbctrinkaus.de/global/display/maerkteundresearch/devisen/optionspreise, aufgerufen am 18.07.2012 um 17:41 Uhr. Wie bei der Optionsprämie für eine USD-Call-Option (siehe weiter unten) handelt es sich hier um die Optionsprämie für eine Option mit dem Basispreis 1,2259 $/€. Die Optionsprämie muss also als Näherungswert verstanden werden.
[256] Quelle: http://www.hsbctrinkaus.de/global/display/maerkteundresearch/devisen/optionspreise, aufgerufen am 18.07.2012 um 17:41 Uhr.

P = Optionsprämie (in USD)

K = Anzahl der Optionskontrakte

$w_{k(0);G}$ = Kassa-Geldkurs per Vertragsschluss[257]

Setzt man die beobachteten Werte ein, so ergeben sich:

$$\text{EAKK (OPT)}_{Exp} = \frac{0{,}0253\ \$ \cdot 814.266}{1{,}2221\ \frac{\$}{€}} = 16.856{,}99\ €$$

und

$$\text{EAKK (OPT)}_{Imp} = \frac{0{,}0238\ \$ \cdot 818.264}{1{,}2221\ \frac{\$}{€}} = 15.935{,}43\ €$$

Der Break-Even-Kurs als derjenige Kassa-Briefkurs (-Geldkurs) zum Fälligkeitstermin, ab dessen Überschreitung (Unterschreitung) die Optionen *mit einem Gewinn* ausgeübt werden (Gewinn in dem Sinne, dass die Kosten eines Offenlassens der Fremdwährungsposition in diesem Falle größer gewesen wären als die kumulierten Optionsprämien/Ex-ante-Kurssicherungskosten, lässt sich wie folgt berechnen:[258]

- Break-Even-Kurs Exporteur:

$$\text{BEK}_{Exp} = \frac{FB}{\left(\frac{FB}{B} - \text{EAKK(OPT)}_{Exp}\right)}$$

- Break-Even-Kurs Importeur:

$$\text{BEK}_{Imp} = \frac{FB}{\left(\frac{FB}{B} + \text{EAKK(OPT)}_{Imp}\right)}$$

---

[257] Die Optionsprämie ist ja sofort zu zahlen (vgl. Tabelle 1 der vorliegenden Studie), muss also bei Vertragsabschluss zum herrschenden Kassa-Geldkurs in USD getauscht werden.

[258] Will man Gewinne und Verluste aus Optionsgeschäften konsequent in EUR berechnen, so kann die vereinfachte Formel zur Ermittlung des Break-Even-Kurses, in der dieser durch Addition bzw. Subtraktion der Optionsprämie vom Basiskurs errechnet wird [vgl. z. B. Eilenberger (2004), S. 193 ff.], *nicht* angewendet werden.

mit

FB = Abzusichernder Fremdwährungsbetrag
B = Basiskurs

Einsetzen ergibt:

$$BEK_{Exp} = \frac{1.000.000\ \$}{\left(\dfrac{1.000.000\ \$}{1,2281\ \frac{\$}{€}} - 16.856,99\ €\right)} = 1,2540617 \approx 1,2541\ \frac{\$}{€}$$

und

$$BEK_{Imp} = \frac{1.000.000\ \$}{\left(\dfrac{1.000.000\ \$}{1,2221\ \frac{\$}{€}} + 15.935,43\ €\right)} = 1,1987546 \approx 1,1988\ \frac{\$}{€}$$

Unter Einbezug der obigen Ausführungen und Daten kann das Ergebnis der Kurssicherung mittels Devisenoptionen nun anhand von Grafiken dargestellt und analysiert werden:

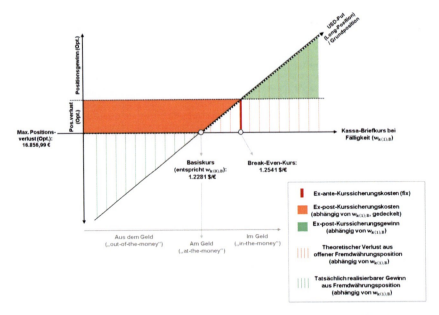

Abbildung 17: Ergebnis der Wechselkurssicherung mittels Devisenoption(en), Exporteur
Quelle: Eigene Darstellung

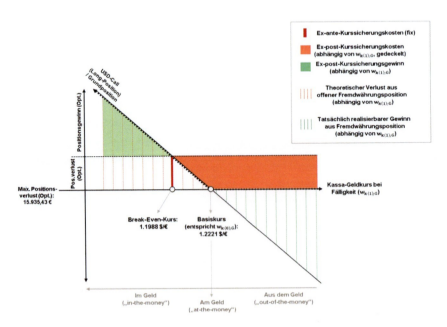

Abbildung 18: Ergebnis der Wechselkurssicherung mittels Devisenoption(en), Importeur
Quelle: Eigene Darstellung

Notiert der Kassa-Briefkurs (-Geldkurs) am Fälligkeitstermin ($w_{k(1);B/G}$) über (unter) dem Break-Even-Kurs, so übt der Exporteur (Importeur) die Optionen aus[259]. Wird das Ex-post-Kurssicherungsergebnis weiterhin (d. h. wie bei der Forward-Sicherung) durch einen Vergleich des Ergebnisses eines theoretischen Offenlassens der Fremdwährungsposition mit dem Ergebnis der derivativen Absicherung jener Position ermittelt, so kann man in diesem Fall von einem Ex-post-Kurssicherungsgewinn des Exporteurs (Importeurs) sprechen, da die Kosten eines Offenlassens der Fremdwährungsposition *höher* gewesen wären als es die Ex-ante-Kurssicherungskosten in Form der kumulierten Optionsprämien waren.

Entspricht der Kassa-Briefkurs (-Geldkurs) am Fälligkeitstermin dem Basiskurs bzw. liegt zwischen diesem und dem Break-Even-Kurs, übt der Exporteur (Importeur) die Optionen ebenfalls aus, realisiert dabei jedoch Ex-post-Kurssicherungskosten, da die Kosten eines Offenlassens der Fremdwährungsposition *geringer* gewesen wären als die Ex-ante-Kurssicherungskosten waren (je näher sich $w_{k(1);B/G}$ in diesem Falle am Break-Even-Kurs befindet, desto niedriger sind die Ex-post-Kurssicherungskosten).

Notiert der Kassa-Briefkurs (-Geldkurs) per Fälligkeit unter (über) dem Basiskurs, so übt der Exporteur (Importeur) die Optionen *nicht* aus, da er den eingehenden (benötigten) Fremdwährungsbetrag zu einem *besseren Kurs* als den Basiskurs am Kassamarkt verkaufen (kaufen) und dadurch einen Währungsgewinn erzielen kann. Unabhängig davon, wie weit $w_{k(1);B/G}$ unter (über) dem Basiskurs liegt, belaufen sich die Ex-post-Kurssicherungskosten in diesem Fall auf die Summe der Optionsprämien. Diese stellt die maximalen Ex-post-Kurssicherungskosten einer Optionssicherung dar.

Formal kann das Ex-post-Kurssicherungsergebnis einer Optionssicherung (im Fall Basiskurs = Kalkulationskurs und damit Ex-ante-Kurssicherungskosten = Summe der Optionsprämien) wie folgt berechnet werden:

---

[259] Vergleiche zu diesen und den folgenden Ausführungen Kapitel 2.1.1.3 der vorliegenden Studie.

- Ex-post-Kurssicherungsergebnis Exporteur :

$$\text{EPKE (OPT)}_{Exp} \begin{cases} -\text{EAKK(OPT)}_{Exp} & \text{, falls } w_{k(1);B} < B \\ \\ FB \cdot \left(\dfrac{1}{B} - \dfrac{1}{w_{k(1);B}}\right) - \text{EAKK(OPT)}_{Exp} & \text{, falls } w_{k(1);B} \geq B \end{cases}$$

- Ex-post-Kurssicherungsergebnis Importeur:

$$\text{EPKE (OPT)}_{Imp} \begin{cases} -\text{EAKK(OPT)}_{Imp} & \text{, falls } w_{k(1);G} > B \\ \\ FB \cdot \left(\dfrac{1}{w_{k(1);G}} - \dfrac{1}{B}\right) & \text{, falls } w_{k(1);G} \leq B \end{cases}$$

Die Unterschiede zwischen einer Wechselkurssicherung mittels Forwards und Optionen sind offensichtlich:[260] Während der Exporteur (Importeur), der eine Fremdwährungsposition mittels Forward absichert, bei *im Bezug auf die theoretisch offengelassene Position positiver* Wechselkursentwicklung bis zum Fälligkeitstermin (Exporteur: fallende Kurse; Importeur: steigende Kurse) aufgrund der Unbedingtheit des Vertrages theoretisch „unbegrenzte" Ex-post-Kurssicherungskosten in Höhe des entgangenen Währungsgewinns zuzüglich bzw. abzüglich der Ex-ante-Kurssicherungskosten bzw. des Ex-ante-Kurssicherungsgewinns realisiert, kann er bei einer Optionssicherung durch die Nichtausübung der Option uneingeschränkt von einer im obigen Sinne positiven Wechselkursentwicklung profitieren.[261] Seine Ex-post-Kurssicherungskosten sind daher auf die Summe der Optionsprämien bzw. die Ex-ante-

---

[260] Auch die folgenden Ausführungen beziehen sich auf Optionen für die gilt Basiskurs = Kassa-Briefkurs/-Geldkurs per Vertragsabschluss = Kalkulationskurs, sind jedoch zum Großteil auch auf Optionen mit anderen Basiskursen übertragbar.
[261] Vgl. Priermeier/Stelzer (2001), S. 65 u. 70.

Kurssicherungskosten beschränkt. Da ebendiese prämieninduzierten Ex-ante-Kurssicherungskosten jedoch wesentlich höher sind als die Ex-ante-Kurssicherungskosten einer Forward-Sicherung, stellt sich der Exporteur (Importeur) durch die Optionssicherung tatsächlich erst ab einem bestimmten, unter (über) dem Basiskurs liegenden „kritischen" Kassa-Briefkurs (-Geldkurs) besser als durch eine Forward-Sicherung.[262] Der gesuchte Kurs ist derjenige, bei dem die Ex-post-Kurssicherungskosten der Forward-Sicherung den Ex-post-Kurssicherungskosten der Optionssicherung entsprechen würden und lässt sich wie folgt berechnen:

- „Kritischer Kurs" Exporteur:

$$KK_{Exp} = \frac{FB}{\left(\frac{FB}{w_{t(0);B}} + EAKK(OPT)_{Exp}\right)}$$

- „Kritischer Kurs" Importeur:

$$KK_{Imp} = \frac{FB}{\left(\frac{FB}{w_{t(0);G}} - EAKK(OPT)_{Imp}\right)}$$

mit

$w_{t(0);B}$ = Termin-Briefkurs per Vertragsabschluss

$w_{t(0);G}$ = Termin-Geldkurs per Vertragsabschluss

-

Mit $w_{t(0);B}$ = 1,2297 \$/€ und $w_{t(0);G}$ = 1,2235 \$/€[263] ergeben sich folgende „kritischen" Kurse":

$$KK_{Exp} = \frac{1.000.000\ \$}{\left(\frac{1.000.000\ \$}{1,2297\ \frac{\$}{\text{€}}} + 16.856,99\ \text{€}\right)} = 1,2047272 \approx 1,2047\ \frac{\$}{\text{€}}$$

---

[262] Vgl. Stulz (2003), S. 305.
[263] Die 3-Monats-Terminkurse wurden durch Addition der zur Zeit (Stand: 20.07.2012) gängigen 16 bzw. 14 Pips auf den Kassa-Briefkurs bzw. -Geldkurs hergeleitet.

und

$$KK_{Imp} = \frac{1.000.000\ \$}{\left(\frac{1.000.000\ \$}{1{,}2235\ \frac{\$}{\€}} - 15.935{,}43\ \€\right)} = 1{,}2478289 \approx 1{,}2478\ \frac{\$}{\€}$$

Beweis für den Fall des Exporteurs:

Würde der Exporteur den Verkauf der 1.000.000 USD per Forward-Kontrakt gegen Wechselkursschwankungen absichern, so erhielte er am 18.10.2012 unabhängig vom dann bestehenden Kassa-Briefkurs 1.000.000 $ / 1,2297 $/€ = 813.206,47 €. Notiert der Kassa-Briefkurs am 18.10.2012 bei 1,2047 $/€, so übt der Exporteur im Falle einer Optionssicherung die Optionen *nicht* aus. Der Verkauf der 1.000.000 USD am Kassamarkt erbringt 1.000.000 $ / 1,2047 $/€ = 830.082,18 €. Abzüglich der Ex-ante-Kurssicherungskosten i. H. v. 16.856,99 EUR verbleiben ihm 830.082,18 € – 16.856,99 € = 813.225,19 €. Dieser Betrag entspricht genau[264] dem Ertrag aus der Forward-Sicherung. Alle Kassa-Briefkurse per Fälligkeit *unter* 1,2047 $/€ bedingen ex post einen monetären Vorteil der Optionssicherung gegenüber der Forward-Sicherung. Alle Kassa-Briefkurse per Fälligkeit *über* 1,2047 $/€ führen dagegen auch ex post zu einem monetären Nachteil der Optionssicherung gegenüber der Forward-Sicherung. Bereits ex ante kann somit festgehalten werden, dass der Kassa-Briefkurs – ausgehend vom Basiskurs – bis zum Fälligkeitstermin um mindestens (1,2047 $/€ – 1,2281 $/€) / 1,2281 $/€ ≈ (–) 1,91 Prozent fallen muss, damit sich die Optionssicherung gegenüber der Forward-Sicherung ex post als lohnender erweist.

In Anbetracht der obigen Ausführungen kann angenommen werden, dass Devisenoptionen zur Absicherung von *feststehenden* Netto-Exposures v. a. „[...] bei Erwartung erheblicher, jedoch hinsichtlich ihrer Richtung nicht abschätzbarer Wechselkursveränderungen [...]"[265], mithin in Zeiten hochvolatiler Devisenmärkte, wie sie auch aktuell – zumindest für das Währungspaar USD/EUR – beobachtbar sind (Stand: 20.07.2012), angewendet werden. Der Einsatz von Devisenoptionen aus

---

[264] Die geringe Abweichung ist auf die Rundung des kritischen Kassa-Briefkurses auf vier Nachkommastellen zurückzuführen.
[265] Büschgen (1997), S. 340.

diesem Grund beschränkt sich dabei nicht nur auf Unternehmen, die eine Strategie der selektiven Absicherung verfolgen, sich aber aufgrund der Marktvolatilität keine verlässliche Prognose zutrauen, sondern kann theoretisch auch im Rahmen einer Strategie der vollständigen Absicherung erfolgen.

Im Rahmen einer Strategie der selektiven Absicherung können Optionen auch im Falle von subjektiv als relativ „sicher" eingeschätzten Wechselkurserwartungen eingesetzt werden, und zwar dann, wenn Fremdwährungspositionen wegen der bereits erfolgten Ausschöpfung des Spekulationslimits abgesichert werden *müssen*, die Prognosen jedoch eine für die Grundposition stark positive Wechselkursentwicklung vorhersagen.

3.2.3.4 Absicherung mittels Währungs-Swaps

Die bisher betrachteten derivativen Finanzinstrumente eignen sich besonders zur Kurssicherung von *kurzfristigen* Netto-Exposures, die v. a. durch internationalen Dienstleistungs- und Warenverkauf bzw. -kauf entstehen. Zur Absicherung (hoher) mittel- und langfristiger Netto-Exposures, die typischerweise durch einen Fremdwährungsfinanzierungsbedarf im Rahmen des Auf- bzw. Ausbaus ausländischer TG erwachsen, greifen Unternehmen i. d. R. auf Währungs-Swaps, auch als „Zins- und Währungs-Swaps" oder „(Cross-)Currency Swaps" bezeichnet, zurück.

Zur Darstellung der Absicherung eines langfristigen Netto-Exposures mittels Währungs-Swap sei folgendes, in einigen Punkten vereinfachtes Beispiel betrachtet:[266]
Die US-amerikanische TG eines deutschen Unternehmens benötigt einen zehnjährigen Kredit i. H. v. 20 Mio. USD, um ihre Produktionsanlagen zu modernisieren. Der Kredit soll von der in Deutschland ansässigen MG „organisiert", die jährlichen Zinszahlungen und die Rückzahlung des Kredits nach zehn Jahren von der TG übernommen werden. Der MG stehen nun auf den ersten Blick mehrere Möglichkeiten offen, der TG die benötigten 20 Mio. USD zukommen zu lassen und sich dabei gegen das aus den Zinszahlungen und der Rückzahlung in USD resultierende Transaktionsrisiko abzusichern:

1) Die MG könnte auf dem deutschen Kapitalmarkt in EUR denominierte zehnjährige Anleihen zu einem angenommenen Zinssatz von 4 % p. a. begeben, deren EUR-

---

[266] Das Beispiel ist angelehnt an die Ausführungen in Bösch (2011), S. 205-210, sowie Büschgen (1997), S. 162 f. u. 478 f.

Volumen im Idealfall 20.000.000 $ / $w_{k(0);G}$ (aktueller $/€-Kassa-Geldkurs) entspricht. Der aufgenommene EUR-Betrag wird sodann am Devisenkassamarkt zum aktuellen Kassa-Geldkurs in die benötigten 20 Mio. USD getauscht und an die TG weitergeleitet. Zur Kurssicherung der nun jährlich von der TG zu leistenden USD-Zinszahlungen (4 % auf die 20 Mio. USD) sowie der in zehn Jahren fälligen Rückzahlung von 20 Mio. USD – jene USD-Zahlungen müssen zur Bedienung der Anleihezinsen bzw. zur Tilgung der Anleihen ja zunächst in EUR umgetauscht werden – müsste die MG eine Reihe von Devisen-Forward-Kontrakten mit z. T. sehr langen Laufzeiten und – im Falle der Absicherung des Rückzahlungsbetrages – sehr hohem Nominalvolumen abschließen. Eine Bank, die gewillt ist, als Gegenpartei für diese Kontrakte zu fungieren, wird sich jedoch nur sehr schwer oder überhaupt nicht finden lassen.[267] Diese Alternative der kursgesicherten Fremdwährungsfinanzierung der TG kann also ausgeschlossen werden.

2) Die MG könnte auf dem Eurokapitalmarkt oder dem US-amerikanischen Kapitalmarkt in USD denominierte Anleihen mit einem Volumen von 20 Mio. USD begeben und den Betrag an die TG weiterleiten. Das Entstehen eines Transaktionsrisikos wäre in diesem Falle ausgeschlossen, da die von der TG gegenüber der MG zu leistenden USD-Zinszahlungen und die Rückzahlung der 20 Mio. USD direkt zur Bedienung der Anleihezinsen bzw. zur Tilgung der Anleihen herangezogen werden könnten. Jedoch ist davon auszugehen, dass die MG für auf internationalen Kapitalmärkten emittierte Fremdwährungsanleihen (etwas) höhere Zinsen, angenommen 4,5 % p. a., zahlen muss.[268] Unter Kostengesichtspunkten ist diese Alternative also nur als suboptimal zu bewerten.[269]

---

[267] Vgl. Stephens (2001), S. 107 f. Je länger die Laufzeiten und je höher das Nominalvolumen (ab einem bestimmten, noch als „normal" angesehenen Niveau, z. B. 5.000.000 USD oder EUR), desto illiquider wird der Markt für Devisen-Forwards.

[268] Als Praxisbeispiel für diese Tatsache seien hier Anleihen von BMW betrachtet. So musste BMW für eine Anfang 2012 begebene EUR-Anleihe (Moody´s Rating: A2) mit siebenjähriger Laufzeit einen Nominalzins von 3,25 % bieten, für eine nach Emissionszeitpunkt und Laufzeit identische GBP-Anleihe (gleiches Rating) jedoch 3,375 %. Quelle: http://www.comdirect.de, aufgerufen am 04.08.2012.

[269] Des Weiteren könnte durch die Fremdwährungskreditaufnahme – der Kredit wird sich ja in der Konzernbilanz unter „langfristige Verbindlichkeiten" niederschlagen – ein Translationsrisiko entstehen. Dieser Sachverhalt sei im Rahmen der vorliegenden Studie jedoch nicht näher analysiert.

3) Es existiere nun ein bonitätsmäßig mit dem deutschen Unternehmen vergleichbares US-amerikanisches Unternehmen, welches seinerseits einen zehnjährigen EUR-Bedarf zur Finanzierung seiner deutschen TG habe. Der benötigte EUR-Betrag entspreche 20.000.000 USD / $w_{k(0);M}$ (aktueller $/€-Kassa-Mittelkurs). Bei einem Kassa-Mittelkurs von 1,2391 $/€[270] wären dies 16.140.747 EUR.[271] Die MG in den USA könnte nun analog in EUR denominierte Fremdwährungsanleihen auf dem Eurokapitalmarkt oder dem deutschen Kapitalmarkt begeben, um der deutschen TG den benötigten EUR-Betrag ohne die Entstehung eines Transaktionsrisikos zur Verfügung stellen zu können. Für diese müsste auch sie 4,5 % Zinsen p. a. zahlen, während die Investoren für auf dem heimischen Kapitalmarkt emittierte Anleihen – gleich wie im Falle des deutschen Unternehmens – nur 4 % Zinsen p. a. verlangen würden. Da der vom US-amerikanischen Unternehmen benötigte EUR-Betrag zum Kassa-Mittelkurs umgerechnet exakt dem vom deutschen Unternehmen benötigten USD-Betrag entspricht, könnten die beiden Unternehmen jedoch auch einen Währungs-Swap abschließen und dadurch *sowohl* jegliches aus der Fremdwährungsfinanzierung resultierende Transaktionsrisiko ausschließen *als auch* Kostenvorteile im Vergleich zum Rückgriff auf Alternative 2 realisieren. Das Vorgehen im Rahmen der Swap-Vereinbarung ist Folgendes: Das deutsche Unternehmen begibt auf dem deutschen Kapitalmarkt eine zehnjährige Anleihe über 16.140.747 EUR zu 4 % Zinsen p. a., während das US-amerikanische Unternehmen auf dem US-Kapitalmarkt eine zehnjährige Anleihe über 20.000.000 USD, im betrachteten Fall auch zu 4 % Zinsen p. a., emittiert. Sodann tauschen die Unternehmen die Geldbeträge. Das deutsche erhält vom US-amerikanischen Unternehmen 20.000.000 USD, das US-amerikanische vom deutschen im Gegenzug die 16.140.747 EUR. Beide Unternehmen leiten die Beträge an ihre TG weiter.[272] Während der zehnjährigen Laufzeit des Swaps muss das deutsche dem US-amerikanischen Unternehmen jährlich die von diesem an seine Fremdkapitalgeber abzuführenden 4 % Zinsen auf die 20.000.000 USD zahlen und vice versa („Fixed-for-Fixed Currency Swap"). Am

---

[270] Quelle: http://www.hsbctrinkaus.de/global/display/maerkteundresearch/devisen/devisenkurse, aufgerufen am 04.08.2012 um 18:56 Uhr.
[271] Natürlich ist es in der Praxis eher unwahrscheinlich, dass das US-amerikanische Unternehmen exakt 16.140.747 EUR benötigt. Über diese Tatsache sei an dieser Stelle jedoch hinweggesehen.
[272] Sämtliche Transaktionen können natürlich auch direkt zwischen der TG des deutschen Unternehmens und der MG des US-amerikanischen Unternehmens bzw. zwischen der TG des US-amerikanischen Unternehmens und der MG des deutschen Unternehmens abgewickelt werden.

Ende der Laufzeit werden die anfangs getauschten Beträge wieder zurückgetauscht (der dem Initial- und Rücktausch zugrunde liegende Wechselkurs ist also der im Ausgangszeitpunkt herrschende Kassa-Mittelkurs). Da die Zinszahlungen und der Rücktauschbetrag jeweils aus den Mitteln der ausländischen TG bedient werden, entsteht in diesem Zusammenhang für beide Unternehmen *kein Transaktionsrisiko*. Zugleich – in diesem Zusammenhang sei nur das deutsche Unternehmen betrachtet – kann das deutsche Unternehmen im Vergleich zu Alternative 2, der Emission von USD-Anleihen, Kostenvorteile i. H. v. (20.000.000 $ · 0,045 – 20.000.000 $ · 0,04) · 10 = 1.000.000 $ $ realisieren.

In der Praxis werden sich die beiden Unternehmen natürlich nicht „zufällig" finden und direkt einen Währungs-Swap aushandeln. Vielmehr werden sie durch eine Bank, die als Mittler und Gegenpartei der beiden Unternehmen beim Swap-Geschäft auftritt, zusammengeführt werden. Da die Bank bei diesem Geschäft selbstverständlich mitverdienen will, wird sie – über die theoretischen Zinskosten bei Wahrnehmung der Alternative 2 im Bilde – vom deutschen Unternehmen einen (etwas) höheren Zinssatz als die 4 % p. a. auf die 20 Mio. USD verlangen, die sie an das US-amerikanische Unternehmen weiterleitet, z. B. also 4,2 % p. a. (und vom US-amerikanischen Unternehmen ebenfalls). Trotzdem würde sich das deutsche Unternehmen durch den Abschluss eines Währungs-Swaps immer noch um 20.000.000 $ · 0,045 – 20.000.000 $ · 0,042) · 10 = 600.000 $ besser stellen als bei Rückgriff auf Alternative 2.

3.3 Das Transaktionsrisikomanagement deutscher Unternehmen in der Praxis

3.3.1 Strategien und Instrumente des externen Transaktionsmanagements deutscher Unternehmen

Umfassende Studien zur Anwendung der verschiedenen, weiter oben beschriebenen Exposure-Absicherungsstrategien des externen Transaktionsrisikomanagements (Kapitel 3.2.2) sowie zum Einsatz unterschiedlicher, dem externen Transaktionsrisikomanagement zuzuordnenden Sicherungsinstrumente (Kapitel 3.2.3) in der deutschen Unternehmenspraxis sind rar. Die aktuellste Untersuchung, die beide Fragestellungen abdeckt und im Folgenden unter der Annahme vorgestellt wird, dass die Ergebnisse auch für die heutige Unternehmenspraxis noch als ausreichend repräsentativ angesehen werden können, datiert aus den Jahren 1998/99. Der

Gießener Wirtschaftsprofessor Martin Glaum befragte damals 154 große deutsche Aktiengesellschaften aus Industrie und Handel (Zahl der antwortenden Unternehmen: 74) u. a. zu der bei ihnen herrschenden Praxis des Währungsmanagements.[273]

Auf die Frage nach der verfolgten *Absicherungsstrategie* antworteten die Unternehmen wie folgt:[274]

- Immerhin 11 % der Unternehmen (in absoluten Zahlen: acht) gaben an, auf eine Wechselkurssicherung gänzlich zu verzichten. Allerdings verfügten fünf dieser Unternehmen – wohl wegen einer Konzentration auf den Heimatmarkt – auch über keine (nennenswerten) Exposure. Somit war der Anteil an Unternehmen, die zwar offensichtlich offene Fremdwährungspositionen aufwiesen, jedoch trotzdem auf eine Kurssicherung komplett verzichteten, erwartungsgemäß äußerst gering.

- 22 % oder 16 der befragten Unternehmen gaben an, eine Strategie der vollständigen Absicherung zu verfolgen.

- 12 % oder neun der Unternehmen äußerten, eine „regelgebundene partielle Absicherung" der (Netto-) Exposure zu betreiben. Eine solche, in Kapitel 3.2.2 nicht explizit behandelte (und auch im weiteren Verlauf der vorliegenden Studie nicht weiter beachtete) Strategie sieht vor, *unabhängig von Wechselkursprognosen* z. B. stets 50 % eines (Netto-) Exposures offen zu belassen und 50 % abzusichern.

- 54 % oder 40 und damit der Großteil der Unternehmen gaben an, eine Strategie der selektiven Absicherung zu verfolgen. Dabei griff nur ein Drittel auf den Einsatz eines Limitsystems zurück – eine Tatsache, die angesichts der durch die Absenz eines solchen Systems bedingten potentiellen Verlusthöhe im Falle einer möglichen Fehlprognose der Wechselkursentwicklung durchaus überraschen kann (Glaum [2000] sieht alleine schon die hohe Anzahl der selektiv sichernden Unternehmen als „ [...] erstaunlichstes Ergebnis [...]"[275] der Untersuchung an).

---

[273] Vgl. Glaum (2000), S. 11.
[274] Vgl. Glaum (2000), S. 44 f.
[275] Glaum (2000), S. 48.

- Ein Unternehmen verfolgte sogar eine Strategie, im Rahmen derer es dem Transaktionsmanagement erlaubt war, „aktiv" mit Währungsderivaten zu spekulieren, mittels dieser also absichtlich offene Fremdwährungspositionen aufzubauen.

Abbildung 19: Ergebnis der Befragung deutscher Unternehmen zu der von ihnen verfolgten Absicherungsstrategie
Quelle: Glaum (2000), S. 44

Die Frage, wieviel Prozent ihrer *USD-Exposure* die Unternehmen zum Zeitpunkt der Befragung tatsächlich abgesichert hatten, wurde von diesen wie folgt beantwortet:

Abbildung 20: Ergebnis der Befragung deutscher Unternehmen zur Absicherungsquote ihrer USD-Netto-Exposure zum Erhebungszeitpunkt
Quelle: Glaum (2000), S. 47

Die Ergebnisse zeigen, dass die Mehrzahl der Unternehmen zum Zeitpunkt der Befragung Absicherungsquoten zwischen 51 % und 99 % aufwies. Die Tatsache, dass nur 16 % der Unternehmen ihre USD-Exposure zu 100 % gesichert hatten, obwohl ja 22 % der Unternehmen angegeben hatten, eine Strategie der vollständigen Absicherung zu verfolgen, zeigt, dass einige dieser Unternehmen bei der Beantwortung der Frage zur Absicherungsquote Angaben gemacht hatten, die offensichtlich im Widerspruch zu ihrer Antwort auf die vorangehende Frage nach der verfolgten Absicherungsstrategie standen. Dies wirft nach Glaum (2000) „[...] offenkundig Zweifel auf, zum einen an der Verlässlichkeit von Umfrageergebnissen, die nicht durch möglichst intensive Kontrollfragen abgesichert sind, zum anderen aber auch an der Umsetzung interner Richtlinien [im Transaktionsrisikomanagement der Unternehmen, Anm. d. Verf.] [...]"[276].

Eine weitere Frage, die mit Blick auf die vorliegende Studie von Interesse ist, war jene nach den im externen Transaktionsrisikomanagement am häufigsten genutzten derivativen Finanzinstrumenten. Die Ergebnisse sind in der nachstehenden Grafik zusammengefasst:

---

[276] Glaum (2000), S. 47 f.

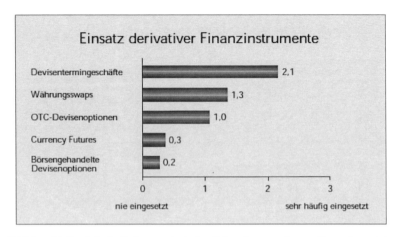

Abbildung 21: Ergebnis der Befragung deutscher Unternehmen zu den von ihnen eingesetzten Währungsderivaten
Quelle: Glaum (2000), S. 34 (nachbearbeitet durch den Verf.)

Es ist klar ersichtlich, dass zur Zeit der Umfrage im externen Transaktionsrisikomanagement deutscher Unternehmen der Einsatz von OTC-Derivaten, allen voran Devisen-Forwards, gefolgt von Währungs-Swaps und OTC-Devisenoptionen, dominierte. Börsengehandelte Devisen-Futures und -Optionen wurden dagegen nur sehr selten eingesetzt. Dass sich dies über die Jahre kaum geändert haben, das Ergebnis also auch heute noch Aktualität besitzen dürfte, zeigt eine Anfang 2012 durchgeführte Kurzstudie des Deutschen Aktieninstitutes und des Verbandes Deutscher Treasurer zum Derivateeinsatz in deutschen Unternehmen. Von den teilnehmenden 205 Industrieunternehmen gaben 67 % an, OTC-Derivate häufig bis sehr häufig zu nutzen (weitere Antworten: Einsatz „eher selten": 8 %; „nie": 25 %). Auf börsengehandelte Derivate griffen dagegen nur 12,4 % der Unternehmen häufig bis sehr häufig zurück (weitere Antworten: Einsatz „eher selten": 16,9 %; „nie": 70 %).[277]

Ein weiteres interessantes Ergebnis der Studie von Glaum (2000) ist, dass ein Großteil (53 %) der befragten Unternehmen ein vollkommen zentralisiertes Transaktionsrisikomanagement aufwies.[278] Dies bedeutet, dass auch die Absicherung der Exposure der ausländischen TG vom in der MG ansässigen externen Transaktionsrisikomanagement übernommen wird.

---

[277] Vgl. Fey (2012), S. 2.
[278] Vgl. Glaum (2000), S. 26.

3.3.2 Instrumente des internen Transaktionsrisikomanagements deutscher Unternehmen

Hinsichtlich der Praktiken des *internen* Transaktionsrisikomanagements in deutschen Unternehmen liefert die Studie von Glaum (2000) leider keine verwertbaren Ergebnisse. Auch Studien anderer Autoren, die sich diesem Thema widmen würden, existieren nicht. Um trotzdem zumindest *Tendenzaussagen* zur Verbreitung des Einsatzes der verschie-denen Instrumente des internen Transaktionsrisikomanagements in deutschen Unternehmen treffen zu können, sei im Folgenden „notgedrungen" auf die Darstellung der Ergebnisse einer Umfrage zur Praxis des Transaktionsrisikomanagements – auch des internen – in *schwedischen* Unternehmen ausgewichen. Es gelte dabei die Annahme, dass sich das interne Transaktionsrisikomanagement deutscher international agierender Unternehmen von dem ihrer schwedischen Pendants nicht *wesentlich* unterscheidet.

Das an dieser Stelle interessierende Ergebnis (Praxis des internen Transaktionsrisikomanagements) der erwähnten Erhebung (Jahr der Umfrage: 2000), das auf Basis der Antworten von 51 mittleren und großen schwedischen Unternehmen ermittelt wurde, war folgendes:[279]

- 60 % der Unternehmen gaben an, mit dem Ziel einer Reduzierung ihrer Exposure zu versuchen, eine weitgehende Fakturierung in heimischer Währung durchzusetzen.

- 63 % der Unternehmen betreiben ein Netting von (Fremdwährungs-) Zahlungsströmen.

- 72 % der Unternehmen bedienten sich des Matchings von Zahlungsaus- und -eingängen in derselben Fremdwährung.

- 22 % der Unternehmen gaben an, im Rahmen des internen Transaktionsrisikomanagements auf die Technik des Leadings und Laggings von Fremdwährungszahlungsströmen zurückzugreifen.

---

[279] Vgl. Pramborg (2005), S. 360 f.

Es ist anzumerken, dass die Ergebnisse keinerlei Aussagen darüber zulassen, *wie umfassend* das Netting und Matching in den befragten Unternehmen betrieben wird, ob es sich beim Netting also um ein bilaterales oder multilaterales, dezentrales oder zentrales Netting bzw. beim Matching nur um ein auf Gesellschaftsebene stattfindendes oder um ein konzernweites Matching handelt. Lediglich aus der Tatsache, dass 72 % der befragten Unternehmen den Einsatz von Matching, jedoch nur 63 % den von Netting angaben, kann gefolgert werden, dass *mindestens* ein Achtel der Matching betreibenden Unternehmen dieses nur auf Gesellschaftsebene anwendeten, denn es ist unwahrscheinlich, dass ein Unternehmen, welches eine (teure) Infrastruktur aufgebaut hat, die ein konzernweites Matching erlaubt, diese nicht gleichzeitig auch zum Netting nutzt.

4 Die von der Europäischen Kommission vorgeschlagene Finanztransaktionssteuer

Die Idee einer FTS geht auf den inzwischen verstorbenen US-amerikanischen Ökonomen James Tobin zurück.[280] Dieser schlug bereits im Jahre 1972 vor – das Bretton-Woods-System fixer Wechselkurse befand sich im Auflösungsprozess und die Volatilität der Wechselkurse hatte, wohl zu einem großen Teil auf spekulative Geschäfte zurückzuführen, begonnen stark anzusteigen (vgl. Abbildung 5 der vorliegenden Studie) –, sämtliche Devisentauschgeschäfte auf dem *Kassamarkt*[281] mit einer international geltenden uniformen Steuer zwischen 0,05 und 1 Prozent zu belegen.[282] Ziel von Tobin war es, durch diese Steuer sehr kurzfristige, spekulative Devisengeschäfte, die seiner Meinung nach für die erhöhte Volatilität am Devisenkassamarkt verantwortlich zeichneten und damit „[...] serious and frequently painful real internal economic consequences"[283] nach sich zogen, unattraktiver zu machen, dadurch das Volumen dieser einzuschränken und so die Volatilität der Wechselkurse in einer aus realwirtschaftlicher Sicht akzeptablen Bandbreite zu halten.[284]

Der Steuervorschlag wurde nie umgesetzt, wohl weil es seinen Verfechtern[285] nicht gelang, in Zeiten zunehmend neoliberaler Wirtschaftspolitik und deren wachsender Beeinflussung durch immer mächtiger werdende Banken – „flammende" Antagonisten einer Transaktionssteuer –, eine für die Wirksamkeit einer solchen Steuer kritische Menge an Staaten[286] von deren Einführung zu überzeugen.[287]

Erst im Jahre 2011 – die Welt litt noch unter den Auswirkungen der „[...] schwersten Banken- und Wirtschaftskrise der Nachkriegsgeschichte [...]"[288], in deren Verlauf „das Hohelied der Deregulierung und die verbreitete Diskreditierung staatlicher Aktivitäten [...] der Bereitschaft gewichen [waren, Anm. d. Verf.], das Verhältnis

---

[280] Vgl. Brost/Kohlenberg (2012), S. 25.
[281] Devisentermingeschäfte (=Währungsderivate) befanden sich im Jahre 1972 ja gerade erst „am Anfang ihrer Entwicklung" und können noch keine große Rolle auf den Devisenmärkten gespielt haben. Es müssen damals also, auch zu spekulativen Zwecken, Kassageschäfte dominiert haben, weshalb die von Tobin vorgeschlagene Steuer wohl auch nur auf die Regulierung dieser abzielte.
[282] Vgl. Tobin (1978), S. 6 u. 14, sowie Fischermann (2012), S. 25.
[283] Tobin (1978), S. 3.
[284] Vgl. Tobin (1978), S. 6 u. 15.
[285] Tobin *selbst* unternahm keine größeren Anstrengungen, seinen Steuervorschlag international zu propagieren. Vgl. Brassett (2010), S. 43.
[286] Um die Wirksamkeit einer Tobin-Steuer zu gewährleisten, müsste diese nach Frankel (1996) sogar in nahezu sämtlichen Ländern der Welt eingeführt werden. Vgl. Frankel (1996), S. 156.
[287] Vgl. Brost/Kohlenberg (2012), S. 23.
[288] Steinmeier/Steinbrück (2009), S. 2.

von Staat bzw. internationalen Institutionen und Marktgeschehen in ein neues Verhältnis zu setzen"[289] – wurde der Steuerentwurf von Tobin durch die EU-Kommission in ihrem „Vorschlag für eine Richtlinie des Rates über das gemeinsame Finanztransaktionssteuersystem und zur Änderung der Richtlinie 2008/7/EG" in erweiterter Form wieder aufgegriffen. Die Kernpunkte der von der EU-Kommission vorgeschlagenen europaweiten FTS sollen im Folgenden vorgestellt werden.

4.1 Ziele und Details der vorgeschlagenen Finanztransaktionssteuer

4.1.1 Ziele der vorgeschlagenen Finanztransaktionssteuer

Mit der FTS[290] verfolgt die EU-Kommission sowohl ein fiskalisches Ziel als auch ein nicht-fiskalisches, finanzpolitisches Lenkungsziel. So soll die Steuer in der kurzen Frist für die sie anwendenden Länder Einnahmen generieren (die EU-Kommission rechnet im Falle einer Einführung der Steuer in allen 27 EU-Staaten mit einem Gesamtsteueraufkommen von bis zu 57 Mrd. EUR[291]), die als „Entschädigung" für die diesen im Zuge der Finanzkrise entstandenen Kosten angesehen werden können[292], und damit sicherstellen, dass der allgemein für die Krise verantwortlich gemachte Finanzsektor „[...] einen angemessenen Beitrag [...]"[293] zu den Kosten der Krisenbewältigung leistet. In der mittleren und langen Frist – so die Planungen der EU-Kommission – könnten die Steuereinnahmen dann als Finanzierungsquelle des EU-Haushaltes herangezogen werden und „[...] schrittweise an die Stelle der Beiträge der Mitgliedstaaten treten [...]".[294]

Das finanzpolitische Lenkungsziel der Steuer besteht ganz allgemein darin, „[...] der Effizienz der Finanzmärkte nicht förderliche Transaktionen [zu, Anm. d. Verf.] unterbinden [...]"[295]. Konkret soll durch die Steuer v. a. der auf die Erzielung geringster Gewinnmargen abzielende, dafür jedoch hochvolumige Hochfrequenzhandel mit verschiedensten Finanzinstrumenten eingeschränkt bzw. zum Erliegen gebracht[296] und damit die Volatilität an den Märkten reduziert werden.[297]

---

[289] Steinmeier/Steinbrück (2009), S. 3.
[290] Es wird im Folgenden, außer in den Überschriften, nicht mehr explizit erwähnt, dass es sich (lediglich) um einen Steuervorschlag handelt.
[291] Vgl. EU-Kommission (2011), S. 12.
[292] Vgl. EU-Kommission (2011), S. 2.
[293] EU-Kommission (2011), S. 2.
[294] EU-Kommission (2011), S. 3.
[295] EU-Kommission (2011), S. 3.
[296] Vgl. EU-Kommission (2011), S. 5.

Um „[...] eine unangemessene Verlagerung von Transaktionen und Marktakteuren und die Substitution von Finanzinstrumenten in der EU [...]"[298] – mit anderen Worten die Umgehung der FTS von Seiten der Finanzakteure und damit eine nur unbefriedigende Erfüllung der Steuerzielsetzung – weitgehend zu verhindern, soll die Steuer nach dem Willen der EU-Kommission zumindest in sämtlichen Ländern der EU eingeführt werden.[299]

4.1.2 Details der vorgeschlagenen Finanztransaktionssteuer
4.1.2.1 Steuerobjekt und Steuersubjekt

Durch die FTS soll eine „[...] gezielte Besteuerung des Finanzsektors [...]"[300] erreicht werden. Die Steuer soll demnach ausschließlich auf *von im Hoheitsgebiet eines EU-Mitgliedstaates ansässigen Finanzinstituten* (Steuersubjekt) *auf eigene oder fremde Rechnung* durchgeführte *Finanztransaktionen* mit *Finanzinstrumenten* (Steuerobjekt) erhoben werden.[301] Die im Richtlinienvorschlag der EU-Kommission gegebenen Definitionen von „Finanzinstituten", „im Hoheitsgebiet eines Mitgliedstaates ansässig", „Finanzinstrumenten" und „Finanztransaktionen", deren exakte Kenntnis für das Verständnis der Wirkungsweise der Steuer unerlässlich sind, werden im Folgenden für die vorliegende Studie so exakt wie nötig und so knapp wie möglich aufgeführt.

1) Als *Finanzinstitute* im Sinne des Richtlinienvorschlags gelten:[302]

    - Wertpapierfirmen, (alternative) Investmentfonds, Kreditinstitute, Versicherungs- und Rückversicherungsunternehmen, Pensionsfonds und Einrichtungen der betrieblichen Altersvorsorge;

---

[297] Spekulationsskandale wie z. B. diejenigen, die in Kapitel 2.2.3 beschrieben wurden, werden sich alleine durch eine FTS wie die von der EU-Kommission vorgeschlagene natürlich nicht verhindern lassen, da sie nicht durch „Hochfrequenzspekulation", sondern durch Verluste aus eher mittel- bis langfristig angelegten spekulativen Geschäften mit wesentlich höheren erwarteten Gewinnmargen resultierten.
[298] EU-Kommission (2011), S. 6.
[299] Vgl. EU-Kommission (2011), S. 6.
[300] Centrum für Europäische Politik (2011), S. 1.
[301] Vgl. EU-Kommission (2011), S. 16 f. u. 21 sowie Die Deutsche Kreditwirtschaft (2011), S. 12 u. 14.
[302] Vgl. im Folgenden EU-Kommission (2011), S. 18 f., hier Art. 2 Abs. 1 Nr. 7 sowie Centrum für Europäische Politik (2011), S. 2.

- Geregelte Märkte[303] und sämtliche andere organisierte Handelsplätze oder -plattformen;
-
- Zweckgesellschaften, auf die verbriefte Forderungen übertragen werden;
-
- Sämtliche andere Unternehmen, „[...] die in 'wesentlichem' Umfang Finanztätigkeiten ausüben (z. B. Einlagen annehmen, Unternehmensbeteiligungen erwerben oder mit Finanzinstrumenten handeln)"[304].

Nicht als Finanzinstitute gelten die Europäische Finanzstabilisierungsfazilität (EFSF), der Europäische Stabilitätsmechanismus (ESM), zentrale Gegenparteien (Clearing-Gesellschaften) und Zentralverwahrer.[305]

2) Ein Finanzinstitut gilt nach dem Richtlinienvorschlag als *im Hoheitsgebiet eines EU-Mitgliedstaates ansässig* – die folgenden Bestimmungen („[...] eine große Idee [...]"[306]) reizen den bestehenden internationalen Rechtsrahmen voll aus, um möglichst viele Transaktionen der Steuer zu unterwerfen und das Erreichen des gesteckten fiskalischen und Lenkungsziels sicherzustellen – wenn es[307]

- seinen eingetragenen Sitz, seine feste Anschrift oder seinen gewöhnlichen Sitz in diesem Mitgliedstaat hat und eine Handelsgenehmigung der zuständigen Behörden des betreffenden Mitgliedstaates aufweist,

- eine Zweigstelle in diesem Mitgliedstaat hat, in Bezug auf von dieser Zweigstelle durchgeführte Transaktionen,

-

---

[303] Als solche gelten auch elektronische Handelssysteme wie etwa das Xetra-Handelssystem der Deutschen Börse. Vgl. EU-Parlament/Rat der Europäischen Union (2004), S. 10, hier Art. 4 Abs. 1 Nr. 14.
[304] Centrum für Europäische Politik (2011), S. 2.
[305] Vgl. EU-Kommission (2011), S. 16, hier Art. 1 Nr. 3 sowie Centrum für Europäische Politik (2011), S. 2.
[306] Brost/Kohlenberg (2012), S. 24.
[307] Vgl. im Folgenden EU-Kommission (2011), S. 19, hier Art. 3 Nr. 1 sowie Centrum für Europäische Politik (2011), S. 2.

- oder wenn es mit einer im Hoheitsgebiet eines Mitgliedstaates ansässigen Gegenpartei, sei diese ein Finanzinstitut oder nicht, eine Finanztransaktion durchführt (!).

3) Als *Finanzinstrumente* im Sinne der vorgeschlagenen Richtlinie gelten:[308]

- Übertragbare Wertpapiere wie Aktien und Anleihen;
-
- Geldmarktinstrumente wie Schatzanweisungen, kurzfristige Schuldverschreibungen oder Einlagenzertifikate;
-
- Anteile an Organismen für gemeinsame Anlagen (Investmentfonds) und an alternativen Investmentfonds;[309]
-
- Strukturierte Produkte wie Optionsscheine, Zertifikate, Kreditverbriefungen oder Schuldverschreibungen;[310]
-
- Derivatkontrakte (zur in der vorliegenden Studie in Übereinstimmung mit dem Richtlinienentwurf der EU-Kommission geltenden Abgrenzung der Derivate von strukturierten Produkten siehe Kapitel 2.1).

4) Als der Steuer unterliegende (also von im Hoheitsgebiet eines Mitgliedstaates ansässigen Finanzinstituten durchgeführte) *Finanztransaktionen* – sowohl börsliche *als auch* außerbörsliche Transaktionen sollen erfasst werden[311] – im Sinne der vorgeschlagenen Richtlinie gelten:[312]

- Der Abschluss, der Kauf/Verkauf sowie die Änderung von Derivatkontrakten.
-

---

[308] Vgl. im Folgenden EU-Kommission (2011), S. 17 f., hier Art. 2 Abs. 1 Nr. 2 und 6 der vorgeschlagenen Richtlinie, sowie Centrum für Europäische Politik (2011), S. 1.
[309] Alternative Investmentfonds haben bezüglich der Geldanlage mehr Freiheiten als traditionelle Investmentfonds, dürfen also z. B. auch mit entsprechenden Instrumenten auf fallende Kurse setzen. Vgl. Groth (2012), o. S.
[310] Vgl. EU-Kommission (2011), S. 8.
[311] Vgl. EU-Kommission (2011), S. 7.
[312] Vgl. im Folgenden EU-Kommission (2011), S. 16 f., hier Art 1 Abs. 4 und Art. 2 Abs. 1 Nr. 1, sowie Centrum für Europäische Politik (2011), S. 1.

- Der Kauf/Verkauf aller anderen oben genannten Finanzinstrumente „[...] vor der Aufrechnung (Netting) und Abrechnung, einschließlich Pensionsgeschäfte und umgekehrter Pensionsgeschäfte sowie Wertpapierverleih- und -leihgeschäfte [...]"[313].

-

- Die zwischen Konzerngesellschaften vorgenommene Übertragung des Rechts, „[...] wie ein Eigentümer über Finanzinstrumente zu verfügen [...]"[314].

Ausgenommen von der Besteuerung sind der Kauf/Verkauf von *übertragbaren Wertpapieren* auf dem *Primärmarkt*, d. h. im Rahmen einer Emission von Aktien oder Anleihen, sowie *sämtliche Transaktionen* mit der Europäischen Union, der Europäischen Atomgemeinschaft, der Europäischen Zentralbank, der Europäischen Investitionsbank und den Zentralbanken der Mitgliedstaaten. *Ausdrücklich nicht* der Steuer unterliegen zudem Devisenkassatransaktionen.[315]

4.1.2.2 Steuerbemessungsgrundlage, Steuersätze und Steuerpflichtige

Als Steuerbemessungsgrundlage wird herangezogen:[316]

1) Bei Finanztransaktionen mit Derivaten der dem Kontrakt zugrunde liegende Nominalbetrag, wobei bei mehreren Nominalbeträgen der höchste als Bemessungsgrundlage gilt.

2) Bei Finanztransaktionen mit allen anderen Finanzinstrumenten die entrichtete bzw. geschuldete Gegenleistung, wobei im Falle, dass die Gegenleistung geringer ist als der Marktpreis, Letzterer als Bemessungsgrundlage gilt.

Als *Steuersätze* sieht der Richtlinienvorschlag vor:[317]

---

[313] EU-Kommission (2011), S. 17.
[314] EU-Kommission (2011), S. 17.
[315] Vgl. EU-Kommission (2011), S. 8.
[316] Vgl. im Folgenden EU-Kommission (2011), S. 20 f., hier Art. 5 u. Art. 6 sowie Centrum für Europäische Politik (2011), S. 2.
[317] Vgl. im Folgenden EU-Kommission (2011), S. 21, hier Art. 8 Abs. 2 sowie Schäfer (2012), S. 5 und Die Deutsche Kreditwirtschaft (2011), S. 14.

1) *Mindestens* 0,01 % auf die Bemessungsgrundlage bei Finanztransaktionen mit Derivaten, zu zahlen *jeweils* von beiden an der Transaktion beteiligten Parteien, wenn diese im Hoheitsgebiet eines Mitgliedstaates ansässige Finanzinstitute sind.[318]

2) *Mindestens* 0,1 % auf die Bemessungsgrundlage bei Finanztransaktionen mit allen anderen Finanzinstrumenten, wiederum zu zahlen *jeweils* von beiden Parteien, wenn diese im Hoheitsgebiet eines Mitgliedstaates ansässige Finanzinstitute sind.

4.1.2.3 Beispiele zur Entstehung des Steueranspruchs

Da die oben beschriebene, von der EU-Kommission vorgeschlagene Richtlinie über die FTS durchaus als komplex einzustufen ist, sollen abschließend einige Beispiele gegeben werden, die die Entstehung oder Nicht-Entstehung des Steueranspruchs in verschiedenen Fällen verdeutlichen.[319]

1) Ein deutsches Kreditinstitut (A) kauft im Rahmen einer Neuemission eine Tranche deutscher/ausländischer Unternehmensanleihen von einer der Konsortialbanken (B). Es fällt keine Transaktionssteuer an, da es sich um ein Geschäft auf dem Primärmarkt handelt.

2) Ein deutsches Kreditinstitut (A) kauft deutsche/ausländische Unternehmensanleihen auf dem Sekundärmarkt von einem anderen deutschen Kreditinstitut oder von einem Händler an einer deutschen Börse (B). Sowohl A als auch B müssen 0,1 % Steuer auf den vereinbarten Preis bzw. den Marktpreis der Anleihen zahlen.

3) Ein deutsches Kreditinstitut (A) kauft deutsche/ausländische Unternehmensanleihen auf dem Sekundärmarkt von einem US-amerikanischen Kreditinstitut oder von einem Händler an einer US-Börse (B). Sowohl A als auch B müssen 0,1 %

---

[318] Eine Ausnahme besteht, wenn „[...] ein Finanzinstitut im Namen oder für Rechnung eines anderen Finanzinstituts [...]" [EU-Kommission (2011), S. 22] handelt. In diesem Falle muss neben der Gegenpartei, falls diese ein Finanzinstitut ist, nur das beauftragende Finanzinstitut die Steuer entrichten (also keine Dreifachbesteuerung). Vgl. EU-Kommission (2011), S. 22, hier Art. 9 Abs. 2.
[319] Für eine Reihe weiterer Beispiele siehe Schäfer/Karl (2012), S. 11-14.

Steuer auf den vereinbarten Preis bzw. den Marktpreis der Anleihen zahlen, da B nach der Richtlinie, weil es/er mit einer im Hoheitsgebiet eines EU-Mitgliedstaates ansässigen Partei handelt, auch als eine solche gilt.

4) Die Europäische Zentralbank (A) kauft von einem deutschen/ausländischen Kreditinstitut (B) auf dem Sekundärmarkt spanische Staatsanleihen, um deren Kurse zu stützen. Es fällt keine FTS an, da Transaktionen mit der EZB nicht der Steuer unterliegen.

5) Ein deutsches Kreditinstitut (A) kauft im Namen und auf Rechnung eines deutschen Investmentfonds (B) ein Aktienpaket von einem US-amerikanischen Hedge-Fonds (C). B und C müssen jeweils 0,1 % Steuer auf den vereinbarten Aktienpreis bzw. den Marktpreis zahlen, A jedoch nicht, da es im Namen und auf Rechnung eines anderen Finanzinstituts handelt, welches die Steuer tragen muss.

6) Ein deutsches Kreditinstitut (A) kauft für einen Privatkunden (B) Aktien von einem Händler an einer deutschen/amerikanischen Börse (C). A und C müssen jeweils 0,1 % Steuer auf den vereinbarten Aktienpreis bzw. den Marktpreis zahlen. A hat zwar im Namen und auf Rechnung von B die Transaktion durchgeführt, dieser gilt jedoch nicht als Finanzinstitut, die Steuer muss daher von A getragen werden.[320]

7) Ein deutsches Kreditinstitut (A) schließt einen Devisen-Forward-Kontrakt mit einem deutschen/amerikanischen Kreditinstitut (B) ab. Sowohl A als auch B müssen 0,01 % Steuern auf den vereinbarten, dem Kontrakt zugrunde liegenden Nominalbetrag zahlen.

8) Ein deutscher Privatanleger (A) kauft über einen deutschen Broker (B) eine Kaufoption auf Siemens-Aktien (Einnahme der Long-Call-Position) bzw. einen Euro-Bund-Future (Einnahme der Long-Position) an der EUREX. Angenommen, es findet sich jeweils eine Gegenpartei für das angestrebte Geschäft, so ergibt sich aus rechtlicher Sicht letztlich folgende Transaktionskette: B kauft von der

---

[320] Das Beispiel ist grob angelehnt an Beispiel 1 in Schäfer/Karl (2012), S. 11.

Clearing-Stelle (C) die Kaufoption bzw. den Euro-Bund-Future und verkauft diese(n) an A weiter[321] (wobei die Ansprüche der Clearing-Stelle während der Vertragslaufzeit weiterhin gegen B gerichtet sind, der diese wiederum an A „weiterleitet"). B muss in diesem Falle *zweimal* (*Kauf* von der Clearing-Stelle, *Verkauf* an den Kunden) 0,01 % Steuer auf den der Option bzw. dem Future zugrunde liegenden Nominalbetrag zahlen.[322] A und C müssen dagegen keine Steuer entrichten, da sie nicht als Finanzinstitute gelten. Wäre A ein Finanzinstitut, so müsste auch dieses (*Kauf* vom Broker) 0,01 % Steuer auf den Nominalbetrag der Option bzw. des Futures zahlen.

9) Ein deutsches Unternehmen (A) kauft über einen US-Broker (B) einen EUR/USD-Future an der CME (Einnahme der Long-Position, also Erwerb der Pflicht, zum Fälligkeitstermin 125.000 EUR gegen 125.000 € · $w_{f(0)}$ = X $ zu kaufen). B muss für den Verkauf des Futures an A 0,01 % Steuer auf den Nominalbetrag von 125.000 EUR zahlen (1.250 EUR), da er im Rahmen der Transaktion mit einer im Hoheitsgebiet eines Mitgliedstaates ansässigen Partei auch als eine solche gilt. Die Transaktion zwischen B und der Clearing-Stelle fällt dagegen nicht in den Geltungsbereich der Steuer. Wäre A ein Finanzinstitut, so müsste auch dieses 0,01 % Steuer auf den Nominalbetrag Futures zahlen.

4.2 Aktueller Stand bezüglich der Umsetzung des Richtlinienvorschlages in Europa

Die Umsetzung der vorgeschlagenen Richtlinie und somit die Einführung der FTS in allen 27 Staaten der Europäischen Union wird nach aktuellem Stand (15.08.2012) wohl nicht zustande kommen, da sich v. a. Großbritannien und Schweden gegen den Vorschlag stellen (Steuerfragen betreffende Richtlinien müssen im Rat der Europäischen Union *einstimmig* gebilligt werden).[323] Angesichts dieser Tatsache will der deutsche Finanzminister Wolfgang Schäuble nun versuchen – Schäuble steht in

---

[321] Vgl. Deutscher Derivate Verband (2011a), S. 2. Zeitgleich verkauft ein anderer Investor eine Kaufoption auf Siemens-Aktien bzw. einen Euro-Bund-Future an seinen Broker, der diese an die Clearing-Stelle weiterverkauft.
[322] Im Falle einer Kaufoption auf Siemens-Aktien – diese bezieht sich auf den Kauf von 100 Aktien – mit einem Basispreis von 75 EUR, müsste der Broker also 2 · 100 · 75 € · 0,0001 = 15 € Steuer zahlen. Im Falle des Euro-Bund-Futures, dessen Nominalbetrag 100.000 € sind, fielen für den Broker insgesamt 2 · 100.000 € · 0,0001 = 20 € an Steuern an. Quelle bzgl. der Derivateigenschaften: http://www.eurexchange.com, aufgerufen am 15.08.2012.
[323] Vgl. Handelsblatt (o. A.) (2012), o. S.

der Sache unter Zugzwang, weil seine Partei (CDU) der SPD und den Grünen im Gegenzug für deren Zustimmung zum europäischen Fiskalpakt und dem ESM zugesagt hatte, sich für die Einführung einer FTS in Europa einzusetzen[324] – eine FTS über das *Verfahren der Verstärkten Zusammenarbeit* zumindest in einigen Länder der EU einzuführen.[325] Im Rahmen des Verfahrens der Verstärkten Zusammenarbeit kann eine Richtlinie, deren Billigung im Rat oder im Parlament scheitert, auf Antrag von mindestens neun Staaten, bei Billigung *deren* Antrags durch die EU-Kommission und der anschließenden Ermächtigung zur Einleitung der Verstärkten Zusammenarbeit im Rat durch die Minister *sämtlicher beantragender Staaten* auch alleine in diesen Geltung erlangen.[326] Mit (neben Deutschland) Frankreich, Spanien, Portugal, Belgien, Griechenland, Österreich, der Slowakei, Bulgarien und Zypern, die allesamt der Einführung einer FTS positiv gegenüberstehen, existiert auch die für die Steuereinführung mittels des Verfahrens der Verstärkten Zusammenarbeit nötige Anzahl an Staaten. Die Einführung einer FTS, zumindest in den genannten Staaten, ist also nicht unwahrscheinlich.[327]

Offen bleibt die Frage, inwieweit der Richtlinienvorschlag dabei *unverändert* übernommen würde. So hat z. B. das Europäische Parlament in einem Antrag zahlreiche Änderungen in der Richtlinie gefordert, die diese in einigen Punkten sogar noch *verschärfen* würden (neben einer Ergänzung des Ansässigkeitsprinzips um das Ausgabeprinzip[328] fordert das Parlament u. a. auch eine Besteuerung von spekulativen Devisenkassatransaktionen).[329] Ob die Richtlinie, sollte sie denn über das Verfahren der Verstärkten Zusammenarbeit in den oben genannten Ländern eingeführt werden, auch noch um die vom Parlament vorgeschlagenen Punkte erweitert wird, ist jedoch im Hinblick auf die harsche Kritik, die bereits dem *ursprünglichen* Richtlinienvorschlag von Seiten der politisch mächtigen Interessenverbände der (Finanz-) Industrie entgegenschlägt (siehe folgendes Kapitel), *äußerst* fraglich.

---

[324] Vgl. Der Spiegel (o. A.) (2012), o. S.
[325] Vgl. Frankfurter Allgemeine Zeitung (o. A.) (2012), o. S.
[326] Vgl. Art. 20 EUV i. V. m. Art. 326 – 334 AEUV. Online unter: http://eur-lex.europa.eu/LexUriServ/ LexUriServ.do?uri=OJ:C:2010:083:0013:0046:DE:PDF (EUV) und http://eur-lex.europa.eu/LexUri Serv/ LexUriServ.do?uri=OJ:C:2010:083:0047:0200:DE:PDF (AEUV), aufgerufen am 15.08.2012.
[327] Vgl. Handelsblatt (o. A.) (2012), o. S. sowie Frankfurter Allgemeine Zeitung (o. A.) (2012), o. S.
[328] Nach dem Ausgabeprinzip wäre auch eine Transaktion mit einem Finanzinstrument zwischen zwei nicht im Hoheitsgebiet eines die Steuer erhebenden EU-Mitgliedstaates ansässigen Finanzinstituten steuerbar, wenn das betreffende Finanzinstrument von einem im Hoheitsgebiet eines die Steuer erhebenden EU-Mitgliedstaates ansässigen Finanzinstituts *ausgegeben* wurde. Vgl. Schäfer/ Karl (2012), S. 10.
[329] Vgl. EU-Parlament (2012), S. 10, hier Änderungsantrag 7, sowie S. 14, hier Änderungsantrag 14.

Im Rahmen der folgenden Ausführungen gelte denn auch die Annahme, dass eine eventuell eingeführte FTS nach dem in Kapitel 4.2 vorgestellten Originalvorschlag der EU-Kommission konzipiert wäre.

5 Analyse möglicher Auswirkungen einer auf dem Vorschlag der Europäischen Kommission basierenden Finanztransaktionssteuer auf das Management von Währungstransaktionsrisiken in Unternehmen der deutschen Exportindustrie

Wie bereits erwähnt, wurde und wird die von der EU-Kommission vorgeschlagene Richtlinie über eine FTS, die evtl. in Deutschland und mehreren anderen EU-Staaten umgesetzt werden wird, von Seiten der Finanz- und Wirtschaftsverbände der betroffenen Länder heftig kritisiert.[330] Neben Zweifeln an der Rechtmäßigkeit und damit der Umsetzbarkeit des Ansässigkeitsprinzips[331] äußern die Gegner des Steuervorschlags auch Befürchtungen hinsichtlich einer massiven Steuerflucht der Finanzinstitute derjenigen Mitgliedstaaten, in denen die Steuer eingeführt wird.[332] Vor allem Letztere[333] würde aber das fiskalische und das Lenkungsziel der FTS, deren befriedigendes Erreichen durch die „beschränkte" Einführung der Steuer in nur einigen der EU-Staaten ohnehin schon zweifelhaft ist, weiter untergraben und zusätzlich die Finanzzentren der die Steuer einführenden Länder schwächen.

Weiterhin betonen die Finanz- und Wirtschaftsverbände, dass eine FTS die Volatilität der Märkte nicht wie geplant senken, sondern im Gegenteil noch erhöhen könnte, da „[...] bei niedrigeren Umsätzen [...] jedes Geschäft relativ gesehen

---

[330] Die folgenden Ausführungen beziehen sich auf v. a. von den Interessenverbänden der deutschen (Finanz-) Industrie geäußerte Kritik. Diese kann jedoch uneingeschränkt als stellvertretend für die Kritik der Finanzindustrien anderer europäischer Länder angesehen werden.

[331] Vgl. Die Deutsche Kreditwirtschaft (2011), S. 2, sowie Deutscher Derivate Verband (2011b), S. 2. Nach dem Deutschen Derivate Verband (2011b) wird „[...] die Einbindung von Finanzinstituten im Drittland [...] nicht gelingen, da das bisher vorgelegte Konzept gegen den AEU-Vertrag, den Vertrag über die Arbeitsweise der Europäischen Union, verstößt." Deutscher Derivate Verband (2011b), S. 2.

[332] Vgl. hierfür und im Folgenden Die Deutsche Kreditwirtschaft (2011), S. 2, sowie Kemmer (2012), S. 14. So könnte z. B. eine deutsche Bank Spekulationsgeschäfte mit einer außerhalb des Geltungsbereichs der Steuer ansässigen Bank einfach über ihre TG in Großbritannien abwickeln lassen und so die Steuer umgehen.

[333] Mögliche negative Auswirkungen der Nicht-Umsetzung des Ansässigkeitsprinzips auf das *Lenkungsziel* dürften *gering* ausfallen, da an einer (spekulativen) Transaktion ja immer zwei Parteien beteiligt sind. Will nun z. B. ein US-amerikanisches Finanzinstitut eine der Steuer unterliegende Transaktion mit einem deutschen Finanzinstitut durchführen, so müsste *dieses* weiterhin die Auswirkungen der Steuer mit einkalkulieren und würde das Geschäft ggf., gleich wie bei Umsetzung des Ansässigkeitsprinzips, unterlassen. Würde die Transaktion jedoch durchgeführt, weil sie dem deutschen Finanzinstitut auch mit Steuer noch lohnend erscheint, so fiele die Steuer bei Nicht-Umsetzung des Ansässigkeitsprinzips nur bei diesem, jedoch nicht mehr beim US-amerikanischen Finanzinstitut an. Bezüglich des Erreichens des *fiskalischen Ziels* hätte also auch eine Nicht-Umsetzung des Ansässigkeitsprinzips negative Auswirkungen.

stärkere Preisschwankungen auslösen [würde, Anm. d. Verf.]"[334]. Darüber hinaus wären, so die Kritiker, gerade private Sparer (eine Gruppe also, die von der FTS ja eigentlich unberührt bleiben soll), die ihr Geld in Fonds anlegen, die in einem der die Steuer einführenden Länder sitzen, von dieser (der Steuer) in besonderem Maße getroffen.[335] So rechnet der Bundesverband Investment und Asset Management (2012) vor, dass ein „kleiner" Fondssparer, der über 40 Jahre monatlich 100 EUR in einen in Deutschland ansässigen Fonds investiert, bei einer angenommenen jährlichen Wertsteigerung des Fonds um 5 % am Ende der Investitionszeit statt über ein Endvermögen von 148.856 EUR im Falle der Einführung der FTS nur noch über ein Endvermögen von 134.652 EUR (− 9,54 %) verfügen würde. Der Grund hierfür wäre, dass „[...] der Anteil der Aktien und Anleihen laufend der Marktlage angepasst werden [muss, Anm. d. Verf.]"[336], wobei bei jeder Umschichtung die Steuer anfallen würde.

Außerdem – die folgenden Kritikpunkte gaben den Anlass zur Anfertigung der vorliegenden Studie und werden im Mittelpunkt der Betrachtungen der folgenden Kapitel stehen – sagen die Finanz- und Wirtschaftsverbände im Falle einer Einführung der FTS schwerwiegende Konsequenzen für das *Risikomanagement* der in den jeweiligen die Steuer implementierenden Ländern ansässigen (internationalen) Unternehmen voraus. Die Argumentation der Kritiker baut dabei auf folgenden Befürchtungen auf:

1) Zur Absicherung gegen Marktpreisrisiken setzten Unternehmen in hohem Maße Derivate ein. Im Falle der Einführung einer FTS müsste im Rahmen jedes Kontraktabschlusses zwischen Unternehmen und Gegenpartei – diese ist i. d. R.

---

[334] Deutsche Bank (2010), S. 8. Vgl. hierzu auch Deutsches Aktieninstitut (2011), S. 2. Die Befürchtung hinsichtlich einer erhöhten Volatilität der Finanzmärkte ist indes mit der Vorhersage der Steuerflucht unvereinbar. Käme es zu einer massiven Steuerflucht, so würde das Lenkungsziel der Steuer, wie bereits erwähnt, wohl nicht erreicht werden. Konsequent weitergedacht würden dann aber auch die Umsätze an den internationalen Finanzmärkten nicht merklich zurückgehen. Doch selbst wenn die FTS in Europa eingeführt würde und es *keine* erwähnenswerte Steuerflucht gäbe, wären wohl keine allzu großen Auswirkungen auf die Volatilität der Märkte zu erwarten, da hinsichtlich des Anteils am kumulierten Handelsumsatz der internationalen Finanzmärkte - abgesehen von Frankfurt - keines der Finanzzentren der Länder, die bereit sind, die Steuer einzuführen, eine wichtige Rolle spielt. Lediglich ein zusätzlicher Einbezug Großbritanniens - London ist der größte Finanzplatz der Welt – in das Steuervorhaben in Kombination mit dem (tatsächlich unwahrscheinlichen) Ausbleiben einer größeren Steuerflucht könnte wohl, wie von den Finanz- und Wirtschaftsverbände prognostiziert, zu einer merklichen Erhöhung der Volatilität oder aber, wie von der EU-Kommission beabsichtigt, zu einem erheblichen Sinken dieser führen.
[335] Vgl. hierzu und im Folgenden Die Deutsche Kreditwirtschaft (2011), S. 5, sowie Bundesverband Investment und Asset Management (2012), S. 1 f.
[336] Bundesverband Investment und Asset Management (2012), S. 1.

ein Finanzinstitut – letztere die Steuer auf den dem Derivat zugrunde liegenden Nominalbetrag entrichten. Es ist jedoch äußerst fraglich, ob letztlich tatsächlich das Finanzinstitut die Steuer trägt. Als wesentlich wahrscheinlicher sehen die Kritiker an, dass das Finanzinstitut die Steuer in den Preis des Derivats mit einfließen lässt, diese also schließlich vom Kunden, dem Unternehmen, getragen werden muss.[337] Dass diese Befürchtung äußerst berechtig ist, unterstreicht folgende Aussage der Deutschen Bank (2010): „Hinsichtlich der Steuerinzidenz gilt: Finanztransaktionssteuern werden, soweit Endkunden an den Transaktionen beteiligt sind, an die Nutzer dieser Dienstleistungen überwälzt"[338]. Dabei „[...] ist eine vollständige Überwälzung sehr wahrscheinlich"[339].

2) Durch den Abschluss eines Derivatkontrakts mit einem Unternehmen (A) baut das am Geschäft beteiligte Finanzinstitut eine offene, risikobehaftete Position auf. Diese wird es zu schließen versuchen, indem es mit einer weiteren Partei (B) ein gegenläufiges Geschäft abschließt.[340] Für den Abschluss des eigenen derivativen Sicherungsgeschäfts müsste die Bank jedoch wiederum die FTS entrichten. Auch diese Kosten, die ja in direkter Verbindung zu dem mit dem Unternehmen abgeschlossenen Derivatkontrakt stehen, könnten, so die Kritiker, von dem Finanzinstitut auf das Unternehmen überwälzt werden, es käme also zu einer „doppelten" Überwälzung.[341]

3) Nach dem Richtlinienvorschlag der EU-Kommission soll auch „[...] jedes andere Unternehmen, dass [sic!] eine oder mehrere der folgenden Tätigkeiten ausübt, sofern diese Tätigkeiten in Bezug auf Umfang oder Wert der Finanztransaktionen einen wesentlichen Teil seiner Gesamttätigkeit ausmachen [...]"[342] als Finanzinstitut gelten.[343] Als „folgende Tätigkeiten" werden u. a. die Kreditvergabe sowie der Handel für eigene oder fremde Rechnung mit Wertpapieren und Derivaten

---

[337] Vgl. z. B. Mußler (2012), o. S., Deutsche Wirtschaftsverbände (2011), S. 1, Stiftung Marktwirtschaft (2012), S. 3, Die Deutsche Kreditwirtschaft (2011), S. 3, oder Peffekoven (2012), S. 4.
[338] Deutsche Bank (2010), S. 6.
[339] Deutsche Bank (2010), S. 7.
[340] Eine deutsche Bank z. B., die in einem Devisen-Forward-Kontrakt mit einem Unternehmen die Long-Position einnimmt (Pflicht, USD vom Unternehmen gegen EUR zu *kaufen*) wird mit einem anderen Unternehmen bzw. mit einer anderen Bank einen Forward-Kontrakt gleichen Nominalbetrags abschließen, in dem es die Short-Position einnimmt (Pflicht, USD an die Gegenpartei gegen EUR zu *verkaufen*).
[341] Vgl. Deutsches Aktieninstitut (2012), S. 4.
[342] EU-Kommission (2011), S. 18, hier Art. 2 Abs. 1 Nr. 7(j).
[343] Vgl. EU-Kommission (2011), S. 18, hier Art. 2 Abs. 1 Nr. 7.

genannt.[344] Mit Blick auf die weite Auslegbarkeit des Begriffs „wesentlich" befürchten die Verbände, dass auch Unternehmen der Realwirtschaft, die regelmäßig z. B. konzerninterne Kredite vergeben, Risiken mittels Derivaten absichern oder freie Mittel in Wertpapieren anlegen, als steuerpflichtige Finanzinstitute deklariert werden könnten. „Aufgrund der Unschärfen dieser Definition ist es wahrscheinlich, dass große Teile der Realwirtschaft ebenfalls als Finanzinstitute steuerpflichtig wären bzw. werden könnten".[345] Träte dieser Fall tatsächlich ein, so hätten die betroffenen Unternehmen im Rahmen von Absicherungsgeschäften nicht nur die von der Gegenpartei überwälzten Steuern zu tragen, sondern müssten zusätzlich noch selbst für jede Transaktion die FTS entrichten.

Durch die Einführung der FTS, so das Resümee der Finanz- und Wirtschaftsverbände in Anbetracht dieser Szenarien, werden sich „die Kosten der Steuerung von Geschäftsrisiken [...] für die Unternehmen wesentlich erhöhen [...]"[346]. In der Konsequenz werden „[...] Absicherungsgeschäfte unterbleiben [...]"[347] bzw. wird „[...] die deutsche Industrie verstärkt auf sinnvolle Absicherungsgeschäfte verzichten *müssen* [Hervorh. d. Verf.] [...]"[348], und „[...] das Geschäftsrisiko in der Realwirtschaft [wird, Anm. d. Verf.] spürbar steigen". Die Verbände suggerieren damit nach Auffassung des Verfassers der vorliegenden Studie,

- dass sich derivative Zins- und Wechselkurssicherungsgeschäfte durch die FTS in einem solchen Maße verteuern würden, dass das Unternehmen/Risikomanagement diese in vielen Fällen als nicht mehr lohnend ansähe und deshalb auf diese verzichtete

- bzw. dass die gesamte, auf Absicherungstransaktionen zurückzuführende Steuerlast per Geschäftsjahr in Relation zum Gewinn so hoch ausfiele, dass sich die Unternehmensleitung *auch im Falle, dass ihrer Einschätzung nach Absicherungsgeschäfte noch lohnten,* z. B. durch wachsenden Druck der Anteilseigner – die mit Blick auf ihre diversifizierten Portfolios ein stärker schwankendes einem

---

[344] Vgl. EU-Kommission (2011), S. 18, hier Art. 2 Abs. 1 Nr. 7(j),i) i. V. m. EU-Parlament/Rat der Europäischen Union (2006), S. 57, hier Anhang I Ziffern 2 u. 7.
[345] Deutsches Aktieninstitut (2012), S. 5.
[346] Deutsche Wirtschaftsverbände (2011), S. 2.
[347] Deutsches Aktieninstitut (2012), S. 4.
[348] von Rosen (2012), o. S.

konstanten, jedoch dauerhaft niedrigeren Ergebnis vorziehen – gezwungen sähe, trotz des dann wesentlich höheren Risikos einen weitgehenden Verzicht auf Absicherungsmaßnahmen durchzusetzen.

Beispielhafte Berechnungen, aus denen hervorgehen würde, wie stark sich Absicherungsgeschäfte mittels verschiedener Derivate nach der Einführung einer FTS tatsächlich verteuern könnten bzw. wie hoch denn die auf Sicherungsgeschäfte zurückzuführenden „wesentlichen" kumulierten Zusatzbelastungen für Unternehmen der deutschen Realwirtschaft ungefähr wären sowie auf solchen Berechnungen basierende Abwägungen, ob diese Verteuerung/Zusatzkosten einen ggf. hohe Verluste nach sich ziehenden *deutlichen* Verzicht auf derivative Absicherungsmaßnahmen *tatsächlich* rechtfertigen würden, also *wirklich* zu erwarten wären, bleiben die Interessenverbände der (Finanz-) Industrie schuldig.

Diese Lücke soll für einen der wichtigsten *Teilbereiche* des derivativen Risikomanagements – das Währungstransaktionsmanagement – in den folgenden Kapiteln geschlossen werden. Als *deutlicher* Verzicht auf Währungssicherungsgeschäfte in der Realwirtschaft/Exportwirtschaft angesehen sei dabei der Wechsel von bisher vollständig sichernden Unternehmen zu einer Strategie der selektiven Absicherung oder von bisher selektiv sichernden Unternehmen zu einer Strategie, die eine nochmals geringere Absicherungsquote nach sich zieht. Die in den anschließenden Kapiteln zu untersuchenden Fragestellungen lauten damit wie folgt:

I) Wie stark wird die Einführung der FTS die von Unternehmen *effektiv zu tragenden* Kosten der Wechselkurssicherung mit Devisen-Forwards, -Futures, -optionen und Währungs-Swaps erhöhen (i. S. einer Erhöhung der von Unternehmen *tatsächlich realisierten,* ex ante quantifizierbaren Kurssicherungskosten bzw. einer Aufzehrung des *tatsächlich realisierten,* ex ante quantifizierbaren Kurssicherungsgewinns)? (Kapitel 5.1)

II) Wie hoch wäre die *maximale* aus der steuerinduzierten Verteuerung des Transaktionsrisikomanagements resultierende *kumulierte* monetäre *Zusatzbelastung* in einem Geschäftsjahr für ein typisches großes, mittleres und kleines deutsches Unternehmen des Exportsektors? (Kapitel 5.2).

III) Ist es unter Berücksichtigung der in den Fragen 1 und 2 gewonnenen Ergebnisse tatsächlich vorstellbar, dass Unternehmen des deutschen Exportsektors nach Einführung der FTS von ihrer bisher verfolgten Absicherungsstrategie zu einer Absicherungsstrategie mit geringerer Sicherungsquote wechseln (es also zu einem *deutlichen* Absicherungsverzicht in der Realwirtschaft kommen wird), entweder weil *ihnen selbst* die Beibehaltung der bisher verfolgten Strategie aufgrund der steuerinduzierten Verteuerung derivativer Sicherungsgeschäfte (subjektiv) als nicht mehr lohnend erscheint oder weil sie von ihren Anteilseignern mit Blick auf die bei Beibehaltung der bisherigen Strategie anfallende Gesamtsteuerlast zu einem solchen Wechsel gedrängt werden?

In die Diskussion soll dabei auch die Möglichkeit einbezogen werden, die Steuerbelastung durch eine Erhöhung der Produktpreise zu nivellieren. Des Weiteren soll eruiert werden, ob die FTS, sollte sie *nicht* zu einer Änderung der bisher von den Unternehmen verfolgten Absicherungsstrategien führen, zumindest Veränderungen in der Organisation des Transaktionsrisikomanagements, eine veränderte Absicherungsstruktur des externen Transaktionsrisikomanagements oder Änderungen im internen Transaktionsrisikomanagement nach sich ziehen könnte (Kapitel 5.3).

Der Untersuchung werden dabei verschiedene Szenarien in Bezug auf die letztlich vom Unternehmen zu tragende „Gesamtsteuerlast" zugrunde gelegt, die sämtliche weiter oben aufgeführten Befürchtungen der Kritiker hinsichtlich der Steuerüberwälzung und der Deklaration von Unternehmen zu Finanzinstituten berücksichtigen. Den Befürchtungen und damit den auf ihnen basierenden Szenarien werden dabei mit nachstehender Begründung unterschiedliche Eintrittswahrscheinlichkeiten zugeordnet:

- Die „einfache" Überwälzung der Steuerlast (vgl. Befürchtung 1) wird, v. a. mit Blick darauf, dass die Banken selbst eine solche in Aussicht stellen, als *sehr wahrscheinlich* angesehen.

- Die „doppelte" Überwälzung der Steuerlast (vgl. Befürchtung 2) wird noch als *vorstellbar*, nicht aber als sehr wahrscheinlich angesehen. Denn erstens wäre die allgemeine Voraussetzung für den Eintritt des „Doppelbesteuerungsszenarios", dass Banken Gegengeschäfte *immer* mit anderen Finanzinstituten abschließen, an die die dabei anfallende Steuer nicht weitergegeben werden kann (das „andere" Finanzinstitut zahlt ja bereits selber Steuer). Es kann aber angenommen werden, dass Finanzinstitute in der Realität aus Renditeerwägungen heraus versuchen, Gegengeschäfte *nicht* zuallererst mit anderen Finanzinstituten, sondern vorzugsweise *wiederum* mit Unternehmen der Realwirtschaft abzuschließen. In solchen Fällen kann die aus dem Gegengeschäft resultierende Steuerlast jedoch wieder bequem auf die direkte Gegenpartei (B) dieses Geschäfts überwälzt werden, eine doppelte Belastung des am ursprünglichen Geschäft beteiligten Unternehmens (A) wäre nicht nötig. Zweitens, selbst *wenn* Gegengeschäfte verstärkt mit anderen Finanzinstituten abgeschlossen würden, müsste dies noch nicht bedeuten, dass auch die hierbei entstehende Steuerlast stets auf am Ursprungsgeschäft beteiligte Unternehmen/Privatkunden überwälzt würde. Angesichts der Wettbewerbsintensivität des Bankensektors könnten einige Finanzinstitute auch in diesem Fall von einer doppelten Überwälzung der Steuer absehen, um Wettbewerbsvorteile zu erlangen und Kunden zu binden bzw. neue Kunden zu gewinnen.[349]

- Die „massenhafte" Deklaration von Unternehmen der Realwirtschaft zu Finanzinstituten (vgl. Befürchtung 3) wird als *eher unwahrscheinlich* angesehen. So dramatisch die Befürchtung des DAI (2011) auch klingen mag – ausdrückliches Ziel der Steuer ist es, den Finanzsektor i. S. des „wahren" Finanzsektors zu belasten und *nicht* etwa „reine" Unternehmen des Exportsektors. Artikel 7 des Richtlinienvorschlags, der Auslöser der Befürchtung, zielt eher darauf ab, auch TG realwirtschaftlicher Unternehmen erfassen zu können, die tatsächlich in hohem Ausmaß Finanztransaktionen durchführen, z. B. die Volkswagen Financial Services AG oder die BMW Bank. Eine Besteuerung dieser TG würde aber nicht auch zu einer Besteuerung der MG führen, in der i. d. R. das Risikomanagement angesiedelt ist.

Neben einem Steuersatz von 0,01 % auf den Nominalbetrag von Derivaten – hierbei handelt es sich ja um den Mindeststeuersatz, der von jedem die Steuer einführenden Land auch höher angesetzt werden kann – wird in den aus den Befürchtungen

---

[349] Vgl. Drost (2012), o. S.

ableitbaren „Gesamtsteuerszenarien" auch ein möglicher Steuersatz von 0,05 % berücksichtigt (die Anzahl an Szenarien wird also verdoppelt). Dieser alternative Steuersatz ist nicht willkürlich gewählt. So haben Schäfer/Karl (2012) berechnet, dass im Falle eines einheitlichen Steuersatzes von 0,05 % auf Derivate und sämtliche andere Finanztransaktionen das Steueraufkommen in Deutschland *trotz* der Kalkulation mit einer wesentlich höheren Steuerevasion 12,01 Mrd. EUR betragen würde statt 11,15 Mrd. EUR im Falle der „gesplitteten" Mindestbesteuerung von Derivaten mit 0,01 % und der aller anderen Finanztransaktionen mit 0,1 %.[350] Angesichts klammer Staatskassen eine Ausgestaltungsmöglichkeit der Richtlinie, die in der Politik einige Fürsprecher finden könnte.

Diesen dürfte allerdings, dies sei an dieser Stelle auch angemerkt, eine deutliche Mehrheit an Politikern gegenüberstehen, die einen einheitlichen Steuersatz von 0,05 % vehement ablehnen. Denn erstens würde ein solcher zu einer nochmals höheren Steuerflucht gerade im Bereich des Derivatehandels führen – Schäfer/Karl (2012) rechnen mit einer Evasionsrate von 90 %[351] (!) – und damit das Lenkungsziel gerade in Bezug auf diesen hochspekulativen Markt noch weiter untergraben. Zweitens wird wohl auch weiten Kreisen der Politik klar sein, dass die FTS höchstwahrscheinlich auf die Endkunden überwälzt werden und im Falle von Unternehmen deren Risikomanagement verteuern wird. Könnte ein Steuersatz von 0,01 %, 0,02 % (bei „doppelter" Überwälzung) oder schlimmstenfalls 0,03 % (doppelte Überwälzung *und* das Unternehmen gilt als Finanzinstitut) den Politikern als (gerade) noch zumutbar erscheinen, ist davon auszugehen, dass diese eine Belastung des Risikomanagements der heimischen Industrie mit Steuersätzen von 0,05 %, 0,1 % oder gar 0,15 % tunlichst vermeiden wollen. Die Szenarien, in denen mit einem Steuersatz von 0,05 % gerechnet wird, sind dementsprechend als *unwahrscheinliche*, gleichsam jedoch nicht mit Sicherheit auszuschließende Worst-Case-Szenarien anzusehen.

---

[350] Vgl. Schäfer/Karl (2012), S. 16 u. 31.
[351] Vgl. Schäfer/Karl (2012), S. 28.

5.1 Abschätzung der Auswirkung einer Finanztransaktionssteuer auf die Kosten der Wechselkurssicherung in Abhängigkeit von verschiedenen möglichen Steuerszenarien und dem eingesetzten Derivat

5.1.1 Abschätzung der Auswirkung einer Finanztransaktionssteuer auf die Kosten der Wechselkurssicherung mittels Forwards

Für die Analyse der Auswirkung verschiedener Steuerszenarien auf die Kosten einer Forward-Absicherung von Fremdwährungsein- bzw. -auszahlungen sei auf das bereits aus Kapitel 3.2.3.1 bekannte Beispiel des deutschen Exporteurs bzw. Importeurs zurückgegriffen, der am 05.07.2012 einen Liefervertrag mit einem US-amerikanischen Käufer bzw. Verkäufer schließt, der am 05.10.2012 zu einem Zahlungseingang bzw. -ausgang von 1.000.000 USD führt. Gegen das aus dieser offenen Fremdwährungsposition resultierende Transaktionsrisiko sichert sich der Exporteur bzw. der Importeur mittels eines mit seiner Bank geschlossenen Devisen-Forward-Kontrakts ab. Eine FTS existiere (noch) nicht. Der Kassa-Briefkurs bzw. -Geldkurs, der gleichzeitig den Kalkulationskurs des Exporteurs bzw. des Importeurs darstellt(e), notiert am 05.07.2012 bei 1,2401 \$/€ bzw. bei 1,2341 \$/€. Der 3-Monats-Termin-Briefkurs bzw. -Geldkurs beträgt 1,2417 \$/€ bzw. 1,2355 \$/€ (vgl. Kapitel 3.2.3.1). Zunächst sei der *Fall des Exporteurs* betrachtet:

Gemäß der bekannten Formel

$$EAKE(FW)_{Exp} = FB \cdot \left(\frac{1}{w_{t(0);B}} - \frac{1}{w_{k(0);B}}\right)$$

ergibt sich für diesen aus dem Terminaufschlag ein Ex-ante-Kurssicherungsergebnis bzw. Ex-ante-Kurssicherungskosten i. H. v.

$$1.000.000\ \$ \cdot \left(\frac{1}{1{,}2417\ \frac{\$}{€}} - \frac{1}{1{,}2401\ \frac{\$}{€}}\right) = -1.039{,}07\ €$$

Nun führe der Exporteur dasselbe Absicherungsgeschäft durch, wobei diesmal eine Steuer auf Finanztransaktionen erhoben werde. Folgende Steuer- und Überwälzungsszenarien (kurz: Szenarien oder Steuerszenarien) wären im Rahmen des Forward-Geschäfts denkbar:

▶ **Szenario 1** *(sehr wahrscheinlich)*: Die Steuer beträgt *0,01 %* auf den Nominalbetrag des Devisen-Forwards und wird von der Bank *einfach* auf das Unternehmen überwälzt (Gesamtbelastung Unternehmen: 0,01 %).

▶ **Szenario 2** *(wahrscheinlich)*: Die Steuer beträgt *0,01 %* und wird von der Bank, die sich selbst wiederum mittels eines Devisen-Forwards absichert, *zweifach* überwälzt (Gesamtbelastung Unternehmen: 0,02 %).

▶ **Szenario 2b** *(eher unwahrscheinlich)*: Das Unternehmen *gilt als Finanzinstitut*, die Steuer beträgt *0,01 %* und wird von der Bank *einfach* überwälzt (Gesamtbelastung Unternehmen: 0,02 %).

▶ **Szenario 3** *(eher unwahrscheinlich)*: Das Unternehmen *gilt als Finanzinstitut*, die Steuer beträgt *0,01 %* und wird von der Bank *zweifach* überwälzt (Gesamtbelastung Unternehmen: 0,03 %).

▶ **Szenario 4** *(unwahrscheinlich)*: Die Steuer beträgt *0,05 %* und wird von der Bank *einfach* überwälzt (Gesamtbelastung Unternehmen: 0,05 %).

▶ **Szenario 5** *(unwahrscheinlich)*: Die Steuer beträgt *0,05 %* und wird von der Bank *zweifach* überwälzt (Gesamtbelastung Unternehmen: 0,1%).

▶ **Szenario 5b** *(sehr unwahrscheinlich)*: Das Unternehmen *gilt als Finanzinstitut*, die Steuer beträgt *0,05 %* und wird von der Bank *einfach* überwälzt (Gesamtbelastung Unternehmen: 0,1 %).

▶ **Szenario 6** *(sehr unwahrscheinlich)*: Das Unternehmen *gilt als Finanzinstitut*, die Steuer beträgt *0,05 %* und wird von der Bank *zweifach* überwälzt (Gesamtbelastung Unternehmen: 0,15 %).

Da die vom Unternehmen zu tragende Steuerlast in Szenario 2 und 2b sowie in Szenario 5 und 5b gleich hoch wäre, werden die Szenarien 2b und 5b im Rahmen der Analyse nicht weiter berücksichtigt.

Nun sei beispielhaft die Veränderung der Kostenstruktur der Forward-Sicherung im Falle des Eintritts von Szenario 1 bzw. Szenario 2 – die wahrscheinlichsten Szenarien – betrachtet. Um der Steuerbelastung Rechnung zu tragen, ist die Ex-ante-Kurssicherungsergebnis-Formel wie folgt zu erweitern:

$$\text{EAKE}_{(FTS)}(FW)_{Exp} = FB \cdot \left(\frac{1}{w_{t(0);B}} - \frac{1}{w_{k(0);B}} \right) - \frac{FB}{w_{t(0);B}} \cdot t$$

mit (zusätzlich)

FB = Abzusichernder Fremdwährungsbetrag
t = Vom Unternehmen zu tragender Steuersatz

Setzt man für t den in Szenario 1 bzw. Szenario 2 angenommenen, vom Unternehmen zu tragenden Steuersatz von 0,01 % bzw. 0,02 % auf den dem Forward zugrunde liegenden Nominalbetrag in die Formel ein, so ergibt sich ein „neues" Ex-ante-Kurssicherungsergebnis bzw. ergeben sich „neue" Ex-ante-Kurssicherungskosten i. H. v.

$$1.000.000\ \$ \cdot \left(\frac{1}{1{,}2417\ \frac{\$}{\mathord{\in}}} - \frac{1}{1{,}2401\ \frac{\$}{\mathord{\in}}} \right) - \frac{1.000.000\ \$}{1{,}2417\ \frac{\$}{\mathord{\in}}} \cdot 0{,}0001 = -1.119{,}61\ \mathord{\in}$$

im Falle des Eintritts von Szenario 1 bzw.

$$1.000.000\ \$ \cdot \left(\frac{1}{1{,}2417\ \frac{\$}{\mathord{\in}}} - \frac{1}{1{,}2401\ \frac{\$}{\mathord{\in}}} \right) - \frac{1.000.000\ \$}{1{,}2417\ \frac{\$}{\mathord{\in}}} \cdot 0{,}0002 = -1.200{,}14\ \mathord{\in}$$

im Falle des Eintritts von Szenario 2.

Dies entspricht einer Verschlechterung des Ex-ante-Kurssicherungsergebnisses bzw. einem Anstieg der Ex-ante-Kurssicherungskosten von immerhin 80,54 EUR oder 7,75 % bzw. 161,07 EUR oder 15,5 % für Szenario 1 bzw. Szenario 2 – auf den ersten Blick eine nicht unerhebliche Verschlechterung bzw. Kostensteigerungen.

Stellt man identische Berechnungen für alle möglichen Steuerszenarien an, so ergibt sich folgendes Gesamtbild:

Szenario	EAKE(FW)$_{Exp}$	Verschlechterung des EAKE im Vergleich zum Szenario ohne FTS (in EUR)	Verschlechterung des EAKE im Vergleich zum Szenario ohne FTS (in %)
Ohne FTS	- 1.039,07 €		
▶ Szenario 1 (0,01%)	- 1.119,61 €	(-) 80,54 €	7,75%
▶ Szenario 2 (0,02%)	- 1.200,14 €	(-) 161,07 €	15,50 %
▶ Szenario 3 (0,03%)	- 1.280,68 €	(-) 241,61 €	23,25 %
▶ Szenario 4 (0,05%)	- 1.441,75 €	(-) 402,68 €	38,75 %
▶ Szenario 5 (0,1%)	- 1.844,42 €	(-) 805,35 €	77,51%
▶ Szenario 6 (0,15%)	- 2.247,10 €	(-)1.208,03 €	116,26 %

Tabelle 4: Steuerinduzierte Verteuerung (absolut und relativ) eines Forward-Geschäfts, Exporteur

Als Zwischenergebnis lässt sich festhalten, dass die Einführung einer FTS die *tatsächlich zu tragenden* Ex-ante-Kurssicherungskosten des Exporteurs für Forward-Kontrakte tatsächlich stark erhöhen, im ungünstigsten Fall sogar *mehr als verdoppeln* würde.

Für den *Importeur* resultiert aus dem Terminaufschlag gemäß

$$EAKE(FW)_{Imp} = FB \cdot \left(\frac{1}{w_{k(0);G}} - \frac{1}{w_{t(0);G}} \right)$$

ein Ex-ante-Kurssicherungsergebnis bzw. ein Ex-ante-Kurssicherungsgewinn von

$$EAKE(FW)_{Imp} = 1.000.000 \, \$ \cdot \left(\frac{1}{1{,}2341 \, \frac{\$}{\€}} - \frac{1}{1{,}2355 \, \frac{\$}{\€}} \right) = +918{,}20 \, \€.$$

Um die Auswirkungen einer FTS auf das Ex-ante-Kurssicherungsergebnis des Importeurs zu ermitteln, wird auch diese Formel wie folgt erweitert:

$$\text{EAKE}_{FTS}(FW)_{Imp} = FB \cdot \left(\frac{1}{w_{k(0);G}} - \frac{1}{w_{t(0);G}}\right) - \frac{FB}{w_{t(0);G}} \cdot t$$

Die Analyse der Auswirkungen der verschiedenen Steuerszenarien auf das Ex-ante-Kurssicherungsergebnis des Importeurs ergibt folgendes Gesamtbild:

Szenario	EAKE(FW)$_{Imp}$	Verschlechterung des EAKE im Vergleich zum Szenario ohne FTS (in EUR)	Verschlechterung des EAKE im Vergleich zum Szenario ohne FTS (in %)
Ohne FTS	+ 918,20 €		
▶ Szenario 1 (0,01%)	+ 837,26 €	(-) 80,94 €	8,82 %
▶ Szenario 2 (0,02%)	+ 756,32 €	(-) 161,88 €	17,63 %
▶ Szenario 3 (0,03%)	+ 675,38 €	(-) 242,82 €	26,45 %
▶ Szenario 4 (0,05%)	+ 513,51 €	(-) 404,69 €	44,07 %
▶ Szenario 5 (0,1%)	+ 108,81 €	(-) 809,39 €	88,15 %
▶ Szenario 6 (0,15%)	- 295,88 €	(-) 1.214,08 €	132,22 %

Tabelle 5: Steuerinduzierte Verteuerung (absolut und relativ) eines Forward-Geschäfts, Importeur

Wenig überraschend zeigt sich, dass eine FTS auch das Ex-ante-Kurssicherungsergebnis des Importeurs im negativen Sinne stark beeinträchtigen würde. Allerdings erzielte der Importeur sogar beim als unwahrscheinlich einzuschätzenden Eintritt des Szenarios 5 noch einen Ex-ante-Kurssicherungsgewinn. Erst bei einer zu tragenden Steuerlast von 0,15 % des dem Forward zugrunde liegenden Nominalbetrags wäre der Abschluss des Kontraktes ex ante mit Kurssicherungskosten verbunden.

Abschließend ist anzumerken, dass der Terminkurs im hier betrachteten Beispiel einen *Terminaufschlag* aufweist. Notierte der Terminkurs mit einem *Terminabschlag,* so gälten die gerade aufgezeigten Ergebnisse des Importeurs für den *Exporteur,* die Ergebnisse des Exporteurs für den *Importeur.*

- *Exkurs 2: Steuerinduzierte Änderung der Formeln zur Berechnung des Ex-post-Kurssicherungsergebnisses bei Forward-Sicherung -*

$$EPKE_{FTS}(FW)_{Exp} = FB \cdot \left(\frac{1}{w_{t(0);B}} - \frac{1}{w_{k(1);B}}\right) - \frac{FB}{w_{t(0);B}} \cdot t$$

$$EPKE_{FTS}(FW)_{Imp} = FB \cdot \left(\frac{1}{w_{k(1);G}} - \frac{1}{w_{t(0);G}}\right) - \frac{FB}{w_{t(0);B}} \cdot t$$

5.1.2 Abschätzung der Auswirkung einer Finanztransaktionssteuer auf die Kosten der Wechselkurssicherung mittels Futures und deren Attraktivität im Vergleich zu Forwards

Zur Analyse der Auswirkung einer FTS auf die Kosten der Kurssicherung mittels an US-amerikanischen Terminmärkten gehandelten Devisen-Futures müssen zunächst die im vorhergehenden Kapitel entworfenen Steuerszenarien an die Spezifika der Future-Sicherung und des Future-Handels angepasst werden. So ist einerseits zu berücksichtigen, dass im Rahmen einer Future-Sicherung i. d. R. *zwei* steuerbare Transaktionen getätigt werden (auch wenn das deutsche Unternehmen nicht als Finanzinstitut gilt, wird der US-Broker nach dem Ansässigkeitsprinzip in Deutschland steuerpflichtig, weil er mit einem deutschen Kunden handelt), der *Kauf* des Futures und der *Verkauf* eines Futures mit identischem Nominalbetrag kurz vor Fälligkeit, um die Position glattzustellen. Andererseits ist eine doppelte Überwälzung der Steuerlast bei jeder einzelnen der beiden Transaktionen ausgeschlossen, da der Broker, anders als das Finanzinstitut im Falle des Forwards, kein *ebenfalls* steuerpflichtiges Gegengeschäft eingeht. Der Broker kauft bzw. verkauft im Zuge des Future-Geschäfts zwar selbst den entsprechenden Future von der bzw. an die Clearing-Stelle, diese Transaktionen zwischen zwei US-amerikanischen Parteien liegen jedoch außerhalb des Erfassungsbereichs der FTS. Der Broker muss also nur für den Weiterverkauf des von der Clearing-Stelle erworbenen Futures an seinen deutschen Kunden und für den Rückkauf des Futures von diesem die Transaktionssteuer entrichten. Somit sind folgende Szenarien möglich:

▶ **Szenario 1** *(sehr wahrscheinlich)*: Die Steuer beträgt *0,01 %* auf den Nominalbetrag des Devisen-Futures, fällt jeweils bei Kauf und Verkauf des Futures an und wird vom Broker auf das Unternehmen überwälzt (Gesamtbelastung Unternehmen: 0,02 %).

▶ **Szenario 2** *(eher unwahrscheinlich)*: Das Unternehmen *gilt als Finanzinstitut*, die Steuer beträgt *0,01 %*, fällt jeweils bei Kauf und Verkauf des Futures an und wird vom Broker auf das Unternehmen überwälzt (Gesamtbelastung Unternehmen: 0,04 %).

▶ **Szenario 3** *(unwahrscheinlich)*: Die Steuer beträgt *0,05 %*, fällt jeweils bei Kauf und Verkauf des Futures an und wird vom Broker auf das Unternehmen überwälzt (Gesamtbelastung Unternehmen: 0,1 %).

▶ **Szenario 4** *(sehr unwahrscheinlich)*: Das Unternehmen *gilt als Finanzinstitut*, die Steuer beträgt *0,05 %*, fällt jeweils bei Kauf und Verkauf des Futures an und wird vom Broker auf das Unternehmen überwälzt (Gesamtbelastung Unternehmen: 0,2 %).

Nun wäre eine isolierte Analyse der Auswirkung einer FTS auf die Kosten der Future-Sicherung wenig sinnvoll. Ein Unternehmen, welches ein Fremdwährungs-Exposure mittels eines unbedingten Termingeschäfts gegen Wechselkursschwankungen absichern will, wird sich auch nach Einführung einer FTS vielmehr dafür interessieren, welches der zur Auswahl stehenden Instrumente – Forwards oder Futures – denn die kostengünstigere Alternative darstellt. Die steuerbedingte Veränderung der Kosten einer Future-Sicherung muss also stets zusammen mit der steuerbedingten Veränderung der Kosten einer identischen Forward-Sicherung betrachtet werden. Dabei haben die Ausführungen in Kapitel 3.2.3.2 gezeigt – eine mögliche FTS wurde dort noch nicht berücksichtigt –, dass bereits bei Abschluss eines Future-Geschäfts klar ist, dass die Absicherung i. d. R teurer werden wird als eine vergleichbare Forward-Sicherung, auch wenn die Höhe des monetären Nachteils noch nicht exakt berechnet werden kann. Dies führte zu dem Schluss, dass ein Unternehmen, wenn es denn die Wahlmöglichkeit hat, die Forward-Sicherung der Future-Sicherung vorziehen wird. Kann an dieser Aussage auch nach der Einführung einer FTS noch festgehalten werden?

Um diese Frage zu klären, sei auf die Daten aus dem Beispiel in Kapitel 3.2.3.2 zurückgegriffen. Ein Exporteur, der am 09.07.2012 einen Vertrag schließt, welcher am 17.09.2012 zu einem Zahlungseingang i. H. v. 1.000.000 USD führt, habe die Wahl, diesen mittels eines Devisen-Forwards oder mittels Devisen-Futures abzusichern. Der Termin-Briefkurs für den 17.09.2012 notiert bei 1,2351 $/€, der Future-Kurs beträgt 1,2320 $/€ (vgl. Kapitel 3.2.3.2). Die FTS sei bereits eingeführt und Steuerszenario 1 bzw. 2 bzgl. der Forward-Sicherung sowie Szenario 1 bzgl. der Future-Sicherung eingetreten (bei Vorliegen der Forward-Szenarios 1 oder 2 kann nur das Future-Szenario 1 eintreten). Im Hinterkopf behaltend, dass der Exporteur bei Wahl der Future-Sicherung ohnehin mit einer Schlechterstellung gegenüber der Forward-Alternative rechnet, sei im Folgenden nur die Steuerbelastung betrachtet, die er bei der Absicherung mittels Forward bzw. Futures tragen müsste, wobei vereinfachend angenommen wird, dass der Exporteur im Falle der Future-Sicherung exakt 811.688,31 EUR für 1.000.000 USD kaufen kann:

- Entscheidet sich der Exporteur für den Forward, so würde er bei Eintritt des Forward-Szenarios 1 bzw. 2 mit einer Steuer i. H. v. 1.000.000 $ / 1,2351 $/€ · 0,0001 = 80,97 € bzw. 1.000.000 $ / 1,2351 $/€ · 0,0002 = 161,93 € belastet.

- Entscheidet sich der Exporteur dagegen für die Absicherung mittels Futures, so betrüge seine Steuerbelastung (Szenario 1) 1.000.000 $ / 1,2320 $/€ · 0,0002 = 162,34 €. Im wahrscheinlichsten Fall, dem Eintritt von Forward-Szenario 1 und Future-Szenario 1, hätte der Exporteur, entschiede er sich für die Future-Sicherung, im Vergleich zur Forward-Alternative also etwas mehr als die doppelte Steuerbelastung zu tragen. Im noch vorstellbaren Fall, dem Eintritt von Forward-Szenario 2, wäre die Steuerlast annähernd gleich (die geringfügig höhere Steuerbelastung der Future-Sicherung ist auf den im Vergleich zum Termin-Briefkurs geringeren Future-Kurs und den daraus resultierenden höheren EUR-Nominalbetrag zurückzuführen).

Führt man identische Berechnungen für alle möglichen Kombinationen von Forward- und Future-Szenarien durch, so ergibt sich nachstehendes Gesamtbild:

Forward-Steuer-szenario	Steuerbelastung	Future-Steuer-szenario	Steuerbelastung	Höhere (+) / geringere (-) Belastung bei Future-Sicherung
►Szenario 1 (0,01%)	80,97 €	►Szenario 1 (0,02%)	162,34 €	+ 81,37 €
►Szenario 2 (0,02%)	161,93 €	►Szenario 1 (0,02%)	162,34 €	+ 0,41 €
►Szenario 3 (0,03%)	242,90 €	►Szenario 2 (0,04%)	324,68 €	+ 81,78 €
►Szenario 4 (0,05%)	404,83 €	►Szenario 3 (0,1%)	811,69 €	+ 406,86 €
►Szenario 5 (0,1%)	809,65 €	►Szenario 3 (0,1%)	811,69 €	+ 2,04 €
►Szenario 6 (0,15%)	1.214,48 €	►Szenario 4 (0,2%)	1.623,38 €	+ 408,90 €

Tabelle 6: Vergleich der steuerinduzierten Verteuerung (absolut) eines Forward- und eines Future-Geschäfts, Exporteur

Es zeigt sich, dass die Wechselkurssicherung mittels Devisen-Futures durch die Einführung einer FTS noch weiter an Attraktivität verlieren könnte. Ist eine Future-Sicherung aus den in Kapitel 3.2.3.2 genannten Gründen schon bei Nicht-Existenz einer FTS in den meisten Fällen teurer als eine vergleichbare Absicherung mittels Forward, so würde sie nach Einführung einer solchen Steuer in den meisten Steuerszenario-Kombinationen – darunter die wahrscheinlichste Kombination aus Forward-Szenario 1 und Future-Szenario 1 – auch noch eine höhere Steuerbelastung als die Forward-Sicherung mit sich bringen. Ein Unternehmen wie der Exporteur aus obigem Beispiel, welches die Wahl zwischen beiden Absicherungsformen hat, wird also auch nach Einführung einer FTS lieber auf die Forward-Alternative zurückgreifen. Für kleine Unternehmen, denen der OTC-Markt nicht offen steht, würde die Einführung einer FTS im Falle des anschließenden Eintritts der Szenario-Kombinationen (Forward-Szenario / Future-Szenario) 1/1, 3/2, 4/3 oder 6/4 eine nochmalige Schlechterstellung gegenüber größeren Unternehmen bedeuten.

Nun sei der Fall des *Importeurs* betrachtet, der am 09.07.2012 eine am 17.09.2012 zu begleichende Verbindlichkeit i. H. v. 1.000.000 USD abzusichern hat. Der Termin-Geldkurs beträgt 1,2289 $/€, der Future-Kurs weiterhin 1,2320 $/€ und es gelte die Annahme, dass der Importeur genau 811.688,31 EUR für 1.000.000 USD verkaufen kann. Auch der Importeur würde bereits ohne FTS eine Absicherung des Fremdwährungsbetrages mittels Devisen-Forwards der mittels Devisen-Futures vorziehen. Die Berechnung und der Vergleich der möglichen Steuerbelastungen bei Forward- und Future-Absicherung der Position nach Einführung einer solchen Steuer führt zu nahezu identischen Ergebnissen wie im Falle des Exporteurs, d. h. auch für den Importeur würde die Future-Sicherung je nach

Szenario-Kombination weiterhin unattraktiv bleiben oder nochmals unattraktiver werden (der Steuervorteil des Future-Geschäfts in zwei Fällen ist als marginal anzusehen):

Forward-Steuer-szenario	Steuerbelas-tung	Future-Steuer-szenario	Steuerbelas-tung	Höhere (+) / geringere (-) Belastung bei Future-Sicherung
► Szenario 1 (0,01%)	81,37 €	► Szenario 1 (0,02%)	162,34 €	+ 80,97 €
► Szenario 2 (0,02%)	162,74 €	► Szenario 1 (0,02%)	162,34 €	- 0,40 €
► Szenario 3 (0,03%)	244,12 €	► Szenario 2 (0,04%)	324,68 €	+ 80,56 €
► Szenario 4 (0,05%)	406,87 €	► Szenario 3 (0,1%)	811,69 €	+ 404,82 €
► Szenario 5 (0,1%)	813,74 €	► Szenario 3 (0,1%)	811,69 €	- 2,05 €
► Szenario 6 (0,15%)	1.220,60 €	► Szenario 4 (0,2%)	1.623,38 €	+ 402,78 €

Tabelle 7: Vergleich der steuerinduzierten Verteuerung (absolut) eines Forward- und eines Future-Geschäfts, Importeur

5.1.3 Abschätzung der Auswirkung einer Finanztransaktionssteuer auf die Kosten der Wechselkurssicherung mittels Optionen

Der Untersuchung der Auswirkung einer FTS auf die Kosten der Wechselkurssicherung mittels außerbörslich abgeschlossener Devisen-Optionen können wieder dieselben Steuerszenarien wie im Falle der Forward-Sicherung zugrunde gelegt werden (vgl. Kapitel 5.1.1 - auf eine abermalige Darstellung der Szenarien sei verzichtet).

Ähnlich wie in den vorangegangenen Kapiteln erfolgt die Analyse der Veränderung der Kostenstrukturen einer Optionssicherung infolge der Einführung einer FTS wieder unter Rückgriff auf das bereits aus Kapitel 3.2.3.3 bekannte Optionssicherungsbeispiel. Betrachtet sei zunächst der Fall des *Exporteurs:* Dieser sichert am 18.07.2012 – eine FTS existiert noch nicht – einen in drei Monaten erwarteten Zahlungseingang von 1.000.000 USD mittels am Geld liegenden (Kassa-Briefkurs am 18.07.2012 = 1,2281 $/€ = Basiskurs) USD-Put-Optionen ab. Eine Optionsprämie von 0,0253 USD und 814.266 benötigte Optionen bedeuten für den Exporteur Ex-ante-Kurssicherungskosten i. H. v.

$$\text{EAKK (OPT)}_{\text{Exp}} = \frac{P \cdot K}{w_{k(0);G}} = \frac{0{,}0253\ \$ \cdot 814.266}{1{,}2221\ \frac{\$}{\text{€}}} = 16.856{,}99\ \text{€}.$$

Existierte nun eine FTS, so müsste obenstehende Formel, um den Steueraufwand in den Ex-ante-Kurssicherungskosten zu berücksichtigen, wie folgt erweitert werden (wie die ursprüngliche Formel gilt auch die erweiterte Formel sowohl für den Exporteur als auch für den Importeur):

$$\text{EAKK}_{\text{FTS}} \, (\text{OPT})_{\text{Exp}} = \frac{P \cdot K}{w_{k(0);G}} + \frac{FB}{B} \cdot t.$$

mit (zusätzlich)

FB = Abzusichernder Fremdwährungsbetrag
B = Basiskurs
t = Vom Unternehmen zu tragender Steuersatz

Im Falle der Einführung einer FTS und Eintritt des sehr wahrscheinlichen Szenarios 1 bzw. des noch vorstellbaren Szenarios 2 erhöhten sich die gesamten, nun aus Optionsprämie zzgl. Steuerbetrag bestehenden Ex-ante-Kurssicherungskosten beispielsweise auf

$$\frac{0{,}0253\,\$ \cdot 814.266}{1{,}2221\,\frac{\$}{€}} + \frac{1.000.000\,\$}{1{,}2281\,\frac{\$}{€}} \cdot 0{,}0001 = 16.938{,}42\,€$$

bzw. auf

$$\frac{0{,}0253\,\$ \cdot 814.266}{1{,}2221\,\frac{\$}{€}} + \frac{1.000.000\,\$}{1{,}2281\,\frac{\$}{€}} \cdot 0{,}0002 = 17.019{,}85\,€$$

Dies entspricht einem Anstieg der Ex-ante-Kurssicherungskosten des Exporteurs für Optionskontrakte um 0,48 % bzw. 0,97 %. Stellt man identische Berechnungen für alle möglichen Steuer-szenarien an, so ergibt sich nachstehendes Gesamtbild:

Options-Steuer-Szenario	EAKK(OPT)$_{Exp}$	Anstieg der EAKK im Vergleich zum Szenario ohne FTS (in EUR)	Anstieg der EAKK im Vergleich zum Szenario ohne FTS (in %)
Ohne FTS	16.856,99 €		
▶ Szenario 1 (0,01%)	16.938,42 €	+ 81,43 €	0,48 %
▶ Szenario 2 (0,02%)	17.019,85 €	+ 162,86 €	0,97 %
▶ Szenario 3 (0,03%)	17.101,27 €	+ 241,61 €	1,45 %
▶ Szenario 4 (0,05%)	17.264,13 €	+ 407,14 €	2,42 %
▶ Szenario 5 (0,1%)	17.671,26 €	+ 814,27 €	4,83 %
▶ Szenario 6 (0,15%)	18.078,39 €	+ 1.221,40 €	7,25 %

Tabelle 8: Steuerinduzierte Verteuerung (absolut und relativ) eines Optionsgeschäfts, Exporteur

Im schlimmsten, sehr unwahrscheinlichen Fall würde die FTS die Ex-ante-Kurssicherungskosten des Exporteurs für Optionskontrakte also um (immerhin) 7,25 % erhöhen. Die absolute Steuerbelastung in den verschiedenen Szenarien ist zwar nahezu identisch mit der im Forward-Fall (hätte der Exporteur aus dem Forward-Beispiel am 18.07.2012 einen dreimonatigen Forward-Kontrakt über den Verkauf von 1.000.000 USD abgeschlossen, *wäre* sie je Szenario identisch), der relative Anstieg der Kurssicherungskosten fällt aber wegen der auch ohne Steuer bereits sehr hohen Ex-ante-Kurssicherungskosten von (am Geld liegenden) Optionen – das Ausübungsrecht muss teuer bezahlt werden – wesentlich geringer aus.

Für den Fall des *Importeurs*, der am 18.07.2012 einen in drei Monaten fälligen Zahlungsausgang von 1.000.000 USD mittels 818.264 am Geld liegenden USD-Calls (Basiskurs: 1,2221 $/€) absichert, ergibt sich ein sehr ähnliches Bild, welches keiner weiteren Erläuterungen bedarf:

Options-Steuer-Szenario	EAKK(OPT)$_{Imp}$	Anstieg der EAKK im Vergleich zum Szenario ohne FTS (in EUR)	Anstieg der EAKK im Vergleich zum Szenario ohne FTS (in %)
Ohne FTS	15.935,43 €		
▶ Szenario 1 (0,01%)	16.017,25 €	+ 81,82 €	0,51 %
▶ Szenario 2 (0,02%)	16.099,08 €	+ 163,65 €	1,03 %
▶ Szenario 3 (0,03%)	16.180,90 €	+ 245,47 €	1,54 %
▶ Szenario 4 (0,05%)	16.344,56 €	+ 409,13 €	2,57 %
▶ Szenario 5 (0,1%)	16.753,68 €	+ 818,25 €	5,13 %
▶ Szenario 6 (0,15%)	17.162,82 €	+ 1.227,39 €	7,70 %

Tabelle 9: Steuerinduzierte Verteuerung (absolut und relativ) eines Optionsgeschäfts, Importeur

- *Exkurs 3: Steuerinduzierte Änderung der Formeln zur Berechnung des Break-Even-Kurses, des Ex-post-Kurssicherungsergebnisses und des „Kritischen Kurses"* -

- Break-Even-Kurs mit FTS:

$$BEK_{FTS_{Exp}} = \frac{FB}{\left(\frac{FB}{B} - EAKK_{FTS}(OPT)_{Exp}\right)}$$

$$BEK_{FTS_{Imp}} = \frac{FB}{\left(\frac{FB}{B} + EAKK_{FTS}(OPT)_{Imp}\right)}$$

- Ex-Post-Kurssicherungsergebnis mit FTS:

$$EPKE_{FTS}(OPT)_{Exp} \begin{cases} -EAKK_{FTS}(OPT)_{Exp} & \text{, falls } w_{k(1);B} \\ \\ FB \cdot \left(\dfrac{1}{B} - \dfrac{1}{w_{k(1);B}}\right) - EAKK_{FTS}(OPT)_{Exp} & \text{, falls } w_{k(1);B} \end{cases}$$

$$EPKE_{FTS}(OPT)_{Imp} \begin{cases} -EAKK_{FTS}(OPT)_{Imp} & \text{, falls } w_{k(1);G} > B \\ \\ FB \cdot \left(\dfrac{1}{w_{k(1);G}} - \dfrac{1}{B}\right) - EAKK_{FTS}(OPT)_{Imp} & \text{, falls } w_{k(1);G} \leq B \end{cases}$$

- „Kritischer" Kurs mit FTS:

$$KK_{FTS_{Exp}} = \frac{FB}{\left(\dfrac{FB}{w_{t(0);B}} - \dfrac{FB}{w_{t(0);B}} \cdot t + EAKK_{FTS}(OPT)_{Exp}\right)}$$

$$KK_{FTS_{Imp}} = \frac{FB}{\left(\dfrac{FB}{w_{t(0);G}} + \dfrac{FB}{w_{t(0);G}} \cdot t - EAKK_{FTS}(OPT)_{Imp}\right)}$$

mit (zusätzlich)

t = Vom Unternehmen zu tragender Steuersatz

5.1.4 Abschätzung der Auswirkung einer Finanztransaktionssteuer auf die Kosten der Wechselkurssicherung mittels Währungs-Swaps

Um die Auswirkung einer FTS auf die Kosten einer Absicherung gegen langfristige Transaktionsrisiken mittels Währungs-Swap zu analysieren, müssen die aus Kapitel 5.1.1 und 5.1.3 bekannten Steuerszenarien leicht an die Spezifika des Swap-Geschäfts angepasst werden. Nimmt man an, dass es sich bei den durch die Bank vermittelten „indirekten" Swap-Parteien (jede der Parteien schließt letztlich ja ein Swap-Geschäft mit der Bank ab) um Unternehmen der Realwirtschaft handelt, so kann das Szenario einer „doppelten" Steuerüberwälzung ausgeschlossen werden. Es verbleiben die Szenarien:

▶ **Szenario 1** *(sehr wahrscheinlich)*: Die Steuer beträgt *0,01 %* auf den Nominalbetrag des Währungs-Swaps und wird von der Bank, die als Mittler und Gegenpartei fungiert, *einfach* auf das Unternehmen überwälzt (Gesamtbelastung Unternehmen: 0,01 %).

▶ **Szenario 2** *(eher unwahrscheinlich)*: Das Unternehmen *gilt als Finanzinstitut*, die Steuer beträgt *0,01 %* und wird von der Bank *einfach* überwälzt (Gesamtbelastung Unternehmen: 0,02 %).

▶ **Szenario 3** *(unwahrscheinlich)*: Die Steuer beträgt *0,05 %* und wird von der Bank *einfach* überwälzt (Gesamtbelastung Unternehmen: 0,05 %).

▶ **Szenario 4** *(sehr unwahrscheinlich)*: Das Unternehmen *gilt als Finanzinstitut*, die Steuer beträgt *0,05 %* und wird von der Bank *einfach* überwälzt (Gesamtbelastung Unternehmen: 0,1 %).

Zur Analyse der Auswirkungen der verschiedenen Steuerszenarien auf die Kosten eines Währungs-Swap-Geschäfts sei das in Kapitel 3.3.2.5 beispielhaft skizzierte Swap-Geschäft als „Untersuchungsobjekt" herangezogen. Die MG „swappt" in dem Beispiel „indirekt" mit einem US-amerikanischen Unternehmen einen zehnjährigen Kredit i. H. v. 16.140.747 EUR gegen einen ebenfalls zehnjährigen Kredit i. H. v. 20.000.000 USD, den sie zur Finanzierung ihrer US-amerikanischen TG benötigt. Als Gegenpartei der deutschen MG und des US-Unternehmens tritt die Bank auf, an die

die MG jährlich Zinsen i. H. v. 4,2 % des USD-Betrags zahlen muss (die Zinszahlungen werden natürlich von der TG geleistet, rechtlich gesehen ist aber die MG Schuldnerin). Das Geschäft lohnt sich aus Konzernsicht, denn hätte die MG eine Fremdwährungsanleihe zur Finanzierung der TG begeben, so hätte sie (bzw. die TG) 4,5 % Zinsen p. a. zahlen müssen.

Würde nun bereits eine FTS existieren und wäre Szenario 1 bzw. 2 eingetreten, so hätte die MG bei Abschluss des Swap-Geschäfts mit der Bank Steuern i. H. v. 16.140.747 € · 0,0001 = 1.614,07 € bzw. 16.140,747 € · 0,0002 = 3.228,15 € zu tragen. Auf das Jahr umgerechnet sind dies lediglich 161,41 EUR bzw. 322,82 EUR. Nun kann man die Steuerbelastung auch in einem erhöhten Zinssatz ausdrücken. Hierfür ist zunächst die Gesamtsteuerlast in USD umzurechnen. Als Wechselkurs sei der dem Swap-Geschäft zugrunde liegende Kassamittelkurs von 1,2391 $/€ herangezogen. Die in USD umgerechnete Gesamtsteuerlast betrüge folglich 1.614,07 € · 1,2391 $/€ = 2.000 $ (alternativ kann man natürlich auch den USD Betrag des Swaps mit dem Steuersatz multiplizieren) bzw. 3.228,15 € · 1,2391 $/€ = 4.000 $. Per annum entspricht dies einer Belastung von 200 USD bzw. 400 USD. Diese Zusatzbelastung kann durch folgende Formel in einem „neuen" Zinssatz auf die 20.000.000 USD ausgedrückt werden:

$$i_{FTS} = \frac{SB \cdot i + T}{SB}$$

mit

SB = „geswappter" Fremdwährungsbetrag
i = mit der Bank vereinbarter Zinssatz p. a.
T = in Fremdwährung umgerechnete Steuerlast p. a.

Die jährliche Zusatzbelastung von 200 USD bei Eintritt des Szenarios 1 entspräche einem „neuen" Zinssatz von

$$\frac{20.000.000\ \$ \cdot 0,042 + 200\ \$}{20.000.000\ \$} = 0,04201 = 4,201\ \%,$$

die jährliche Zusatzbelastung von 400 USD bei Eintritt des Szenarios 2 entspräche einem „neuen" Zinssatz von 4,202 %. Führt man identische Berechnungen für alle möglichen Steuerszenarien durch, so ergibt sich folgendes Gesamtbild:

Swap-Steuer-szenario	Steuerbelastung gesamt / p. a. in EUR	Steuerbelastung gesamt / p. a. in USD (Umrechnungskurs: 1,2391 $/€)	Zinssatz p. a. bzw. „neuer" Zinssatz p. a.
Ohne FTS			4,2 %
▶ Szenario 1 (0,01%)	1.614,07 € / 161,41 €	2.000 $ / 200 $	4,201 %
▶ Szenario 2 (0,02%)	3.228,15 € / 322,82 €	4.000 $ / 400 $	4,202 %
▶ Szenario 3 (0,05%)	8.070,37 € / 807,04 €	10.000 $ / 1.000 $	4,205 %
▶ Szenario 4 (0,1%)	16.140,74 € / 1.614,07 €	20.000 $ / 2.000 $	4,21 %

Tabelle 10: Steuerinduzierte Verteuerung (absolut und in den Zinssatz eingerechnet) eines Währungs-Swap-Geschäfts

Die Steuerbelastung im Rahmen des Beispiel-Swap-Geschäfts würde also *maximal* 16.140,74 EUR bzw. 1.614,07 EUR p. a. oder umgerechnet 20.000 USD bzw. 2.000 USD p. a. betragen. Dies entspräche einem minimal höheren Zinssatz von 4,21 % statt den bisherigen 4,2 %.

5.2 Abschätzung der aus der steuerinduzierten Verteuerung des Transaktionsrisikomanagements resultierenden kumulierten monetäre Zusatzbelastung für ein typisches großes, mittleres und kleines Unternehmen des deutschen Exportsektors

5.2.1 Abschätzung der Zusatzbelastung für ein großes Unternehmen

Um die aus der *steuerinduzierten Verteuerung des* Transaktionsrisikomanagements resultierende *Zusatzbelastung* für ein typisches großes Unternehmen des deutschen Exportsektors bezogen auf ein Geschäftsjahr ermitteln zu können, gilt es zunächst, das mittels Derivaten abzusichernde *und der Besteuerung unterliegende* Absicherungsvolumen eines solchen Unternehmens möglichst realitätsnah zu schätzen. Dabei sei mit Blick auf die Umfrageergebnisse von Glaum (2000) (vgl. Kapitel 3.3.1)[352] angenommen, dass das Unternehmen über ein vollkommen zentralisiertes Transaktionsrisikomanagement verfügt, also sämtliche konzernweiten Exposure von der MG abgesichert werden.

---

[352] Auch die Schätzungen weiter unten (und in den folgenden Kapiteln) zur Anwendung der verschiedenen Instrumente des internenn Transaktionsrisikomanagements sowie zum Einsatz der verschiedenen Derivate im externen Transaktionsrisikomanagement orientieren sich an den Ergebnissen des Kapitels 3.3.1 bzw. 3.3.2.

Das zu betrachtende Beispielunternehmen verkaufe seine Waren in allen Ländern des Euroraums und in weiteren 30 Ländern, in denen eine andere Währung als der Euro gesetzliches Zahlungsmittel ist. In sieben der europäischen und in zehn der außereuropäischen Länder verfüge das Unternehmen über Tochtergesellschaften. Das Unternehmen erziele im betrachteten Geschäftsjahr – unter der vereinfachenden Annahme, dass Fremdwährungsumsätze jeweils zum am Tage des Verkaufsvertragsschlusses geltenden Kassa-Briefkurs in EUR umgerechnet und zum Gesamtwert addiert werden[353] – einen Konzernumsatz i. H. v. 70 Mrd. EUR. 50 % des Umsatzes, also 35 Mrd. EUR, werden bereits von den außerhalb der Eurozone gelegenen (kurz: außereuropäischen) TG beigesteuert. 50 % dieser 35 Mrd. EUR (17,5 Mrd. EUR) werden von den außereuropäischen TG in *ihren Sitzländern* und in der Währung dieser Länder umgesetzt, stellen also keine abzusichernden Exposure dar. Von den verbleibenden 17,5 Mrd. EUR werden wiederum 50 % in der Währung der Sitzländer der am Geschäft beteiligten außereuropäischen TG fakturiert. Das umsatzbezogene Exposure der außereuropäischen TG beläuft sich also auf 8,75 Mrd. EUR.

Von den 35 Mrd. EUR, die die MG und die in der Eurozone ansässigen TG umsetzen, stammen 70 % (24,5 Mrd. EUR) aus der Eurozone. Von den verbleibenden 10,5 Mrd. EUR, die in außerhalb der Eurozone liegenden Ländern umgesetzt werden, werden wiederum 50 % in EUR fakturiert. Das umsatzbezogene Exposure der MG und der europäischen TG beträgt also 5,25 Mrd. EUR. Das gesamte umsatzbezogene Exposure des Konzerns beträgt somit 14 Mrd. EUR.

Im betrachteten Geschäftsjahr beschaffe das Unternehmen Betriebsstoffe/ Materialien/Vorprodukte im Gesamtwert von 25 Mrd. EUR (ca. 35,7 % in Relation zum Umsatz), wobei bezüglich der Ermittlung dieses Wertes dieselben Annahmen gelten wie zur Ermittlung des Konzernumsatzes. Wiederum entfallen 50 % der Einkäufe, 12,5 Mrd. EUR, auf die außereuropäischen TG. 60 % der Einkäufe (7,5 Mrd. EUR) beziehen diese von Zulieferern „vor Ort", also in der jeweiligen

---

[353] Verkauft bspw. die US-amerikanische TG in CAD fakturierte Waren im Wert von 1.000.000 CAD nach Kanada und der CAD/USD-Briefkurs beträgt zum Vertragsschluss 0,9918 CAD/USD, der USD/EUR-Briefkurs 1,2507 USD/EUR, so würde nach der hier angenommenen Berechnung dieser Umsatz mit (1.000.000 CAD / 0,9918 CAD/USD) / 1,2507 USD/EUR = 806.162,79 EUR in den Konzernumsatz eingehen. Diese Annahme bzgl. der Konzernumsatz-Berechnung ist nötig, da bei Umrechnung des Umsatzes zum am Bilanzstichtag geltenden Kurs der so ermittelte Umsatz in EUR nicht exakt dem durch die MG abzusichernden und steuerbaren umsatzbezogenen Fremdwährungs-Exposure in EUR (806.162,79 EUR), welches ja zum Zeitpunkt des Vertragsabschlusses entsteht, entsprechen würde.

Landeswährung. Von den verbleibenden Einkäufen (5 Mrd. EUR) werden 50 % in der Währung der Sitzländer der außereuropäischen TG fakturiert. Es verbleibt ein einkaufsbezogenes Exposure der außereuropäischen TG von 2,5 Mrd. EUR.

Das gleiche Bild ergibt sich für die Einkäufe der MG und der europäischen TG. 60 % der Einkäufe von 12,5 Mrd. EUR stammen aus der Eurozone (7,5 Mrd. EUR), 50 % der aus anderen Ländern bezogenen Produkte werden in EUR fakturiert (2,5 Mrd. EUR). Es ergibt sich ein einkaufsbezogenes Exposure der MG und der europäischen TG i. H. v. 2,5 Mrd. EUR und ein konzernweites einkaufsbezogenes Exposure i. H. v. 5 Mrd. EUR.

Aus konzerninternen Zahlungsvorgängen zwischen den in der Eurozone ansässigen und den außereuropäischen Gesellschaften resultiere des Weiteren ein Exposure i. H. v. 8 Mrd. EUR (ca. 11,4 % in Relation zum Umsatz). Der Übersichtlichkeit halber seien die Ergebnisse nochmals zusammengefasst:

- Konzernweites umsatzbezogenes Exposure: 14 Mrd. EUR
- Konzernweites einkaufsbezogenes Exposure: 5 Mrd. EUR
- Exposure aus konzerninternen Zahlungsvorgängen: 8 Mrd. EUR
- Konzernweites Exposure: 27 Mrd. EUR (ca. 38,6 % in Relation zum Umsatz)

Nun betreibe das betrachtete Unternehmen ein multilaterales Netting mit in der MG zentralisiertem Clearing und ein mit dem Netting verbundenes Matching sowohl auf Gesellschafts- als auch auf Konzernebene. Das Matching auf Konzernebene wird mittels Direktüberweisungen abgewickelt.[354] Darüber hinaus greife das Unternehmen in einigen Fällen auch auf das Leading und Lagging von Fremdwährungszahlungsströmen zurück, um das Netting- und Matchingpotential zu erhöhen. Sehr vorsichtig geschätzt gelinge es dem Unternehmen durch diese Maßnahmen des internen Transaktionsrisikomanagements das konzernweite Exposure um 35 % zu redu-

---

[354] Folgendes Beispiel soll das konzernweite Matching mittels Direktüberweisung nochmals verdeutlichen: Heute (t=0) schließe eine europäische TG des Unternehmens einen Vertrag, der in drei Monaten (t=1) zu einem *Zahlungsausgang* i. H. v. 1.000.000 USD führt. Gleichzeitig schließe z. B. die mexikanische TG einen Vertrag, der in drei Monaten zu einem *Zahlungseingang* i. H. v. 1.000.000 USD führt. Die Transaktionen werden im Netting- und Matching-System erfasst und die mexikanische TG erhält die Aufforderung, bei Zahlungseingang den USD-Betrag an die europäische TG zu überweisen, die damit ihre USD-Verbindlichkeit deckt. Besteht zu t=1 (bzw. nahe bei t=1 liegend) eine Verbindlichkeit der mexikanischen TG gegenüber der europäischen TG, so werden die abgeführten 1.000.000 USD im Zuge des Nettings mit dieser verrechnet (ansonsten müssen die 1.000.000 USD „entschädigungslos", für das Konzernergebnis jedoch neutral an die europäische TG abgeführt werden).

zieren. Das Volumen der vom externen Transaktionsrisikomanagement abzusichernden Netto-Exposure beträgt damit 17,55 Mrd. EUR (ca. 25,1 % in Relation zum Umsatz).[355]

Um die maximal mögliche Zusatzbelastung für das Unternehmen aus der steuerinduzierten Verteuerung des Transaktionsrisikomanagements zu „simulieren", sei angenommen, dass das Unternehmen eine Strategie der vollständigen Absicherung verfolge.[356]

Das externe Transaktionsrisikomanagement bediene sich dabei folgender Instrumente:

- 80 % der Netto-Exposure (14,04 Mrd. EUR) werden mittels *Devisen-Forwards* abgesichert.

- Die verbleibenden 20 % der Netto-Exposure (3,51 Mrd. EUR) werden, vereinfachend angenommen, mit am Geld liegenden OTC-Devisen-Optionen abgesichert.

Zusätzlich schließe das Unternehmen im betrachteten Geschäftsjahr zwei jeweils zehnjährige Währungs-Swaps zur transaktionsrisikofreien Finanzierung von zwei außereuropäischen TG mit einem Gesamtvolumen von 500 Mio. EUR (durch die MG zu deckende Fremdwährungsfinanzbedarfe ausländischer TG unterscheiden sich dem Wesen nach von den anderen Exposures und wurde daher bei der Berechnung dieser noch nicht mit berücksichtigt).

Insgesamt sind nun sechs Gesamtsteuerszenarien zu berücksichtigen:

---

[355] Die Schätzung ist als durchaus realistisch, keinesfalls als zu niedrig angesetzt, anzusehen. So wies bspw. BMW, ein mit dem Beispielunternehmen durchaus vergleichbarer Konzern, für das Geschäftsjahr 2011 bei einem weltweiten Umsatz von 68,821 Mrd. EUR ein (vom Konzern geschätztes) Netto-Exposure i. H. v. 14,286 Mrd. EUR auf (ca. 20,8 % in Relation zum Umsatz). Vgl. BMW (2012), S. 51 u. S. 138 f.
[356] Ohnehin handelt es sich um ein Worst-Case-Szenario bzgl. der Steuerbelastung, da angenommen wird, dass das externe Transaktionsrisikomanagement Exposure ausschließlich mit der Steuer unterliegenden Derivaten absichert und nicht etwa in einigen Fällen auf das *nicht steuerbare* Finanz-Hedging zurückgreift.

- **Gesamtszenario 1** *(sehr wahrscheinlich)*: Forward-Szenario 1 (0,01 %, d. h. das Unternehmen trägt jeweils eine Steuerlast von 0,01 % des dem Forward zugrunde liegenden Nominalbetrags), Optionsszenario 1 (0,01 %), Swap-Szenario 1 (0,01 %)

- **Gesamtszenario 2** *(vorstellbar)*: Forward-Szenario 2 (0,02 %), Optionsszenario 2 (0,02 %), Swap-Szenario 1 (0,01 %)

- **Gesamtszenario 3** *(eher unwahrscheinlich)*: Forward-Szenario 3 (0,03 %), Optionsszenario 3 (0,03 %), Swap-Szenario 2 (0,02 %)

- **Gesamtszenario 4** *(unwahrscheinlich)*: Forward-Szenario 4 (0,05 %), Optionsszenario 4 (0,05 %), Swap-Szenario 3 (0,05 %)

- **Gesamtszenario 5** *(unwahrscheinlich)*: Forward-Szenario 5 (0,1 %), Optionsszenario 5 (0,1 %), Swap-Szenario 3 (0,05 %)

- **Gesamtszenario 6** *(sehr unwahrscheinlich)*: Forward-Szenario 6 (0,15 %), Optionsszenario 6 (0,15 %), Swap-Szenario 4 (0,1 %)

Die auf das Geschäftsjahr bezogene gesamte monetäre Zusatzbelastung für das Unternehmen durch die steuerinduzierte Verteuerung des Transaktionsrisikomanagements kann nun für die verschiedenen Gesamtsteuerszenarien berechnet werden:[357]

---

[357] Im Falle von Währungs-Swaps wird die Zusatzbelastung auf die Laufzeit der Swaps verteilt. Im Falle von Devisen-Forwards ist bei exakter Betrachtung zu berücksichtigen, dass im Einzelfall das abzusichernde Netto-Exposure *nicht* unbedingt dem dem Forward zugrunde liegenden Nominalbetrag entspricht. Dies ist dann der Fall, wenn der Terminkurs einen Auf- (Nominalbetrag < Netto-Exposure) oder Abschlag (Nominalbetrag > Netto-Exposure) gegenüber dem Kassakurs aufweist. Es sei aber vereinfachend angenommen, dass das Volumen der Absicherungsgeschäfte, bei denen die Terminkurse einen Aufschlag aufweisen, gleich dem Volumen der Absicherungsgeschäfte ist, bei denen die Terminkurse einen prozentual etwa gleichen Abschlag aufweisen. Somit entspricht das gesamte per Forward zu sichernde Netto-Exposure den kumulierten, den Forwards zugrunde liegenden und als Bemessungsgrundlage geltenden Nominalbeträgen. Bei Optionsgeschäften wurde diese Problematik bereits durch die Annahme ausgeschlossen, dass immer mit am Geld liegenden Optionen abgesichert wird.

Gesamtsteuerszenario	Steuerbelastung aus Forward-Sicherung (kumulierter Nominalbetrag: 14,04 Mrd. EUR) in Mio. EUR	Steuerbelastung aus Optionssicherung (kumulierter Nominalbetrag: 3,51 Mrd. EUR) in Mio. EUR	Steuerbelastung aus Währungs-Swap-Geschäften (kumulierter Nominalbetrag: 500 Mio. EUR) in Mio. EUR	Gesamtbelastung im betrachteten Geschäftsjahr in Mio. EUR
▶ Gesamtszenario 1 (0,01%, 0,01 %, 0,01 %)	1,404 Mio. €	0,351 Mio. €	0,005 Mio. € p. a.	1,76 Mio. €
▶ Gesamtszenario 2 (0,02%, 0,02 %, 0,01 %)	2,808 Mio. €	0,702 Mio. €	0,005 Mio. € p. a.	3,515 Mio. €
▶ Gesamtszenario 3 (0,03%, 0,03 %, 0,02 %)	4,212 Mio. €	1,053 Mio. €	0,01 Mio. € p. a.	5,275 Mio. €
▶ Gesamtszenario 4 (0,05%, 0,05 %, 0,05 %)	7,02 Mio. €	1,755 Mio. €	0,025 Mio. € p. a.	8,8 Mio. €
▶ Gesamtszenario 5 (0,1 %, 0,1 %, 0,05 %)	14,04 Mio. €	3,51 Mio. €	0,025 Mio. € p. a.	17,575 Mio. €
▶ Gesamtszenario 6 (0,15%, 0,15 %, 0,1 %)	21,06 Mio. €	5,265 Mio. €	0,05 Mio. € p. a.	26,375 Mio. €

Tabelle 11: Schätzung der aus der steuerinduzierten Verteuerung des Transaktionsrisikomanagements resultierenden monetären Zusatzbelastung p.a., großes Unternehmen

Es sei nun angenommen, dass das betrachtete Unternehmen *ohne die Existenz einer FTS* eine Umsatzrendite von 7,5 % aufgewiesen, also einen Jahresüberschuss von 5.250.000.000 EUR erzielt hätte. Mit Existenz einer Transaktionssteuer und Eintritt des sehr wahrscheinlichen Gesamtsteuerszenarios 1 bzw. des noch vorstellbaren Gesamtszenarios 2 hätte der Gewinn „nur" noch 5.248.240.000 EUR bzw. 5.246.485.000 EUR betragen, was eine der steuerinduzierten Verteuerung des Transaktionsrisikomanagements geschuldete Gewinnminderung von ca. 0,034 % bzw. 0,067 % bedeutete. Nimmt man diese Berechnungen für sämtliche möglichen Gesamtsteuerszenarien vor, so ergibt sich folgendes Bild:

Gesamtsteuerszenario	Gewinn im betrachteten Geschäftsjahr in EUR	Gewinnminderung
Ohne FTS	5.250.000.000 €	
►Gesamtszenario 1	5.248.240.000 €	0,034 %
►Gesamtszenario 2	5.246.485.000 €	0,067 %
►Gesamtszenario 3	5.244.725.000 €	0,1 %
►Gesamtszenario 4	5.241.200.000 €	0,17 %
►Gesamtszenario 5	5.232.425.000 €	0,33 %
►Gesamtszenario 6	5.223.625.000 €	0,5 %

Tabelle 12: Auswirkung der geschätzten monetären Zusatzbelastung auf den Gewinn, großes Unternehmen

Im schlimmsten, sehr unwahrscheinlichen Fall (Gesamtszenario 6) würde sich der Gewinn also von 5.250.000.000 EUR auf 5.223.625.000 EUR reduzieren, ein Gewinnrückgang von ca. 0,5 %.

Man kann auch eine andere Sichtweise einnehmen: Wäre der Gewinn vom Vorjahr ohne FTS um 3 % gestiegen, also um ca. 193.000.000 EUR von 5.097.000.000 EUR auf 5.250.000.000 EUR, so wäre er mit FTS und Gesamtsteuerszenario 1, 2 bzw. 6 eben nur um 191.240.000 EUR, 189.485.000 EUR oder um 166.625.000 EUR gestiegen.

Nimmt man an, dass die Umsatzrendite in den folgenden Geschäftsjahren konstant bleibt, der (steigende) Umsatz jedoch leicht vermehrt durch die außereuropäischen TG erwirtschaftet wird (Beispiel: im folgenden Geschäftsjahr stammen 51 % des Umsatzes von den außereuropäischen TG, im darauffolgenden Jahr bereits 52 % usw.) und damit das Netto-Exposure bei konstantem Umsatz leicht zunimmt bzw. bei einem Umsatzanstieg leicht überproportional ansteigt, so wird die Steuerbelastung in den Folgejahren (minimal) ansteigen (also z. B. von einer Gewinnminderung im Vergleich zur Situation ohne Steuer i. H. v. 0,034 % bei Eintritt des Szenarios 1 auf eine Gewinnminderung von 0,044 %).

5.2.2 Abschätzung der Zusatzbelastung für ein mittleres Unternehmen

Auch für das im Folgenden zu konstruierende „typische" mittelgroße Unternehmen des deutschen Exportsektors sei ein in der MG zentralisiertes Transaktionsrisikomanagement angenommen, welches sich um die Absicherung der konzernweiten Exposure kümmert. Neben sämtlichen Ländern der Eurozone bediene das Unternehmen auch zehn Länder außerhalb dieser mit seinen Produkten. Das Unternehmen verfüge über vier TG in Ländern der Eurozone und über zwei TG in anderen

Ländern. Im betrachteten Geschäftsjahr setze das Unternehmen weltweit zwei Mrd. EUR um.[358] 30 % des Umsatzes (600 Mio. EUR) werde von den außereuropäischen TG beigesteuert, wobei diese wieder 50 % (300 Mio. EUR) des Absatzes in *ihren Sitzländern* und deren Währung tätigen und 50 % (150 Mio. EUR) der verbleibenden Verkäufe in den Währungen ihrer Sitzländer fakturieren können.[359] Es verbleibt ein umsatzbezogenes Exposure der außereuropäischen TG i. H. v. 150 Mio. EUR.

Die MG und die in der Eurozone ansässigen TG erzielen wiederum 70 % ihres Umsatzes (980 Mio. EUR von 1,4 Mrd. EUR) in der Eurozone. Von den restlichen Verkäufen (420 Mio. EUR) in Länder außerhalb der Eurozone werden 50 % (210 Mio. EUR) in EUR fakturiert. Das umsatzbezogene Exposure der europäischen Gesellschaften beträgt somit 210 Mio. EUR, das konzernweite umsatzbezogene Exposure 360 Mio. EUR.

Das Einkaufsvolumen des Unternehmens in Relation zum Umsatz betrage wie im Falle des großen Unternehmens 35,7 %, womit im betrachteten Geschäftsjahr 714 Mio. EUR für die Beschaffung aufgewendet werden. 30 % des Einkaufsvolumens (214,2 Mio. EUR) entfalle auf die außereuropäischen TG, wobei diese wiederum 60 % ihrer Einkäufe (128,52 Mio. EUR) von Zulieferern vor Ort beziehen. Von den verbleibenden Einkäufen (85,68 Mio. EUR) werden 40 % (34,272 Mio. EUR) in den Währungen der Sitzländer der außereuropäischen TG fakturiert.[360] Es verbleibt ein einkaufsbezogenes Exposure der außereuropäischen TG i. H. v. 51,408 Mio. EUR.

Auch die in der Eurozone ansässigen Gesellschaften beschaffen 60 % der benötigten Betriebsstoffe/Materialien/Vorprodukte (299,88 Mio. EUR von 499,8 Mio. EUR) „vor Ort". 40 % der restlichen Einkäufe (79,968 Mio. EUR von 199,92 Mio. EUR) werden in EUR fakturiert. Das einkaufsbezogene Exposure der europäischen Gesellschaften beträgt somit 119,952 Mio. EUR, das konzernweite einkaufsbezogene Exposure 171,36 Mio. EUR.

Da beim betrachteten mittelgroßen Unternehmen der Großteil der Geschäftstätigkeit auf die in der Eurozone gelegenen Gesellschaften entfällt, betrage die

---

[358] Bzgl. der Berechnung des Umsatzes und des Einkaufsvolumens gelten dieselben Annahmen wie im vorangegangenen Kapitel.
[359] Das Unternehmen ist zwar wesentlich kleiner als das betrachtete große Unternehmen, verkauft jedoch wie dieses hochqualitative Produkte mit Alleinstellungsmerkmalen und verfügt deshalb im Verkauf über eine ähnliche Verhandlungsmacht.
[360] Hinsichtlich des Einkaufs verfügt das Unternehmen wegen eines wesentlich geringeren Einkaufsvolumens über eine geringere Verhandlungsmacht als das große Unternehmen.

Relation zwischen den aus konzerninternen Zahlungen zwischen diesen und den außereuropäischen TG resultierenden Exposures und dem Konzernumsatz nur 7 %, das Volumen dieser Exposure beträgt somit 140 Mio. EUR. Zusammengefasst ergeben sich folgende Exposure:

- Konzernweites umsatzbezogenes Exposure: 360 Mio. EUR
- Konzernweites einkaufsbezogenes Exposure: 171,36 Mio. EUR
- Exposure aus konzerninternen Zahlungsvorgängen: 140 Mio. EUR
- Konzernweites Exposure: 671,36 Mio. EUR (ca. 33,6 % in Relation zum Umsatz)

Durch multilaterales Netting mit in der MG zentralisiertem Clearing und Matching auf Gesellschaftsebene – jedoch ohne Matching auf Konzernebene und ohne Leading und Lagging – gelinge es dem internen Transaktionsrisikomanagement das konzernweite Exposure um 20 % zu reduzieren (wiederum eine äußerst vorsichtige Schätzung), von 671,36 Mio. EUR auf 537,088 Mio. EUR, wobei im Folgenden vereinfachend mit einem auf 537 Mio. EUR abgerundeten Betrag gerechnet wird. Die Relation zwischen dem durch das externe Transaktionsrisikomanagement abzusichernden gesamten Netto-Exposure und dem Umsatz liegt damit bei ca. 26,9 %, also sogar noch etwas höher als beim großen Unternehmen. Der „Vorteil" des durch die stärkere Konzentration auf den europäischen Markt in Relation zum Umsatz *geringeren* konzernweiten Gesamt-Exposures wird durch die fehlende Anwendung des konzernweiten Matchings und des Leadings und Laggings im internen Transaktionsrisikomanagement aufgezehrt.

Hinsichtlich der Absicherung der Netto-Exposure sei auch für das mittlere Unternehmen eine Strategie der vollständigen Absicherung unterstellt. Das externe Transaktionsrisikomanagement des mittleren Unternehmens greife dabei in identischen Proportionen wie das des großen Unternehmens auf die verschiedenen derivativen Sicherungsinstrumente zurück:

- 80 % der Netto-Exposure (429,6 Mio. EUR) werden mittels *Devisen-Forwards* abgesichert.

- Die verbleibenden 20 % der Netto-Exposure (107,4 Mio. EUR) werden mit am Geld liegenden OTC-Devisen-Optionen abgesichert.

Zur Finanzierung einer der beiden außereuropäischen TG begebe die MG im betrachteten Geschäftsjahr eine zehnjährige Anleihe mit einem Volumen von 10 Mio. EUR und swappe diesen Betrag mittels Währungs-Swap in die benötigte Fremdwährung.

Die Gesamtsteuerszenarien unterscheiden sich nicht von denen des vorhergehenden Kapitels. Die monetäre Zusatzbelastung des Unternehmens im Geschäftsjahr durch die steuerinduzierte Verteuerung des Transaktionsrisikomanagements stellt sich in Abhängigkeit von den Szenarien wie folgt dar:[361]

Gesamtsteuerszenario	Steuerbelastung aus Forward-Sicherung (kumulierter Nominalbetrag: 429,6 Mio. EUR) in EUR	Steuerbelastung aus Optionssicherung (kumulierter Nominalbetrag: 107,4 Mio. EUR) in EUR	Steuerbelastung aus Währungs-Swap-Geschäften (kumulierter Nominalbetrag: 10 Mio. EUR) in Tsd. EUR	Gesamtbelastung im betrachteten Geschäftsjahr in Tsd. EUR
▶ Gesamtszenario 1 (0,01%, 0,01 %, 0,01 %)	42.960 €	10.740 €	100 € p. a.	53.800 €
▶ Gesamtszenario 2 (0,02%, 0,02 %, 0,01 %)	85.920 €	21.480 €	100 € p. a.	107.500 €
▶ Gesamtszenario 3 (0,03%, 0,03 %, 0,02 %)	128.880 €	32.220 €	200 € p. a.	161.300 €
▶ Gesamtszenario 4 (0,05%, 0,05 %, 0,05 %)	214.800 €	53.700 €	500 € p. a.	269.000 €
▶ Gesamtszenario 5 (0,1 %, 0,1 %, 0,05 %)	429.600 €	107.400 €	500 € p. a.	537.500 €
▶ Gesamtszenario 6 (0,15 %, 0,15 %, 0,1 %)	644.400 €	161.100 €	1.000 € p. a.	806.500 €

Tabelle 13: Schätzung der aus der steuerinduzierten Verteuerung des Transaktionsrisikomanagements resultierenden monetären Zusatzbelastung p.a., mittleres Unternehmen

Nimmt man auch für das mittlere Unternehmen eine Umsatzrendite vor Einführung der FTS von 7,5 % an, so hätte das Unternehmen im betrachteten Geschäftsjahr ohne die Steuer einen Jahresüberschuss von 150.000.000 EUR erwirtschaftet. Wäre die Steuer bereits eingeführt gewesen und wäre das wahrscheinliche bzw. vorstellbare Gesamtsteuerszenario 1 bzw. 2 eingetreten, so hätte der Gewinn „nur" noch 149.946.200 EUR bzw. 149.892.250 EUR betragen, was einer auf die steuerinduzierte Verteuerung des Transaktionsrisikomanagements zurückzuführender Gewinnminderung von ca. 0,036 % bzw. ca. 0,072 % entspräche. Identische Berech-

---
[361] Auch hier sei die Gleichheit des gesamten per Forwards abzusichernden Netto-Exposures mit den kumulierten Nominalbeträgen der Forwards angenommen.

nungen für sämtliche mögliche Gesamtsteuerszenarien ergeben folgendes Gesamtbild:

Gesamtsteuerszenario	Gewinn im betrachteten Geschäftsjahr in EUR	Gewinnminderung
Ohne FTS	150.000.000 €	
►Gesamtszenario 1	149.946.200 €	0,036 %
►Gesamtszenario 2	149.892.250 €	0,072 %
►Gesamtszenario 3	149.838.700 €	0,11 %
►Gesamtszenario 4	149.731.000 €	0,18 %
►Gesamtszenario 5	149.462.500 €	0,36 %
►Gesamtszenario 6	149.193.500 €	0,54 %

Tabelle 14: Auswirkung der geschätzten monetären Zusatzbelastung auf den Gewinn, mittleres Unternehmen

Im schlimmsten, sehr unwahrscheinlichen Fall des Eintritts von Gesamtsteuerszenario 6 wäre der Gewinn also von 150.000.000 EUR auf 149.193.500 EUR gesunken, eine Minderung um ca. 0,54 %. Es ist ersichtlich, dass die Steuerbelastung in Relation zum Nettoergebnis für das mittlere Unternehmen minimal höher ist als für das große Unternehmen. Zurückzuführen ist dies auf die bereits erwähnte Tatsache, dass das interne Transaktionsrisikomanagement nicht alle theoretisch möglichen Instrumente zur Reduzierung der Netto-Exposure anwendet.

Es bleibt anzumerken, dass die Steuerbelastung in Relation zum Gewinn auch für das mittlere Unternehmen in den Folgejahren noch etwas ansteigen könnte, wenn ceteris paribus der Anteil des außerhalb der Eurozone erwirtschafteten Umsatzes am Gesamtumsatz steigt.

5.2.3 Abschätzung der Zusatzbelastung für ein kleines Unternehmen

Bei dem zu betrachtenden kleinen Unternehmen handele es sich um einen „reinen" Exporteur hochwertiger Produkte, dessen gesamte Produktion in Deutschland lokalisiert sei. Der geschätzte Jahresumsatz i. H. v. 200 Mio. EUR werde zu 70 % (140 Mio. EUR) in Ländern der Eurozone erzielt – dem wichtigsten Absatzmarkt des Exporteurs –, die verbleibenden 30 % (60 Mio. EUR) im Geschäft mit außerhalb der Eurozone ansässigen Kunden, wobei das Unternehmen aufgrund der Alleinstellungsmerkmale seiner Produkte in 50 % der „außereuropäischen" Transaktionen eine Fakturierung in EUR durchsetzen kann. Das umsatzbezogene Exposure des Unternehmens beträgt somit 30 Mio. EUR.

Auch der Exporteur weise im betrachteten Geschäftsjahr ein Einkaufsvolumen auf, dessen Wert 35,7 % des Umsatzes, 71,4 Mio. EUR, entspricht. Gleich wie das mittlere und das große Unternehmen beziehe der Exporteur 60 % (42,84 Mio. EUR) der Einkäufe von Zulieferern in der Eurozone. 30 % der verbleibenden Einkäufe (8,568 Mio. EUR von 28,56 Mio. EUR) werden in EUR fakturiert – aufgrund der im Vergleich zu anderen Kunden geringen Nachfragemengen verfügt der Exporteur gegenüber seinen Zulieferern nur über eine beschränkte Verhandlungsmacht (noch geringer als im Falle des mittleren Unternehmens). Das einkaufsbezogene Exposure des Exporteurs beläuft sich auf 19,992 Mio. EUR. Das gesamte Exposure des Unternehmens im Geschäftsjahr beträgt 49,992 Mio. EUR (ca. 25 % in Relation zum Umsatz).

Durch Matching von Fremdwährungszahlungseingängen mit fälligkeits- und währungsgleichen Fremdwährungszahlungsausgängen schaffe es das interne Transaktionsrisikomanagement des Exporteurs, das Gesamt-Exposure um 20 %, von 49,992 Mio. EUR auf aufgerundete 40 Mio. EUR, zu reduzieren. Bedingt durch die sehr starke Konzentration auf den europäischen Markt sowie die Nicht-Existenz von aus internen Zahlungsströmen zwischen europäischen und außereuropäischen Gesellschaften resultierenden Exposures beträgt das Verhältnis von gesamtem abzusichernden Netto-Exposure zum Umsatz lediglich 20 %.

Auch der Exporteur verfolge eine Strategie der vollständigen Absicherung. Dabei greife das externe Transaktionsrisikomanagement auf folgende derivative Sicherungsinstrumente zurück:

- 50 % der Netto-Exposure (20 Mio. EUR) werden mittels Forward-Kontrakten abgesichert. Dabei handelt es sich um Exposure mit Volumen von einer Million EUR oder mehr, zu deren Absicherung auf den OTC-Markt zurückgegriffen werden kann.

- 30 % der Netto-Exposure (12 Mio. EUR) werden mittels Futures abgesichert. Es handelt sich hierbei um Exposure mit geringeren Volumen, zu deren Absicherung *nicht* auf den OTC-Markt zurückgegriffen werden kann.

- 20 % der Netto-Exposure (8 Mio. EUR) werden mit am Geld liegenden OTC-Optionen abgesichert. Dabei handelt es sich wiederum um Exposure mit Volumen von einer Million EUR oder mehr.

Währungs-Swaps schließe das Unternehmen nicht ab, da es keinen Fremdwährungsfinanzierungsbedarf aufweist. Die Gesamtsteuerszenarien für den Fall des betrachteten kleinen Unternehmens stellen sich wie folgt dar:

▶ **Gesamtszenario 1** *(sehr wahrscheinlich)*: Forward-Szenario 1 (0,01 %), Future-Szenario 1 (0,02%), Optionsszenario 1 (0,01 %)

▶ **Gesamtszenario 2** *(vorstellbar)*: Forward-Szenario 2 (0,02 %), Future-Szenario 1 (0,02 %), Optionsszenario 2 (0,02 %)

▶ **Gesamtszenario 3** *(eher unwahrscheinlich)*: Forward-Szenario 3 (0,03 %), Future-Szenario 2 (0,04 %), Optionsszenario 3 (0,03 %)

▶ **Gesamtszenario 4** *(unwahrscheinlich)*: Forward-Szenario 4 (0,05 %), Future-Szenario 3 (0,1 %), Optionsszenario 4 (0,05 %)

▶ **Gesamtszenario 5** *(unwahrscheinlich)*: Forward-Szenario 5 (0,1 %), Future-Szenario 3 (0,1 %) Optionsszenario 5 (0,1 %)

▶ **Gesamtszenario 6** *(sehr unwahrscheinlich)*: Forward-Szenario 6 (0,15 %), Future-Szenario 4 (0,2 %), Optionsszenario 6 (0,15 %)

Die Berechnung der durch die steuerinduzierte Verteuerung des Transaktionsrisikomanagements resultierenden monetären Zusatzbelastung des Unternehmens im betrachteten Geschäftsjahr und für die unterschiedlichen Gesamtsteuerszenarien ergibt folgendes Bild:[362]

---

[362] Es sei die Gleichheit des gesamten per Forwards/Futures abzusichernden Netto-Exposures und der kumulierten Nominalbeträge der Forwards/Futures angenommen.

Gesamtsteuerszenario	Steuerbelastung aus Forward-Sicherung (kumulierter Nominalbetrag: 20 Mio. EUR) in EUR	Steuerbelastung aus Future-Sicherung (kumulierter Nominalbetrag: 12 Mio. EUR) in EUR	Steuerbelastung aus Optionssicherung (kumulierter Nominalbetrag: 8 Mio. EUR) in EUR	Gesamtbelastung im betrachteten Geschäftsjahr in EUR
▶ Gesamtszenario 1 (0,01%, 0,02 %, 0,01 %)	2.000 €	2.400 €	800 €	5.200 €
▶ Gesamtszenario 2 (0,02%, 0,02 %, 0,02 %)	4.000 €	2.400 €	1.600 €	8.000 €
▶ Gesamtszenario 3 (0,03%, 0,04 %, 0,03 %)	6.000 €	4.800 €	2.400 €	13.200 €
▶ Gesamtszenario 4 (0,05%, 0,1 %, 0,05 %)	10.000 €	12.000 €	4.000 €	26.000 €
▶ Gesamtszenario 5 (0,1 %, 0,1 %, 0,1 %)	20.000 €	12.000 €	8.000 €	40.000 €
▶ Gesamtszenario 6 (0,15 %, 0,2 %, 0,15 %)	30.000 €	24.000 €	12.000 €	66.000 €

Tabelle 15: Schätzung der aus der steuerinduzierten Verteuerung des Transaktionsrisikomanagements resultierenden monetären Zusatzbelastung p.a., kleines Unternehmen

Bei einer auch für den Exporteur angenommenen Vorsteuer-Umsatzrendite von 7,5 % führte die Einführung der FTS in Kombination mit dem Eintritt des Gesamtsteuerszenarios 1 bzw. 2 zu einem Rückgang des Gewinns von „ehemals" 15.000.000 EUR auf „nur" noch 14.994.800 EUR bzw. 14.992.000 EUR. Dies entspräche einer Gewinnminderung von ca. 0,035 % bzw. ca. 0,053 %. Identische Berechnungen für sämtliche möglichen Gesamtsteuerszenarien ergeben folgendes Gesamtbild:

Gesamtsteuerszenario	Gewinn im betrachteten Geschäftsjahr in EUR	Gewinnminderung
Ohne FTS	15.000.000 €	
▶ Gesamtszenario 1	14.994.800 €	0,035 %
▶ Gesamtszenario 2	14.992.000 €	0,053 %
▶ Gesamtszenario 3	14.986.000 €	0,093 %
▶ Gesamtszenario 4	14.974.000 €	0,17 %
▶ Gesamtszenario 5	14.960.000 €	0,27 %
▶ Gesamtszenario 6	14.934.000 €	0,44 %

Tabelle 16: Auswirkung der geschätzten monetären Zusatzbelastung auf den Gewinn, kleines Unternehmen

Im schlimmsten Fall, dem Eintritt von Gesamtsteuerszenario 6, ginge der Gewinn auf 14.934.000 EUR und damit um ca. 0,44 % zurück. Es ist ersichtlich, dass die Gewinnminderung des Exporteurs bei Eintritt der Gesamtszenarien 1 bzw. 4 trotz eines im Verhältnis zum Umsatz wesentlich geringerem abzusichernden Gesamt-Netto-Exposures (marginal) höher als die Gewinnminderung bzw. gleich der Gewinnminderung des großen Unternehmens ist. Zurückzuführen ist dies auf die im Vergleich zur Forward-Sicherung doppelt so hohe Steuerbelastung der Future-Sicherung in diesen Szenarien, die der Exporteur bei 30 % seiner Absicherungsvorgänge hinnehmen muss.

Wie im Falle des großen und mittleren Unternehmens könnte in den Folgejahren auch für den Exporteur die Steuerbelastung in Relation zum Gewinn noch etwas ansteigen, wenn ceteris paribus der Anteil des außerhalb der Eurozone erwirtschafteten Umsatzes am Gesamtumsatz steigt.

5.3 Diskussion möglicher Auswirkungen der Finanztransaktionssteuer auf das Währungstransaktionsrisikomanagement in Unternehmen der deutschen Exportindustrie

Wäre nun mit Blick auf die in Kapitel 5.1 und 5.2 gewonnenen Ergebnisse im Falle der Einführung der FTS in Deutschland tatsächlich zu erwarten, dass Unternehmen des deutschen Exportsektors von ihrer bisher verfolgten Absicherungsstrategie zu einer Strategie mit (noch) geringerer Sicherungsquote wechseln, entweder weil die „aktuelle" Strategie den Unternehmen mit Blick auf die Verteuerung von Derivatgeschäften (subjektiv) als nicht mehr lohnend erscheint oder weil der Druck der Anteilseigner angesichts der steuerinduzierten Gewinnminderung bei Beibehaltung der aktuellen Strategie zu groß wird? Wäre nach Einführung der FTS also tatsächlich mit einem deutlichen Absicherungsverzicht dieser Unternehmen zu rechnen? Falls es nicht zu solchen „drastischen" Maßnahmen kommt, könnte die FTS zumindest Veränderungen in der Organisation des Transaktionsrisikomanagements, eine veränderte Absicherungsstruktur des externen Transaktionsrisikomanagements oder Änderungen im internen Transaktionsrisikomanagement bedingen?

An die Beantwortung des durchaus komplexen ersten Frageteils, ob die FTS dazu führen könnte, dass Unternehmen ihre bisher verfolgte Absicherungsstrategie aufgrund der Verteuerung derivativer Sicherungsgeschäfte als nicht mehr lohnend empfinden und sie in der Konsequenz „freiwillig" zu einer Strategie mit einer geringeren Absicherungsquote wechseln, soll folgendermaßen herangegangen werden: In einem ersten Schritt soll erörtert werden, *warum* „aktuell" vollständig bzw. selektiv sichernde Unternehmen ihre jeweilige Absicherungsstrategie (subjektiv) als lohnend einschätzen. In einem zweiten Schritt soll dann untersucht werden, ob die steuerinduzierte Verteuerung derivativer Absicherungsgeschäfte dazu führen könnte, dass den Unternehmen ihre bisherige Strategie nach Einführung der FTS als nicht mehr lohnend erscheint.

Zuerst sei ein mittleres bis großes *risikointolerantes* Unternehmen betrachtet, welches bisher, ohne die Existenz einer FTS, annahmegemäß sämtliche zukünftigen Fremdwährungszahlungseingänge bzw. -ausgänge mit Forwards absicherte. Vereinfachend sei dabei angenommen, dass das Unternehmen nur dem USD/EUR-Wechselkurs unterliegende (Netto-) Exposure mit einer „Laufzeit" von mindestens drei Monaten aufweist. Warum erscheint dem Unternehmen diese Strategie der vollständigen Absicherung als lohnend?

Ein Blick auf die historische Entwicklung des USD/EUR-Wechselkurses in vergangenen Dreimonatsintervallen ergibt für das Unternehmen folgendes Bild:[363]

---

[363] Die verwendeten Kurse sind Kassa-Mittelkurse. Quelle: http://www.oanda.de. Die historischen prozentualen Schwankungen wurden, um diese vom jeweiligen historischen Kursniveau „abzukoppeln", als logarithmierte Schwankungen berechnet. Vgl. Wiedemann/Hager (2005), S. 8 f.

30. Mai 2010- 30. Aug. 2010	30. Juni 2010- 30. Sept. 2010	30. Juli 2010- 30.Okt. 2010	30. Aug. 2010- 30. Nov. 2010	30.Sept. 2010- 30. Dez. 2010	30. Okt. 2010- 30. Jan. 2011
1,2268 \$/€ - 1,2758 \$/€: + 3,9 %	1,2206 \$/€ - 1,3610 \$/€: + 10,9 %	1,3063 \$/€ - 1,3892 \$/€ + 6,2 %	1,2758 \$/€ - 1,3192 \$/€: + 3,3 %	1,3610 \$/€ - 1,3140 \$/€: - 3,5 %	1,3892 \$/€ - 1,3606 \$/€: - 2,1 %
30. Nov. 2010- 28. Feb. 2011	30. Dez. 2010- 30. März 2011	30. Jan. 2011- 30. Apr. 2011	38. Feb. 2011- 30. Mai 2011	30.März 2011- 30. Juni 2011	30. Apr. 2011- 30. Juli 2011
1,3192 \$/€ - 1,3748 \$/€: + 4,1 %	1,3140 \$/€ - 1,4090 \$/€: + 7,0 %	1,3606 \$/€ - 1,4838 \$/€: + 8,7 %	1,3748 \$/€ - 1,4313 \$/€: + 4,0 %	1,4090 \$/€ - 1,4390 \$/€: + 2,1 %	1,4838 \$/€ - 1,4327 \$/€: - 3,5 %
30. Mai 2011- 30. Aug. 2011	30. Juni 2011- 30. Sept. 2011	30. Juli 2011- 30.Okt. 2011	30. Aug. 2011- 30. Nov. 2011	30.Sept. 2011- 30. Dez. 2011	30. Okt. 2011- 30. Jan. 2012
1,4313 \$/€ - 1,4506 \$/€: + 1,3 %	1,4390 \$/€ - 1,3597 \$/€: - 5,7 %	1,4327 \$/€ - 1,4143 \$/€: - 1,3 %	1,4506 \$/€ - 1,3336 \$/€: - 8,4 %	1,3597 \$/€ - 1,2921 \$/€: - 5,1 %	1,4143 \$/€ - 1,3214 \$/€: - 6,8 %
30. Nov. 2011- 29. Feb. 2012	30. Dez. 2011- 30. März 2012	30. Jan. 2012- 30. Apr. 2012	29. Feb. 2012- 30. Mai 2012	30.März 2012- 30. Juni 2012	30. Apr. 2012- 30. Juli 2012
1,3336 \$/€ - 1,3431 \$/€: + 0,7 %	1,2921 \$/€ - 1,3301 \$/€: + 2,9 %	1,3214 \$/€ - 1,3250 \$/€: + 0,3 %	1,3431 \$/€ - 1,2525 \$/€: - 6,9 %	1,3301 \$/€ - 1,2576 \$/€: - 5,6 %	1,3250 \$/€ - 1,2317 \$/€: - 7,3 %
30. Mai 2010- 30. Aug. 2010					
1,2525 \$/€ - 1,2549 \$/€: + 0,2 %					

Tabelle 17: Entwicklung des USD/EUR-Kurses in Dreimonatsintervallen, 30. Mai 2010 - 30. August 2012

Der Erwartungswert der historischen Dreimonatsschwankungen beträgt:

$$\frac{1}{25} \cdot (3,9 + 10,9 + 6,2 + 3,3 - 3,5 - 2,1 + 4,1 + 7 + 8,7 + 4 + 2,1 - 3,5 + 1,3 - 5,7 - 1,3 - 8,4 - 5,1 - 6,8 + 0,7 + 2,9 + 0,3 - 6,9 - 5,6 - 7,3 + 0,2) = -0,024\,\%$$

Da der Wert extrem gering ist, sei im Folgenden mit einem Erwartungswert von 0 weiter gerechnet. Ein ähnlich geringer Erwartungswert über längere Fristen beobachteter historischer Kursschwankungen sei darüber hinaus auch für andere Währungspaare angenommen.

Die Varianz der historischen Dreimonatsschwankungen beträgt:

$$\frac{1}{25} \cdot [3,9^2 + 10,9^2 + 6,2^2 + 3,3^2 + (-3,5)^2 + (-2,1)^2 + 4,1^2 + 7^2 + 8,7^2 + 4^2 + 2,1^2 + (-3,5)^2 + 1,3^2 + (-5,7)^2 + (-1,3)^2 + (-8,4)^2 + (-5,1)^2 + (-6,8)^2 + 0,7^2 + 2,9^2 + 0,3^2 + (-6,9)^2 + (-5,6)^2 + (-7,3)^2 + 0,2^2] = 27,7656$$

Die Standardabweichung beträgt somit:

$$\sqrt{27,7656} = \pm 5,27\,\%$$

Das Unternehmen könnte nun, wäre es risikotoleranter, versuchen *die Richtung* der zukünftigen Wechselkursbewegungen zu prognostizieren und nur dann absichern, wenn bzgl. der abzusichernden Position eine negative Entwicklung erwartet wird (selektive Absicherung). Das (optimistische) Kalkül dieser Strategie ist, dass die Prognose im Falle eines Offenlassens von Positionen öfters richtig als falsch liegt, unterm Strich also (neben einer eventuellen Einsparung von Ex-ante-Kurssicherungskosten) Währungsgewinne realisiert werden. Nun ist das betrachtete Unternehmen aber nicht risikotolerant und hinsichtlich der Korrektheit von Wechselkursprognosen optimistisch, sondern risikointolerant und hinsichtlich der Korrektheit von Prognosen *pessimistisch*, d. h. es sieht eher die Gefahr, dass im Falle einer selektiven Absicherung am Ende eines Geschäftsjahres festgestellt werden muss, dass z. B. in 70 % der Fälle eines prognosebasierten Offenlassens von Positionen das Gegenteil der Prognose eintrat und dadurch erhebliche Währungsverluste realisiert wurden. Im Folgenden sei angenommen, dass risikointolerante Unternehmen exakt von diesem Worst-Case-Szenario bei einem prognosebasierten Offenlassen von Positionen ausgehen, also damit rechnen, dass bei einer Politik der selektiven Absicherung im Mittel 70 % der Prognosen falsch wären. Schließe das Unternehmen z. B. – wie der Exporteur bzw. der Importeur aus dem bekannten Forward-Beispiel – heute, bei einem Kassa-Briefkurs bzw. -Geldkurs von 1,2401 $/€ bzw. 1,2341 $/€ (Termin-Brief- bzw. Geldkurs: 1,2417 $/€ bzw. 1.2355 $/€), einen Vertrag, der in drei Monaten zu einem Zahlungseingang bzw. -ausgang von 1.000.000 USD führt. Geht das betrachtete risikointolerante Unternehmen in der Zukunft von einer ähnliche Volatilität des USD/EUR-Kurses wie in der Vergangenheit aus, was anzunehmen ist, so betrüge das von diesem unter Zugrundelegung des Worst-Case-Szenarios im Mittel erwar-tete Ergebnis eines prognosebasierten Offenlassens der Positionen[364]

---

[364] Fremdwährungszahlungseingänge würden nicht abgesichert, wenn eine Abwertung des EUR erwartet würde. Fremdwährungszahlungsausgänge würden nicht abgesichert, wenn mit einer Aufwertungdes EUR gerechnet würde.

$$\left(0{,}7 \cdot \frac{1.000.000\ \$}{\left(1{,}2401\frac{\$}{€} \cdot 1{,}0527\right)} + 0{,}3 \cdot \frac{1.000.000\ \$}{\left(1{,}2401\frac{\$}{€} \cdot 0{,}9473\right)}\right) = 791.586{,}42\ €$$

bzw.

$$\left(0{,}7 \cdot \frac{1.000.000\ \$}{\left(1{,}2341\frac{\$}{€} \cdot 0{,}9473\right)} + 0{,}3 \cdot \frac{1.000.000\ \$}{\left(1{,}2341\frac{\$}{€} \cdot 1{,}0527\right)}\right) = 829.692{,}68\ €$$

Die *sicheren* Ergebnisse einer Forward-Absicherung der Positionen betrügen dagegen:

$$\frac{1.000.000\ \$}{1{,}2417\frac{\$}{€}} = 805.347{,}51\ €$$

bzw.

$$\frac{1.000.000\ \$}{1{,}2355\frac{\$}{€}} = 809.388{,}91\ €$$

Damit wären diese – im Falle der Forward-Sicherung des USD-Zahlungseinganges *trotz* Ex-ante-Kurssicherungskosten – um 13.761,09 EUR bzw. 20.303,77 EUR *besser* als die jeweiligen erwarteten Ergebnisse bei einer prognosebasierten Nicht-Absicherung der Positionen. Sogar wenn die historische und für die Zukunft erwartete 3-Monats-Standard-abweichung des Wechselkurses geringer wäre, z. B. nur 2 %, wären die sicheren Ergebnisse noch um 5.091,92 EUR bzw. 7.727,50 EUR besser als die erwarteten Ergebnisse bei Offenlassen der Positionen.

Bei höheren abzusichernden Summen oder geringeren Terminaufschlägen/-abschlägen[365] wäre aus Sicht des risikointoleranten Unternehmens der monetäre

---

[365] Im Falle eines Terminabschlags würde das sichere Ergebnis der Forward-Sicherung des USD-Zahlungseingangs etwas „besser" werden, das der Forward-Sicherung des USD-Zahlungsausgangs etwas „schlechter" (d. h. beide EUR-Beträge würden leicht steigen). Am Gesamtergebnis der Untersuchung änderte sich nichts. Terminabschläge des EUR gegenüber dem USD oder ande-

Vorteil der Forward-Sicherung gegenüber dem prognosebasierten Offenlassen von Positionen noch größer (das erwartete Ergebnis der Nicht-Absicherung eines USD-Zahlungseinganges i. H. v. 5.000.000 USD bei obigen Kursen und einer Standardabweichung von 5,27 % betrüge z. B. 3.915.326 EUR, das Ergebnis einer Forward-Sicherung desselben Betrags 4.026.737 EUR). Bei Positionen mit längerer Laufzeit als drei Monate wären zwar im Falle eines Fremdwährungszahlungseinganges aufgrund eines höheren Terminaufschlags die Ex-ante-Kurssicherungskosten des Forward-Geschäfts höher und damit das Sicherungsergebnis schlechter, allerdings müsste auch die geschätzte Standardabweichung höher angesetzt werden, wodurch das erwartete Ergebnis eines Offenlassens der Position ebenfalls schlechter wäre. Beides dürfte sich ausgleichen (im Falle eines Zahlungseinganges würde die positive Differenz zwischen Forward-Ergebnis und dem erwarteten Ergebnis bei Offenlassen der Position sogar noch weiter zunehmen).

Aus eben dargelegtem Kalkül erscheint dem betrachteten risikointoleranten Unternehmen die vollständige Forward-Sicherung seiner Exposure als lohnend und es zieht diese der selektiven Absicherung vor.

Würde nun die FTS eingeführt, so wäre die jeweilige vom eintretenden Forward-Steuerszenario abhängige Steuerbelastung von den sicheren Ergebnissen der Forward-Sicherung zu subtrahieren. Im Falle eines erwarteten *Zahlungseinganges* von 1.000.000 USD wäre die Differenz zwischen dem sicheren Ergebnis der Forward-Sicherung und dem erwarteten Ergebnis bei Offenlassen der Position selbst bei einer angenommenen zukünftigen 3-Monats-Standardabweichung von nur 2 %[366] und dem sehr unwahrscheinlichen Eintritt des Forward-Szenarios 6 mit 5.091,92 € – 1.208,03 € = + 3.883,89 € noch *deutlich positiv* – obwohl sich die Ex-ante-Kosten der Forward-Sicherung durch die Steuer mehr als verdoppelt hätten –, im Falle eines erwarteten *Zahlungsausgangs* von 1.000.000 USD mit 7.727,50 € – 1.214,08 € = + 6.513,42 € ohnehin (vgl. zur Steuerbelastung Kapitel 5.1.1)! Bei einer angenommenen Standardabweichung von 5,27 % wäre der Vorteil einer Forward-Sicherung gegenüber dem Offenlassen von Positionen auch nach Einführung der FTS und Forward-Szenario 6 noch deutlicher.

---

ren Währungen dürften in näherer Zukunft aber aufgrund des sehr niedrigen Zinsniveaus in der Eurozone in Verbindung mit dem gegenüber europäischen Banken wahrgenommenen Ausfallrisiko nicht beobachtbar sein (vgl. Kapitel 2.3.2 zur gedeckten Zinsparität).

[366] Eine (historische) 3-Monats-Standardabweichung von 2 % dürften nur extrem gering volatile Wechselkurse aufweisen.

Aus den obigen Ergebnissen kann geschlossen werden, dass dem risikointoleranten Unternehmen nach Einführung der FTS *selbst bei Eintritt des Forward-Szenarios 6* eine vollständige Absicherung seiner Exposure mittels Forwards noch als lohnend erschiene. Mit einem Übergang zur selektiven Absicherung dieser wäre nicht zu rechnen.

Reale Unternehmen werden natürlich nicht nur dem USD/EUR-Kurs unterliegende Exposure aufweisen. Es kann mit Blick auf die Deutlichkeit der Ergebnisse für die USD/EUR-Exposure selbst bei einer geringen erwarteten Standardabweichung *und* dem Eintritt des am meisten belastenden Forward-Steuerszenarios 6 aber angenommen werden, dass risikointoleranten Unternehmen auch im Falle anderer Exposure die vollständige Forward-Sicherung nach Einführung der FTS – unabhängig vom eintretenden Steuerszenario – noch lohnender erscheint als das prognosebasierte Offenlassen solcher.

Ergebnis 1:

Die Implementierung der FTS wird nicht dazu führen, dass mittlere bis große risikointolerante Unternehmen die vollständige Absicherung ihrer Exposure mit Forward-Kontrakten als nicht mehr lohnend ansehen und „freiwillig" zu einer Strategie der selektiven Absicherung dieser übergehen.[367]

Wie stellte sich nun die Situation dar, wenn das betrachtete, risikointolerante Unternehmen klein wäre und erwartete Fremdwährungszahlungsaus- bzw. -eingänge zum Teil mit Futures absichern müsste?

---

[367] Natürlich ist diese Aussage als Tendenzaussage anzusehen, da es sich bei dem den risikointoleranten Unternehmen unterstellten und den Berechnungen zugrunde liegenden Kalkül (die Befürchtung, dass sich bei prognosebasiertem Offenlassen von Positionen die Prognose in 70 % der Fälle als falsch herausstellt) um eine *Annahme* handelt. Diese ist zwar durchaus realistisch und auch bei einer leichten „Aufweichung" des angenommenen Kalküls (z. B. dass die Unternehmen damit rechnen, dass sich bei prognosebasiertem Offenlassen von Positionen die Prognose nur in 60 % statt in 70 % der Fälle als falsch herausstellt) wäre das Ergebnis nach Berechnungen des Verfassers noch eindeutig beizubehalten. Es ist aber nicht mit *absoluter* Sicherheit auszuschließen, dass risikointolerante Unternehmen die vollständige Absicherung aus einem anderen Kalkül heraus vornehmen und die Einführung der FTS, v. a. bei Eintritt des Forward-Szenarios 6, bei solchen Unternehmen tatsächlich zu einer vollkommenen Änderung der Strategie *oder* zu einer Änderung der Strategie bzgl. sehr gering volatilen Wechselkursen unterliegenden Exposures führt. Unter vergleichbaren Vorbehalten sind auch die weiteren Aussagen des Kapitels als Tendenzaussagen zu begreifen.

Die Beantwortung dieser Frage wird durch die Tatsache erschwert, dass der monetäre Nachteil einer Future-Sicherung einer Position gegenüber einer Forward-Sicherung derselben Position ex ante nicht genau beziffert werden kann. Es soll daher die Annahme getroffen werden, dass das Unternehmen bei der Future-Sicherung mit einem Ergebnis rechnet, das um 0,1 % schlechter ist als das Ergebnis einer Forward-Sicherung der Position.[368]

Angenommen, das betrachtete Unternehmen habe über die Absicherung eines in drei Monaten erwarteten Zahlungseingangs bzw. -ausgangs i. H. v. 500.000 USD zu entscheiden. Kassa- und Terminkurse entsprechen denen des Forward-Beispiels und das Unternehmen gehe für die nächsten Monate von einer mittleren Auf- oder Abwertung des EUR von 5,27 % bzw. 2 % aus.

Das vom risikointoleranten Unternehmen erwartete Ergebnis im Falle eines prognosebasierten Offenlassens der Positionen betrüge:

$$\left(0{,}7 \cdot \frac{500.000\,\$}{\left(1{,}2401\frac{\$}{€} \cdot 1{,}0527\right)} + 0{,}3 \cdot \frac{500.000\,\$}{\left(1{,}2401\frac{\$}{€} \cdot 0{,}9473\right)}\right) = 395.793{,}21\,€$$

oder

$$\left(0{,}7 \cdot \frac{500.000\,\$}{\left(1{,}2401\frac{\$}{€} \cdot 1{,}02\right)} + 0{,}3 \cdot \frac{500.000\,\$}{\left(1{,}2401\frac{\$}{€} \cdot 0{,}98\right)}\right) = 400.127{,}80\,€$$

bzw.

$$\left(0{,}7 \cdot \frac{500.000\,\$}{\left(1{,}2341\frac{\$}{€} \cdot 0{,}9473\right)} + 0{,}3 \cdot \frac{500.000\,\$}{\left(1{,}2341\frac{\$}{€} \cdot 1{,}0527\right)}\right) = 414.846{,}34\,€$$

---

[368] Die Annahme generalisiert die Beobachtungen aus Kapitel 3.2.3.2: Ein Blick zurück auf dieses Kapitel zeigt, dass die Ergebnisse der Forward-Absicherung des Zahlungseingangs bzw. -ausgangs von 1.000.000 USD 809.651,04 EUR (eingehend) bzw. 813.735,86 EUR (ausgehend) betrugen. Die Ergebnisse der Future-Sicherung des Zahlungseingangs- bzw. -ausgangs beliefen sich dagegen auf 808.776,19 EUR bzw. 814.444,96 EUR und waren damit um jeweils etwa 0,1 % schlechter als diejenigen der Forward-Sicherung (809.651,04 € · 0,999 = 808.841,39 € ≈ 808.776,19 € bzw. 813.735,86 € · 1,001 = 814.549,60 € ≈ 814.444,96 €).

oder

$$\left(0{,}7 \cdot \frac{500.000\ \$}{\left(1{,}2341\frac{\$}{\text{€}} \cdot 0{,}98\right)} + 0{,}3 \cdot \frac{500.000\ \$}{\left(1{,}2341\frac{\$}{\text{€}} \cdot 1{,}02\right)}\right) = 408.558{,}20\ \text{€}$$

Die sicheren Ergebnisse einer (imaginären) Forward-Sicherung der Positionen wären:

$$\frac{500.000\ \$}{1{,}2417\frac{\$}{\text{€}}} = 402.673{,}75\ \text{€}$$

bzw.

$$\frac{1.000.000\ \$}{1{,}2355\frac{\$}{\text{€}}} = 404.694{,}46\ \text{€}$$

Die vom Unternehmen geschätzten Ergebnisse einer Future-Sicherung der Positionen betrügen somit:

$$402.673{,}75\ \text{€} \cdot 0{,}999 = 402.271{,}08\ \text{€}$$

bzw.

$$404.694{,}46\ \text{€} \cdot 1{,}001 = 405.099{,}15\ \text{€}$$

Es ist ersichtlich, dass sowohl bei einer angenommenen Standardabweichung von 5,27 % als auch von 2 % die geschätzten Ergebnisse der Future-Sicherung der Positionen um 6.477,87 EUR oder 2.143,28 EUR (bezogen auf USD-Zahlungseingang) bzw. um 9.747,19 EUR oder 3.459,05 EUR (bezogen auf USD-Zahlungsausgang) besser wären als die jeweiligen erwarteten Ergebnisse bei einem prognosebasierten Offenlassen der Positionen.

Aus diesem Grund zieht das kleine risikointolerante Unternehmen auch im Falle geringerer Exposure, die nur mit Futures abgesichert werden können, eine vollständige der selektiven Absicherung vor (die vollständige Absicherung größerer Exposure mittels Forwards mit Blick auf das Zwischenergebnis 1 ja ohnehin).

Würde nun eine FTS eingeführt, so müsste das kleine Unternehmen für die Future-Sicherung des USD-Zahlungseingangs bzw. -ausgangs (indirekt) Steuern zahlen. Nimmt man an, dass der Future-Kurs dem Termin-Mittelkurs, 1,2386 \$/€ (1,2417 \$/€ – 31 Pips oder 1,2355 \$/€ + 31 Pips), entspricht, so betrüge der den Future-Geschäften zugrunde liegende Nominalbetrag einheitlich 500.000 \$ / 1,2386 \$/€ = 403.681,58 € und die Steuerbelastung je nach Eintritt des Future-Steuerszenarios

- 80,74 EUR (Future-Steuerszenario 1, 0,02 %)
- 161,47 EUR (Future-Steuerszenario 2, 0,04 %)
- 403,68 EUR (Future-Steuerszenario 3, 0,1 %)
- 807,36 EUR (Future-Steuerszenario 4. 0,2 %)

Selbst bei einer zukünftigen angenommenen Standardabweichung von 2 % und Eintritt des sehr unwahrscheinlichen Future-Szenarios 4 wäre damit das geschätzte Ergebnis der Future-Sicherung des USD-Zahlungseingangs bzw. -ausgangs noch um 2.143,28 € – 807,36 € = + 1335,92 € bzw. um 3.459,05 € – 807,36 € = + 2.651,69 € besser als das erwartete Ergebnis bei einem prognosebasierten Offenlassen der Positionen. Die Deutlichkeit dieser Ergebnisse berechtigt wiederum zu der verallgemeinernden Annahme, dass kleineren risikointoleranten Unternehmen auch nach Einführung der FTS die vollständige Sicherung volumenmäßig geringer Exposure mittels Devisen-Futures – unabhängig vom Wechselkurs, dem diese unterliegen – noch als lohnend erscheinen wird.

Ergebnis 2:

Die Implementierung der FTS wird nicht dazu führen, dass kleinen risikointoleranten Unternehmen die vollständige Absicherung volumenmäßig geringer Exposure mittels Futures als nicht mehr lohnend erscheint und sie in Bezug auf diese Exposure „freiwillig" zu einer Strategie der selektiven Absicherung übergehen. Hinsichtlich der vollständigen Absicherung volumenmäßig größerer Exposure mittels Forwards gilt mit Blick auf Zwischenergebnis 1 dasselbe.

Bisher galt die vereinfachende Annahme, dass risikointolerante Unternehmen ihre Exposure nur mit *unbedingten* Termingeschäften absichern. Wie in Kapitel 3.2.3.3 bereits erwähnt, können risikointolerante Unternehmen aber auch auf Optionen zurückgreifen (wobei vereinfachend angenommen sei, dass kleine Unternehmen eine Optionssicherung, wenn überhaupt, nur für größere Exposure in Betracht ziehen, die mit OTC-Optionen abgesichert werden können, sie also nicht auf börsengehandelte Optionen zurückgreifen). Die Optionssicherung von Exposures ist zwar wesentlich teurer als eine Forward-Sicherung, bietet dafür aber gleichzeitig Schutz vor Währungsverlusten (genügt also den Ansprüchen risikointoleranter Unternehmen) *und* die Möglichkeit an Währungsgewinnen zu partizipieren.

Angenommen, ein risikointolerantes Unternehmen habe über die Absicherung eines in drei Monaten erwarteten Zahlungsausgangs bzw. -eingangs i. H. v. 1.000.000 USD zu entscheiden. Wie im Optionen-Beispiel des Kapitels 3.2.3.3 notiere der Kassa-Briefkurs bzw. -Geldkurs bei 1,2281 \$/€ bzw. 1,2221 \$/€ (Mittelkurs: 1,2251 \$/€). Das Unternehmen rechne in der Zukunft mit einer Standardabweichung der Wechselkursschwankungen von 5,27 %, d. h. im Falle einer Aufwertung bzw. Abwertung mit einer durchschnittlichen Aufwertung bzw. Abwertung – bezogen auf den Mittelkurs – von 1,2251 \$/€ auf 1,2251 \$/€ · 1,0527 = 1,2897 \$/€ bzw. auf 1,2251 \$/€ · 0,9473 = 1,1605 \$/€. Bezogen auf den Kassa-Briefkurs bedeutet dies eine Aufwertung bzw. Abwertung von 1,2281 \$/€ auf 1,2928 \$/€ (1,2897 \$/€ + 31 Pips) bzw. auf 1,1636 \$/€. Bezogen auf den Kassa-Geldkurs bedeutet dies eine Aufwertung bzw. Abwertung von 1,2221 \$/€ auf 1,2866 \$/€ (1,2897 \$/€ – 31 Pips) bzw. auf 1,1574 \$/€.

Absichern wird das risikointolerante Unternehmen die Position in jedem Fall, aber bei dieser angenommenen Standardabweichung kommt bei genauer Betrachtung neben einer Forward-Sicherung auch eine Optionssicherung in Frage.

Zunächst sei der Fall des USD-Zahlungseingangs betrachtet. Würde das Unternehmen diesen mit (am Geld liegenden) Optionen absichern und der EUR würde in den nächsten Monaten aufwerten, so wäre das Unternehmen zwar vor Verlusten geschützt, eine Forward-Sicherung wäre jedoch billiger/lohnender gewesen. Würde der EUR dagegen in den nächsten Monaten abwerten, so könnte bei einer Optionssicherung mit einem Währungsgewinn gerechnet werden, da ja im Falle einer Abwertung im Mittel eine Abwertung des EUR auf einen Kassa-Briefkurs von 1,1636 $/€ erwartet wird und dieser Kurs *deutlich* unter dem „kritischen Kurs" der Optionssicherung von 1,2047 $/€ (vgl. Kapitel 3.2.3.3) liegt (die Optionen würden in diesem Fall nicht ausgeübt).

Würde das Unternehmen den USD-Zahlungsausgang mit Optionen sichern und der EUR wertete in den nächsten Monaten ab, wäre das Unternehmen wiederum vor Verlusten geschützt, die Forward-Sicherung wäre jedoch auch in diesem Fall billiger/lohnender gewesen. Wertete der EUR dagegen in den nächsten Monaten auf, so könnte bei einer Optionssicherung mit einem Währungsgewinn gerechnet werden, da im Falle einer Aufwertung im Mittel eine Aufwertung des EUR auf einen Kassa-Geldkurs von 1,2866 $/€ erwartet wird, ein Kurs, der deutlich über dem „kritischen Kurs" der Optionssicherung von 1,2478 $/€ liegt.

Bei wesentlich geringeren Standardabweichungen, z. B. 2 %, käme dagegen eine Optionssicherung von Fremdwährungszahlungsein- bzw. -ausgängen nicht als Alternative in Frage, da im Falle einer Abwertung des EUR der im Mittel erwartete Kassa-Briefkurs *nicht* unter dem „kritischen Kurs" der Optionssicherung bzw. im Falle einer Aufwertung des EUR der im Mittel erwartete Kassa-Geldkurs nicht über dem „kritischen Kurs" der Optionssicherung liegen würde.

In welchem Ausmaß ein risikointolerantes Unternehmen zur Absicherung von in volatilen Währungen denominierten Exposures Optionen heranziehen könnte, kann nur geschätzt werden. Eine Möglichkeit wäre z. B., dass das externe Transaktionsrisikomanagement die Erlaubnis erhält, 30 % solcher Exposure mit Optionen abzusichern (wodurch dann der Anteil der mit Optionen gesicherten Exposure an den gesamten Exposures z. B. 20 % betragen könnte, wie dies in Kapitel 5.2 für die verschiedenen Unternehmen angenommen wurde).

Könnte es nun durch die Einführung einer FTS dazu kommen, dass risikointolerante Unternehmen diese Quote reduzieren, weil Optionen als nicht mehr lohnend gegenüber der Forward-Alternative erscheinen? Der Kern der Frage ist, ob die Einführung einer FTS – zu einer freiwilligen Änderung der Sicherungsstrategie wird sie mit Blick auf Zwischenergebnis 1 und 2 ja nicht führen – vielleicht eine Änderung der *Absicherungsstruktur* in risikointoleranten Unternehmen nach sich ziehen könnte.

Die Frage ist zu verneinen. Eine Reduzierung der Optionssicherungsquote wäre nur denkbar, wenn Optionen einer höheren Steuerbelastung unterliegen würden als Forwards und damit *noch* teurer als diese würden. Ein Blick auf die Forward- und Optionssteuerszenarien zeigt aber, dass diese identisch sind. Da auch der Nominalbetrag von Forward-Geschäften etwa dem vergleichbarer Optionsgeschäfte entspricht[369], wird die Steuerbelastung von Forward- und Optionsgeschäften bei Eintritt der verschiedenen Szenarien etwa gleich sein (auch wenn ein flüchtiger Blick auf die steuerinduzierte prozentuale Verteuerung beider Derivate sogar zu der Annahme führen könnte, dass sich Optionen *geringer* verteuern als Forwards). Ein Unternehmen, welches bisher 30 % seiner in volatilen Währungen denominierten Exposure mit Optionen sicherte und bereit war, hierfür die im Vergleich zur Forward-Sicherung wesentlich höheren Optionssicherungskosten zu tragen, wird auch nach Einführung der Transaktionssteuer 30 % jener Exposure mit Optionen sichern, da sich die *absoluten* steuerinduzierten Zusatzkosten der Forward-Sicherung in gleichem Maße erhöhen wie im Optionsfall.[370]

Ergebnis 3:

Risikointolerante, vollständig sichernde Unternehmen (große, mittlere, kleine), die vor Einführung der FTS einen gewissen Teil ihrer in volatilen Währungen denominierten Exposure mittels Devisenoptionen sicherten und bereit waren, für diese Wahrung der Chance eventueller Währungsgewinne die höheren Kurssicherungskosten von Optionen in Kauf zu nehmen, werden dies auch nach Einführung der FTS tun, da sich Optionen und Forwards durch die Steuer in nahezu identischem Maße verteuern.

---

[369] Beispiel: Nominalbetrag der Optionssicherung des Zahlungseingangs von 1.000.000 USD: 1.000.000 $ / 1,2281 $/€ = 814.265,94 €. Nominalbetrag der vergleichbaren Forward-Sicherung: 1.000.000 $ / 1,2297 $/€ = 813.206,94.

[370] Beispiel: Die Ex-ante-Kosten der Optionssicherung des Zahlungseingangs von 1.000.000 USD betrugen bisher 16.856,99 EUR (vgl. Kapitel 3.2.3.3). Die Ex-ante-Kosten der Forward-Sicherung betrugen 1.000.000 $ · (1 / 1,2297 $/€ – 1 / 1,2281 $/€) = (–) 1.059,47 €. Das Unternehmen war bisher bereit, diese Mehrkosten (15.797,52 EUR) der Optionssicherung zu tragen. Nach Einführung der FTS und Eintritt des Forward- bzw. Optionsszenarios 1 würde die Optionssicherung 814.265,94 € · 0,0001 = 81,4 € mehr kosten, die Forward-Sicherung würde sich aber mit 813.206,94 € · 0,0001 = 81,3 € im selben Ausmaß verteuern. Die Mehrkosten der Optionssicherung betrügen nun nur marginal veränderte 15.797,62 EUR. An der Entscheidungssituation des Unternehmens ändert sich also nichts. Wurde vor der Einführung der FTS die Optionssicherung präferiert, so wird sie auch nach der Einführung der Steuer der Forward-Sicherung vorgezogen werden.

Der Blick sei nun auf *risikotolerantere* Unternehmen gerichtet, die eine Strategie der selektiven Absicherung verfolgen. Dabei sei angenommen, dass diese Fremdwährungszahlungsein- bzw. -ausgänge *dann* mit Forwards oder Futures absichern, wenn subjektiv als ausreichend sicher empfundene Wechselkurs*richtungs*prognosen mit einer Aufwertung bzw. Abwertung des EUR rechnen lassen. Weisen die Prognosen auf eine Abwertung bzw. Aufwertung des EUR hin, so sichern die Unternehmen mit dem Ziel, Währungsgewinne zu realisieren, nicht ab. In Fällen, in denen keine subjektiv als ausreichend sicher empfundenen Wechselkursprognosen möglich sind, sichern die Unternehmen – wie auch risikointolerante Unternehmen – sämtliche in wenig volatilen Währungen denominierte Positionen mit Forwards. Im Falle von in volatilen Währungen denominierten Exposures wird – wiederum wie im Falle risikointoleranter Unternehmen – entweder mit Forwards oder mit Optionen gesichert.

Zunächst sei der Fall betrachtet, in dem einem selektiv sichernden Unternehmen, welches in drei Monaten einen Zahlungseingang bzw. -ausgang i. H. v. 1.000.000 USD erwartet, eine von diesem als ausreichend sicher empfundene Wechselkursprognose vorliegt, die auf eine *Aufwertung* des EUR gegenüber dem USD hindeutet. Das Unternehmen wird mit Blick auf diese Prognose den Fremdwährungszahlungseingang mittels Forward absichern, den Fremdwährungszahlungsausgang jedoch als offene Position belassen. Warum erscheint dies dem Unternehmen als lohnend?

Angenommen, das Unternehmen rechne mit einer zukünftigen mittleren Schwankung des USD/EUR-Kurses von nur 2 %. Der Kassa-Briefkurs bzw. -Geldkurs notiere bei 1,2401 $/€ bzw. 1,2341 $/€ (Termin-Brief- bzw. Geldkurs: 1,2417 $/€ bzw. 1.2355 $/€). Geht das Unternehmen aufgrund der Prognose von einer Aufwertung des EUR aus, so wird es mit der mittleren erwarteten Aufwertung von 2 % kalkulieren (Annahme!). Bezogen auf den Kassa-Mittelkurs entspräche dies einer Aufwertung von 1,2371 $/€ (1,2401 $/€ – 30 Pips oder 1,2341 $/€ + 30 Pips) auf 1,2371 $/€ · 1,02 = 1,2618 $/€, bezogen auf den Kassa-Briefkurs bzw. -Geldkurs einer Aufwertung von 1,2401 $/€ auf 1,2649 $/€ (1,2618 $/€ + 31 Pips) bzw. von 1,2341 $/€ auf 1,2587 $/€ (1,2618 $/€ – 31 Pips).

Der in drei Monaten (im Mittel) erwartete Kassa-Briefkurs von 1,2649 $/€ liegt damit *deutlich* über dem Termin-Briefkurs von 1,2417 $/€, deshalb lohnt sich aus der Sicht des Unternehmens die Absicherung des USD-Zahlungseingangs, auch wenn damit Ex-ante-Kurssicherungskosten einhergehen. Der in drei Monaten (im Mittel) erwartete Kassa-Geldkurs von 1,2587 $/€ liegt seinerseits *deutlich* über dem Termin-Geldkurs von 1,2355 $/€, deshalb lohnt sich aus der Sicht des Unternehmens die Nicht-Absicherung des USD-Zahlungsausgangs, auch wenn mit der Absicherung ein Ex-ante-Kurssicherungsgewinn einherginge.

Nun sei angenommen, dass das Unternehmen aufgrund einer Prognose mit einer *Abwertung* des EUR in den kommenden Monaten rechnet. Das Unternehmen wird daher den USD-Zahlungseingang als offene Position belassen, den USD-Zahlungsausgang jedoch absichern. Der Grund: Das Unternehmen wird wieder mit einer Abwertung um 2 % kalkulieren. Bezogen auf den Kassa-Mittelkurs entspräche dies einer Abwertung von 1,2371 $/€ auf 1,2124 $/€, bezogen auf den Kassa-Briefkurs bzw. -Geldkurs einer Abwertung von 1,2401 $/€ auf 1,2155 $/€ bzw. von 1,2341 $/€ auf 1,2093 $/€.

Der erwartete Kassa-Briefkurs von 1,2155 $/€ liegt damit deutlich unter dem Termin-Briefkurs von 1,2417 $/€ und dem aktuellen Kassa-Briefkurs von 1,2401 $/€, d. h. neben einer Einsparung der Kurssicherungskosten kann das Unternehmen auch noch auf einen Währungsgewinn hoffen. Der erwartete Kassa-Geldkurs von 1,2093 $/€ liegt seinerseits weit unter dem Termin-Geldkurs von 1,2355 $/€, wodurch eine Absicherung als lohnend erscheint (zumal ja auch noch ein Ex-ante-Kurssicherungsgewinn realisiert wird).

Könnte es nun sein, dass die Einführung einer FTS die Forward-Sicherung derart verteuert, dass dem selektiv sichernden Unternehmen bei einer erwarteten Aufwertung bzw. Abwertung des EUR die Absicherung des USD-Zahlungseingangs bzw. -ausgangs nicht mehr lohnend erscheint? Dies kann verneint werden.

Angenommen, die FTS würde eingeführt und das sehr unwahrscheinliche Forward-Steuerszenario 6 träte ein.[371] Die hieraus resultierende Steuerbelastung lässt sich mit folgenden Formeln auch in einen „neuen" Termin-Brief- bzw. -Geldkurs ($w_{t(0);B;FTS}$ bzw. $w_{t(0);G;FTS}$) umrechnen bzw. „übersetzen":

$$w_{t(0);B;FTS} = \frac{FB}{\frac{FB}{w_{k(0);B}} + EAKE_{(FTS)}(FW)_{Exp}}$$

---

[371] Bei Eintritt des sehr wahrscheinlichen oder des vorstellbaren Forward-Szenarios 1 bzw. 2 lägen die im Folgenden berechneten „neuen" Terminkurse nur 1-2 Pips über bzw. unter den „normalen" Terminkursen, die Ergebnisse wären noch deutlicher.

bzw.

$$w_{t(0);G;FTS} = \frac{FB}{\frac{FB}{w_{k(0);G}} - EAKE_{(FTS)}(FW)_{Imp}}$$

mit

FB = Abzusichernder Fremdwährungsbetrag
$w_{k(0);B}$ = Kassa-Briefkurs per Vertragsschluss
$w_{k(0);G}$ = Kassa-Geldkurs per Vertragsschluss

Mit einem Ex-ante-Kurssicherungsergebnis der Forward-Sicherung des USD-Zahlungsausgangs bei Eintritt des Szenarios 6 von − 2.247,10 EUR und einem Ex-ante-Kurssicherungsergebnis der Forward-Sicherung des USD-Zahlungseingangs bei Eintritt des Szenarios 6 von − 295,88 EUR ergeben sich als neue, die Steuerbelastung ausdrückende Terminkurse:[372]

$$w_{t(0);B;FTS} = \frac{1.000.000\ \$}{\frac{1.000.000\ \$}{1,2401\ \frac{\$}{€}} - 2.247,10\ €} = 1,2436\ \frac{\$}{€}$$

bzw.

$$w_{t(0);G;FTS} = \frac{1.000.000\ \$}{\frac{1.000.000\ \$}{1,2341\ \frac{\$}{€}} + 295,88\ €} = 1,2336\ \frac{\$}{€}$$

Vergleicht man nun diese „neuen" Termin-Brief- bzw. Geldkurse mit den vom Unternehmen im Falle einer Aufwertung bzw. Abwertung des EUR erwarteten zukünftigen Kassa-Brief- bzw. Geldkursen, so kann festgestellt werden, dass im Falle der prognostizierten Aufwertung der erwartete Kassa-Briefkurs mit 1,2649 $/€ immer

---

[372] „Die Steuerbelastung ausdrückende Terminkurse" bedeutet, dass das Ergebnis einer Forward-Sicherung zu diesen Terminkursen gleich den um die Steuerbelastung reduzierten/erweiterten Ergebnissen einer Forward-Sicherung zu den tatsächlichen Terminkursen wäre.

noch deutlich über dem die Steuerbelastung ausdrückenden Termin-Briefkurs von 1,2436 $/€ liegt, die Absicherung des USD-Zahlungseingangs also immer noch lohnend erschiene. Gleichsam läge im Falle der prognostizierten EUR-Abwertung der erwartete Kassa-Geldkurs von 1,2093 $/€ immer noch deutlich unter dem die Steuerbelastung ausdrückenden Termin-Geldkurs von 1,2336 $/€, so dass auch die Absicherung des USD-Zahlungseingangs noch lohnend erschiene.

Auch wenn der erwartete USD-Zahlungsausgang bzw. -eingang bei Prognose einer EUR-Aufwertung bzw. -Abwertung von geringerem Volumen wäre, das Unternehmen also über eine Absicherung mittels Futures entscheiden müsste, würde es sowohl vor als auch nach Einführung der FTS – unabhängig vom eintretenden Future-Szenario – absichern. Der „wahre" Future-Kurs (ein Gedankenkonstrukt), der vor der Einführung der FTS bei Berücksichtigung des monetären Nachteils einer Future-Sicherung gegenüber einer Forward-Sicherung etwas über dem Termin-Briefkurs bzw. etwas unter dem Termin-Geldkurs liegend geschätzt werden müsste, läge auf jeden Fall über dem bei einer prognostizierten Aufwertung erwarteten zukünftigen Kassa-Briefkurs bzw. unter dem im Falle einer prognostizierten Abwertung erwarteten zukünftigen Kassa-Geldkurs. Dasselbe gilt auch noch für den „wahren" Future-Kurs nach Steuern, der aufgrund der in den meisten Szenarien höheren Steuerbelastung von Future-Geschäften noch etwas deutlicher über *dem die Steuerlast berücksichtigenden* Termin-Briefkurs bzw. unter dem Termin-Geldkurs zu verorten wäre.

Aufgrund der Deutlichkeit der Ergebnisse im Falle von dem USD/EUR-Wechselkurs unterliegenden Exposures selbst für eine geringe Standardabweichung und Forward-Szenario 6 können diese wieder verallgemeinert werden.

Ergebnis 4:

Die Implementierung der FTS wird nicht dazu führen, dass selektiv sichernden Unternehmen die Forward- bzw. Future-Sicherung von Fremdwährungszahlungsein- bzw. -ausgängen bei einem prognostizierten Anstieg bzw. Sinken des Wechselkurses als nicht mehr lohnend erscheint und Exposure trotz „negativer" Wechselkursprognosen nicht mehr gesichert werden.

Wie stellt sich nun die Entscheidungssituation eines (ansonsten) risikotoleranten Unternehmens dar, wenn dieses sich für die nächsten Monate – z. B. in Zeiten turbulenter und von unabsehbaren politischen Entscheidungen stärker als sonst beeinflussten Devisenmärkten, wie sie im Augenblick (Stand: 28.08.2012) beobachtbar sind – *keine* Wechselkursprognose zutraut?

Es sei angenommen, dass *auch* risikotolerante Unternehmen in solchen Fällen vorsichtig agieren und von einem Worst-Case-Szenario ausgehen, also z. B. befürchten, dass im Falle einer trotzdem gewagten Prognose und einer darauf basierenden Nicht-Absicherung einer Position sich die Prognose in 70 % der Fälle als falsch herausstellt. Da das Kalkül des risikotoleranten Unternehmens *in dieser speziellen Situation* dem des risikointoleranten Unternehmens gleicht, wird das ansonsten risikotolerante Unternehmen sich für die Vollabsicherung seiner den momentan als nicht prognostizierbar eingeschätzten Wechselkursen unterliegenden Exposure entscheiden – vor und nach Einführung der Steuer (vgl. die dem Zwischenergebnis 1 vorangehenden Ausführungen). Bezüglich der Absicherung von *volatilen*, momentan als nicht prognostizierbar eingeschätzten Wechselkursen unterliegenden Exposure kann sich das risikotolerante Unternehmen zwischen Optionen und Forwards bzw. Futures entscheiden. Und auch hier gilt: Sicherte das Unternehmen vor Einführung der FTS einen gewissen Teil seiner volatilen, momentan als nicht prognostizierbar eingeschätzten Wechselkursen unterliegenden Exposure mit Optionen ab, so wird es dies auch nach der Einführung der FTS tun (vgl. die dem Zwischenergebnis 3 vorangehenden Ausführungen).

Ergebnis 5:

Die Implementierung der FTS wird nicht dazu führen, dass risikotoleranten Unternehmen die vollständige Forward- bzw. Future-Sicherung von Exposures, die momentan als nicht prognostizierbar angesehenen Wechselkursen unterliegen, als nicht mehr lohnend erscheint und auch diese in der Konsequenz selektiv gesichert werden. Sicherten risikotolerante Unternehmen bisher einen Teil solcher Exposure mit Optionen, so werden sie wohl auch nach Einführung der FTS an dieser Sicherungsstruktur festhalten.

Bevor die Zwischenergebnisse zusammengefasst werden, sei noch der Frage nachgegangen, ob die Einführung einer FTS dafür sorgen könnte, dass Unternehmen, die z. B. zur transaktionsrisikofreien Fremdwährungsfinanzierung einer ausländischen TG einen Währungs-Swap abschließen wollten, dieses Geschäft nun als nicht mehr lohnend gegenüber der Alternative der Begebung einer Fremdwährungsanleihe betrachten. Mit Blick auf die Ergebnisse des Kapitels 5.1.4 muss dies negiert werden. Der Zinsvorteil eines Währungs-Swap-Geschäftes gegenüber der Alternative Fremdwährungsanleihe wird im Regelfall so groß sein, dass er durch die Steuerbelastung *nicht annähernd* aufgezehrt wird.

Zusammenfassung der Ergebnisse 1–5:

Obige Betrachtungen legen nahe, dass bisher vollständig oder selektiv sichernde Unternehmen auch nach Einführung einer FTS – selbst bei Eintritt der am meisten belastenden Steuerszenarien – die vollständige bzw. selektive Sicherung ihrer Exposure mittels der Basisinstrumente Forwards und Futures als weiterhin lohnend betrachten werden. Ein freiwilliger Übergang bisher vollständig sichernder Unternehmen zu einer Strategie der selektiven Absicherung bzw. von bisher selektiv sichernden Unternehmen zu einer Strategie, die deren Absicherungsquote noch weiter reduziert (z. B. der generelle Verzicht auf die Absicherung gering schwankenden Wechselkursen unterliegender Exposure), mithin also der freiwillige Verzicht dieser Unternehmen auf ihnen bisher (subjektiv) als sinnvoll erscheinende Absicherungsgeschäfte, ist nach Einführung einer FTS nicht zu erwarten. Setzen Unternehmen bisher neben den Basisinstrumenten auch in einem gewissen Maße Optionen zur Absicherung ihrer Exposure ein oder sicherten sie bisher längerfristige Exposure mit Währungs-Swaps anstatt durch die Begebung von Fremdwährungsanleihen, so werden sie dies auch nach Einführung einer Finanztransaktionssteuer tun, d. h. selbst eine Veränderung der Sicherungsstruktur des externen Transaktionsrisikomanagements ist nicht zu erwarten.

Nun wird die Unternehmensleitung bzw. das Transaktionsrisikomanagement jedoch nicht alleine über die unveränderte Fortführung der vom Unternehmen bisher verfolgten Absicherungsstrategie entscheiden können, sondern wird sich der Diskussion mit seinen Anteilseignern stellen müssen, von denen einige wahrscheinlich bereits *vor* Einführung der FTS der Meinung waren, dass Risikomanagement auf Unternehmensebene unnötig ist und langfristig nur zusätzliche Kosten generiert. Könnten die Anteilseigner großer, mittlerer und kleiner Unternehmen[373] über eine durch die steuerinduzierte Verteuerung des Transaktionsrisikomanagements bedingte jährliche Gewinnminderung zwischen 0,034 % und 0,11 %, wie sie bei Eintritt der Gesamtsteuerszenarien 1–3 zu erwarten wäre[374], vielleicht noch hinwegsehen, müsste man wohl „spätestens" bei Eintritt der Gesamtsteuerszenarien 4, 5 oder 6, die zu einer Revidierung der Gewinnprognosen für die nächsten Jahre um 0,17 % bis 0,54 % (p. a.!) oder mehr zwingen, mit der Forderung der Shareholder nach einem Übergang von der aktuell verfolgten Strategie zu einer Strategie rechnen, die eine (nochmals) geringere Absicherungsquote und damit eine geringere Steuerbelastung nach sich zieht (wobei die Forderungen im Falle von aktuell bereits selektiv sichernden Unternehmen, die dadurch „jetzt" schon geringere Steuerbelastungen als die in den Kapiteln 5.2.1 – 5.2.3 berechneten tragen müssen, etwas weniger akzentuiert ausfallen dürften).

Könnte die FTS also tatsächlich dazu führen, dass Unternehmen, *obwohl* sie ihre bisher verfolgte Absicherungsstrategie nicht „freiwillig" aufgeben wollen, von ihren Anteilseignern genau hierzu „gezwungen" werden, sie folglich auf ihnen bisher sinnvoll erscheinende Absicherungsgeschäfte verzichten *müssen*?

Dies ist *nicht* zu befürchten, denn zu einer solchen, oben skizzierten, Konfliktsituation wird es in der Realität wohl gar nicht erst kommen.

Erstens ist der Eintritt der Steuerszenarien 4, 5 und 6, denen ein hypothetischer einheitlicher Steuersatz von 0,05 % zugrunde liegt und die zu wachsendem Druck von Seiten der Anteilseigner führen könnten, unwahrscheinlich bis *sehr* unwahrscheinlich.

---

[373] Eine verallgemeinernde Betrachtung ist möglich, da die steuerinduzierte prozentuale Gewinnminderung, wie die Ergebnisse der Kapitel 5.2.1 – 5.2.3 nahelegen, für große, mittlere und kleine Unternehmen etwa gleich ist.

[374] In der Realität wird die Gewinnminderung noch etwas deutlicher ausfallen, da ja auch im Zinsmanagement eingesetzte Derivate der FTS unterliegen. Die jährliche Steuerbelastung aus Zinsderivaten dürfte verglichen mit der aus Währungsderivaten allerdings sehr gering sein, da erstens der kumulierte Nominalbetrag von in einem Geschäftsjahr abgeschlossenen Zinsderivaten wesentlich geringer sein wird als der von Umsatz und Beschaffungsvolumen abhängige kumulierte Nominalbetrag aller in einem Geschäftsjahr abgeschlossenen Währungsderivate und zweitens die Steuerbelastung von Zinsderivaten, die i. d. R. eine längere Laufzeit aufweisen, wie im Falle von Währungs-Swaps auf mehrere Jahre verteilt gesehen werden muss. Auch bei Unternehmen mit Umsatzmargen < 7,5 % würde die prozentuale Gewinnminderung natürlich höher sein als bei den Beispielunternehmen.

Zweitens kann nicht davon ausgegangen werden, dass die Unternehmen der deutschen Exportindustrie ihre Rolle als „letztes Glied" in der Steuerüberwälzungskette akzeptieren werden. Vielmehr ist anzunehmen, dass sie die bei Beibehaltung der bisher verfolgten Absicherungsstrategie anfallende Steuerbelastung in die Preiskalkulation mit einbeziehen und diese so an den Endverbraucher weitergeben werden. Die steuerinduzierte Gewinnminderung würde damit durch einen höheren Umsatz nivelliert, eine Konfliktsituation mit den Shareholdern von vornherein ausgeschlossen werden.

Natürlich müssen deutsche Exportunternehmen bei Preiserhöhungen mit Blick auf die globalisierten Märkte, auf denen ihre Produkte mit preisgünstigen und qualitativ immer besser werdenden Alternativen v. a. fernöstlicher Unternehmen konkurrieren, äußerst vorsichtig sein, um ihre Wettbewerbsfähigkeit nicht zu unterminieren. Die Preiserhöhung durch die Umlegung der Steuerbelastung wäre jedoch marginal und würde die Wettbewerbsfähigkeit in keiner Weise tangieren. Als Beleg hierfür sei das große Unternehmen aus Kapitel 5.2.1 betrachtet. Im unwahrscheinlichsten Fall, dem Eintritt des Gesamtsteuerszenarios 6, hätte dieses eine aus der steuerinduzierten Verteuerung des Transaktionsrisikomanagements resultierende Steuerlast von insgesamt 26,375 Mio. EUR zu tragen. Da, wie in Fußnote 374 bereits erwähnt, die gesamte Steuerbelastung des Unternehmens aber höher sein dürfte, sei großzügig mit einer Gesamtsteuerlast von 40 Mio. EUR weiter argumentiert. Würde das große Unternehmen die Steuerbelastung bei seinem bisherigen Umsatz von 70 Mrd. EUR gleichmäßig auf die Produktpreise überwälzen, so würde sich jedes Produkt gerade einmal um (70.040.000.000 € / 70.000.000.000 €) − 1 = 0,057 % verteuern. Ein Haushaltsgerät z. B., das vor der Steuerüberwälzung 300 EUR kostete, würde nach der Überwälzung 300,17 EUR kosten, ein Auto, das zuvor 40.000 EUR kostete, würde nach der Steuerüberwälzung 40.022,8 EUR kosten – selbst auf den kompetitivsten Märkten zu vernachlässigende Unterschiede. Die Annahme, dass sich Unternehmen mittels Preiserhöhungen der Steuerlast „entledigen" werden, erscheint mit Blick auf die obigen Berechnungen also wenig gewagt.

Natürlich gäbe es auch andere Möglichkeiten abseits einer Preis- und damit Umsatzerhöhung, die steuerinduzierte prozentuale Gewinnminderung zu reduzieren bzw. ganz zu vermeiden. So könnte das große Unternehmen ein Reinvoicing-Center im Ausland errichten, das Transaktionsrisikomanagement in dieses „auslagern" und gleichzeitig – sollten Absicherungsgeschäfte bisher mit einer deutschen Bank durchgeführt worden sein – einen Bankenwechsel hinsichtlich der Währungssicherung durchführen (wobei der „neue" Sicherungspartner einfach eine ausländische TG der deutschen Bank sein kann). Die Absicherungsgeschäfte lägen in einem solchen Falle außerhalb des Erfassungsbereichs der FTS, dem Unternehmen würde keine Steuerbelastung aus dem Transaktionsrisikomanagement entstehen.

Das mittlere Unternehmen könnte versuchen, die Steuerbelastung durch die Einführung eines konzernweiten Matchings und des Leadings und Laggings im internen Transaktionsrisikomanagement (Ziel: Reduktion der Netto-Exposure) zumindest zu reduzieren.

Dennoch würden beide Unternehmen wohl die Preiserhöhung als Strategie zur Nivellierung der Steuerbelastung bevorzugen. Die Tatsache, dass das große Unternehmen bisher noch über kein Reinvoicing-Center verfügt, obwohl dieses die Effizienz des Cash- und Transaktionsrisikomanagements nochmals steigern könnte bzw. das mittlere Unternehmen noch kein konzernweites Matching und Leading und Lagging betreibt, obwohl es dadurch seine Netto-Exposure weiter reduzieren und so auch ohne die Existenz einer FTS bereits Kosten sparen könnte, deutet ja schon an, dass die hierfür nötigen Umstrukturierungsmaßnahmen mit erheblichen Kosten einhergehen, die zu tragen das Unternehmen mit Blick auf die Kosten-Nutzen-Relation bisher nicht bereit war. Würde nach der Einführung der FTS ein Reinvoicing-Center errichtet bzw. das interne Transaktionsrisikomanagement erweitert, so geschähe dies alleine mit dem Ziel, die Belastung des Nettoergebnisses durch die Steuer zu reduzieren bzw. zu vermeiden. Die Überwälzung der Steuerlast auf die Produktpreise führt jedoch zum selben Ziel und ist dabei noch kostenfrei.

Ergebnis 6:

Zu einer Konfliktsituation, in der Anteilseigner Unternehmen der deutschen Exportindustrie zu einem Strategiewechsel bzgl. der Währungssicherung drängen könnten, obwohl letzteren ihre „aktuelle" Absicherungsstrategie noch als lohnend erscheint, wird es nach der Implementation der FTS nicht kommen, da anzunehmen ist, dass die Unternehmen die Steuerlast mittels marginaler Preiserhöhungen, die ihre Wettbewerbssituation in keiner Weise gefährden, an die Endverbraucher überwälzen werden und so die steuerinduzierte Gewinnminderung nivelliert wird. Mit der Anwendung anderer, dasselbe Ziel verfolgender Maßnahmen, die auf die Änderung der bisherigen Organisation des gesamten Transaktionsrisikomanagements oder die Änderung der bisherigen Struktur des internen Transaktionsmanagements abzielen, ist aufgrund deren höherer Kosten nicht zu rechnen. Die Einführung der FTS wird deshalb auch keine Auswirkungen auf die Struktur des internen Transaktionsrisikomanagements bei deutschen Unternehmen oder auf deren Organisation des gesamten Transaktionsrisikomanagements haben.

6 Fazit

Hauptziel der vorliegenden Studie war es zu analysieren, ob die Einführung der von der Europäischen Kommission vorgeschlagenen Finanztransaktionssteuer – wie von den Finanz- und Wirtschaftsverbänden unter anderem befürchtet – einen deutlichen Verzicht auf die Absicherung von Währungstransaktionsrisiken bei Unternehmen der deutschen Exportindustrie nach sich ziehen könnte. Zu einem solchen deutlichen Verzicht – so die Hypothese – könnte es kommen, wenn den Unternehmen ihre bisher verfolgte, da (subjektiv) als lohnend empfundene Strategie der vollständigen bzw. selektiven Exposure-Sicherung aufgrund der steuerinduzierten Verteuerung derivativer Sicherungsgeschäfte als nicht mehr lohnend erschiene und sie diese konsequenterweise zugunsten einer Strategie mit (noch) geringerer Absicherungsquote aufgeben würden bzw. wenn sie von ihren Anteilseignern aufgrund der Höhe der bei Beibehaltung der aktuellen Strategie anfallenden Gesamtsteuerlast zu einem Strategiewechsel „gezwungen" würden.

Des Weiteren sollte untersucht werden, ob die Einführung der Finanztransaktionssteuer, sollte sie *nicht* zu einer Strategieänderung und damit zu einem deutlichen Absicherungsverzicht bei den Unternehmen führen, zumindest Veränderungen hinsichtlich der Organisation des gesamten Transaktionsrisikomanagements, eine veränderte Absicherungsstruktur des externen Transaktionsrisikomanagements oder Änderungen im internen Transaktionsrisikomanagement nach sich ziehen könnte.

Das Gesamtergebnis der Untersuchung kann wie folgt zusammengefasst werden:[375] Die Implementierung der Finanztransaktionssteuer und die damit einhergehende Verteuerung derivativer Sicherungsgeschäfte wird selbst bei Eintritt der am meisten belastenden Gesamtsteuerszenarien *nicht* dazu führen, dass Unternehmen der deutschen Exportindustrie ihre jeweilige bisher verfolgte Sicherungsstrategie als nicht mehr lohnend ansehen und „freiwillig" zugunsten einer Sicherungsstrategie mit (noch) geringerer Absicherungsquote aufgeben. Auch bezüglich der Absicherungsstruktur des externen Transaktionsrisikomanagements sind *keine Änderungen* zu erwarten. Da anzunehmen ist, dass die Unternehmen die entstehende Gesamt-

---

[375] Es sei nochmals darauf hingewiesen, dass die Aussagen aufgrund einiger in der Untersuchung getroffener vereinfachender und verallgemeinernder Annahmen als Tendenzaussagen zu werten sind.

steuerlast mittels marginaler Preiserhöhungen an die Endverbraucher weitergeben, was die Auswirkungen der Finanztransaktionssteuer auf das Jahresergebnis nivelliert, wird es auch nicht zum Entstehen von Konfliktsituationen zwischen den Unternehmen und ihren Anteilseignern kommen, in denen Letztere die Unternehmen zu einem Wechsel der Sicherungsstrategie drängen könnten. Mit einem Rückgriff auf die Organisation des gesamten Transaktionsrisikomanagements oder die Struktur des internen Transaktionsrisikomanagements tangierende Maßnahmen zur Reduzierung bzw. Vermeidung der Steuerbelastung, die letztlich dasselbe Ziel wie die Preiserhöhung verfolgen, ist aufgrund der kostentechnischen Überlegenheit letzterer nicht zu rechnen.

Die Einführung der von der Europäischen Kommission vorgeschlagenen Finanztransaktionssteuer wird bei den Unternehmen der deutschen Exportindustrie also *weder* zu einem deutlichen Verzicht auf ihnen bisher sinnvoll erscheinende Währungssicherungsgeschäfte *noch* zu Änderungen der Organisation des gesamten Transaktionsrisikomanagements oder zu Änderungen der (Absicherungs-) Struktur im externen oder internen Transaktionsrisikomanagement führen, mithin keinerlei Auswirkungen auf das Transaktionsrisikomanagement in diesen Unternehmen haben.

Die von den deutschen Finanz- und Wirtschaftsverbänden geäußerten Befürchtungen eines deutlichen Verzichts auf Risikoabsicherungsmaßnahmen in der deutschen Realwirtschaft erscheinen daher – zumindest bezüglich der Währungssicherung in Unternehmen der deutschen Exportindustrie – als unbegründet.

Literaturverzeichnis

Altmann, Jörn (2001): Aussenwirtschaft für Unternehmen, 2. Aufl., Stuttgart 2001.

Appleyard, Dennis R. / Field, Alfred J. / Cobb, Steven L. (2010): International Economics, 7th ed., Singapore 2010.

Apte, Prakash G. (2010): International Financial Management, 5th ed., New Delhi a. o. 2010.

Arnoldi, J. (2004): Derivatives: Virtual Values and Real Risks, in: Theory, Culture & Society, 2004, Vol. 21, No. 6, S. 23–42.

Arnsfeld, Torsten / Le, Thuy Duong / Willen, Helmut (2008): Strategien zur Absicherung von Währungsrisiken am Beispiel eines international tätigen Unternehmens, Diskussionspapier 2/2008, Fachhochschule Osnabrück, Fakultät für Wirtschafts- und Sozialwissenschaften, online unter:
https://my.hs-osnabrueck.de/wiso/fileadmin/users/426/upload/Publikation_Waehrungsmanagemtn _250808.pdf, aufgerufen am 18.06.2012.

Baba, Naohiko / Packer, Frank (2009): Interpreting Deviations from Covered Interest Parity during the Financial Market Turmoil of 2007-08, in: Journal of Banking & Finance, 2009, Vol. 33, No. 11, S. 1953–1962.

Baselt, Anja / Welter, Stefan (2010): Management von Währungsrisiken bei Rohstoffpreisrisiken, in: Eller, Roland / Heinrich, Markus / Perrot, René / Reif, Markus (Hrsg.): Management von Rohstoffrisiken, Wiesbaden 2010, S. 391–405.

Beck, Matthias S. (1989): Devisenmanagement, Schriftenreihe für Kreditwirtschaft und Finanzierung, Bd. 5, Wiesbaden 1989.

Becker, Hans Paul (2007): Investition und Finanzierung, Wiesbaden 2007.

Beike, Rolf / Barckow, Andreas (2002): Risk-Management mit Finanzderivaten, 3. Aufl., München u.a. 2002.

Benhamou, Eric (2007): Global Derivatives, New Jersey 2007.

Bernhard, Wolfgang (1992): Management von Wechselkursrisiken, Wiesbaden 1992, zugl. Diss. Univ. Frankfurt (Main) 1990.

BIS (2010): Triennial Central Bank Survey: Report on Global Foreign Exchange Market Activity in 2010, online unter:
http://www.bis.org/publ/rpfxf10t.pdf, aufgerufen am 23.06.2012.

Bloss, Michael / Eil, Nadine / Ernst, Dietmar / Fritsche, Harald / Häcker, Joachim (2009): Währungsderivate, München 2009.

BMW (2012): Geschäftsbericht 2011, online unter:
http://geschaeftsbericht2011.bmwgroup.com/bmwgroup/annual/2011/gb/German/pdf/bericht2011.pdf, aufgerufen am 27.08.2012.

Bösch, Martin (2009): Finanzwirtschaft und Kapitalmärkte, München 2009.

Bösch, Martin (2011): Derivate, München 2011.

Brassett, James (2010): Cosmopolitanism and Global Financial Reform, London a. o. 2010.

Breuer, Wolfgang (2000): Unternehmerisches Währungsmanagement, 2. Aufl., Wiesbaden 2000.

Brost, Marc / Kohlenberg, Kerstin (2012): Steuer für eine bessere Welt, Artikel erschienen am 09.02.2012 in: Die Zeit, Nr. 7/2012, S. 23–25.

Brunner, Sibylle / Kehrle, Karl (2009): Volkswirtschaftslehre, München 2009.

Buckley, Adrian (2004): Multinational Finance, 5th ed., New York 2004.

Büschgen, Hans E. (1997): Internationales Finanzmanagement, 3. Aufl., Frankfurt am Main 1997.

Büter, Clemens (2010): Außenhandel, 2. Aufl., Berlin u. a. 2010.

Buffet, Warren E. (2003): To the Shareholders of Berkshire Hathaway Inc., in: Berkshire Hathaway (2003): Annual Report 2002, S. 3-23, online unter:
http://www.berkshirehathaway.com/2002ar/2002ar.pdf, aufgerufen am 17.07.2012.

Bundesverband Investment und Asset Management (2012): Finanztransaktionssteuer belastet Fondssparer, Pressemitteilung vom 11.01.2012, online unter:
http://www.bvi.de/de/presse/pressemitteilungen/presse2012/2012_01_11/2012_01_11_Finanztransaktionssteuer_belastet_Fondssparer-oa.pdf, aufgerufen am 16.08.2012.

Centrum für Europäische Politik (2011): CEP-Analyse zur Finanztransaktionssteuer, Dokument vom 12.12.2011, online unter:
http://www.cep.eu/fileadmin/user_upload/Kurzanalysen/Finanztransaktionssteuer/KA_Finanztransaktionssteuer.pdf, aufgerufen am 12.08.2012.

Chance, Don M. (2008): Essays in derivatives, 2nd ed., Hoboken 2008.

Chang, Carolyn C. W. / Chang, Jack S. K. (1990): Forward and Futures Prices: Evidence from the Foreign Exchange Markets, in: The Journal of Finance, 1990, Vol. 45, No. 4, S. 1333–1336.

Cheung, Yin-Wong / Wong, Clement Y. P. (2000): A Survey of Market Practitioners' Views on Exchange Rate Dynamics, in: Journal of International Economics, 2000, Vol. 51, No. 2, S. 401–419.

Clark, Ephraim (2002): International Finance, 2nd Int. ed., London a. o. 2002.

Connolly, Michael B. (2007): International Business Finance, New York a. o. 2007.

de Filippis, Fernando (2011): Währungsrisikomanagement in kleinen und mittleren Unternehmen, Wiesbaden 2011, zugl. Diss. Univ. Hamburg 2010.

Der Spiegel (o. A.) (2012): Deutschland drängt auf "Finanzsteuer light", Artikel erschienen am 22.06.2012 in: Der Spiegel Online, online unter:
http://www.spiegel.de/politik/ausland/einfuehrung-der-finanztransaktionssteuer-aller-27-eu-staaten-vom-tisch-a-840425.html, aufgerufen am 15.08.2012.

Deutsch, Hans-Peter (2001): Derivate und interne Modelle, 2. Aufl., Stuttgart 2001.

Deutsche Bank (2010): Stellungnahme zur Anhörung im Finanzausschuss des Deutschen Bundestags am 17. Mai 2010 zu den Themen (1) Finanztransaktionssteuer und (2) Eckpunktepapier der Bundesregierung zur Finanzmarktregulierung, Dokument vom 03.05.2012, online unter:
http://www.dbresearch.de/PROD/DBR_INTERNET_DE-PROD/PROD0000000000257802/DB+Stellungnahme+zu+%22Finanzsektorabgabe+und+Finanztransaktionssteuer%22.pdf, aufgerufen am 16.08.2012.

Deutsche Wirtschaftsverbände (2011): Stellungnahme anlässlich der öffentlichen Anhörung am 30. November 2011 vor dem Finanzausschuss des Deutschen Bundestags zum Thema „Finanztransaktionssteuer", Dokument vom 23.11.2011, online unter:
http://www.gdv.de/wp-content/uploads/2011/11/Stellungnahme_Finanztransaktionssteuer_Wirtschaftsverbaende_2011.pdf, aufgerufen am 16.08.2012.

Deutscher Derivate Verband (2011a): Stellungnahme des DDV zur geplanten Finanztransaktionssteuer vor dem Bundestag (Anlage), Dokument vom 23.11.2011, online unter:
http://www.bundestag.de/bundestag/ausschuesse17/a07/anhoerungen/2011/071/Stellungnahmen/13_-_Anlage_zur_DDV-Stellungnahme.pdf, aufgerufen am 14.08.2012.

Deutscher Derivate Verband (2011b): Stellungnahme des DDV zur geplanten Finanztransaktionssteuer vor dem Bundestag, Dokument vom 23.11.2011, online unter:
http://www.derivateverband.de/DE/MediaLibrary/Document/Politik/11%2011%2023%20%20B%20Dr.%20Birgit%20Reinemund,%20DDV%20zur%20Finanztransaktionssteuer.pdf, aufgerufen am 16.08.2012.

Deutsches Aktieninstitut (2012): Stellungnahme zur Anhörung des Finanzausschusses des Deutschen Bundestags zur Einführung einer Finanztransaktionssteuer, Dokument vom 02.03.2012, online unter:

http://www.dai.de/internet/dai/dai-2-0.nsf/0/C4D1B4EEFED12EEAC12579B8003F890C/$FILE/3EC3CF011FF 1 5C87C12579B8003F88C9.pdf?openelement&cb_content_name_utf=2012-3-2%20DAI%20Stellung nahme% 20Finanztransaktionssteuer%20_aktualisiert_.pdf, aufgerufen am 16.08.2012.

Dieckheuer, Gustav (2001): Internationale Wirtschaftsbeziehungen, 5. Aufl., München 2001.

Die Deutsche Kreditwirtschaft (2011): Stellungnahme zu dem Antrag der Fraktion SPD "Finanztransaktionssteuer einführen – Gesetzesinitiative jetzt vorlegen" – Drucksache 17/6086, einem deutsch-französischen Positionspapier zur Finanztransaktionssteuer (Ausschussdrucksache 17(7) 226) sowie zu dem Richtlinienvorschlag der Europäischen Kommission zur Finanztransaktionssteuer - Ratsdok. Nr. 14942/11, Dokument vom 23.11.2012, online unter:

http://www.bundestag.de/bundestag/ausschuesse17/a07/anhoerungen/2011/071/Stellungnahmen/17_-_Die_ Deutsche_ Kreditwirtschaft.pdf, aufgerufen am 15.08.2012.

Dobeck, Mark F. / Elliott, Euel (2007): Money, Westport 2007.

Dodd, Randall (2008): Consequences of Liberalizing Derivatives Markets, in: Ocampo, José A. / Stiglitz, Joseph E. (Eds.): Capital Market Liberalization and Development, Oxford a. o. 2008, S. 288–318.

Drost, Frank M. (2012): Interview mit Markus Söder – „Der Langsamste darf nicht das Tempo bestimmen", Artikel erschienen am 10.06.2012 in: Handelsblatt Online, online unter

http://www.handelsblatt.com/politik/deutschland/markus-soeder-der-langsamste-darf-nicht-das-tempo-bestimmen/6732580.html, aufgerufen am 19.08.2012.

Durbin, Michael (2011): All About Derivatives, 2nd ed., New York 2011.

Edwards, Franklin R. (1999): Hedge Funds and the Collapse of Long-Term Capital Management, in: The Journal of Economic Perspectives, 1999, Vol. 13, No. 2, S. 189–210.

Egli, Martin (2001): Optionen und Futures, 2. Aufl., Zürich 2001.

Ehrenberg, Richard (1928): Capital & Finance in the Age of the Renaissance, London 1928.

Eilenberger, Guido (1986): Währungsrisiken, Währungsmanagement und Devisenkurssicherung von Unternehmungen, 3. Aufl., Frankfurt am Main 1986.

Eilenberger, Guido (1987): Finanzierungsentscheidungen multinationaler Unternehmungen, 2. Aufl., Heidelberg 1987.

Eilenberger, Guido (2004): Währungsrisiken, Währungsmanagement und Devisenkurssicherung von Unternehmungen, 4. Aufl., Frankfurt am Main 2004.

Eller, Roland / Spindler, Christian (1994): Zins- und Währungsrisiken optimal managen, Wiesbaden 1994.

Epstein, Gerald A. (2005): Financialization and the World Economy, Cheltenham a. o. 2005.

Eun, Cheol S. / Resnick, Bruce G. / Sabherwal, Sanjiv (2012): International Finance, 6th Global ed., New York a. o. 2012.

EU-Kommission (2011): Vorschlag für eine Richtlinie des Rates über das gemeinsame Finanztransaktionssteuersystem und zur Änderung der Richtlinie 2008/7/EG, Richtlinienvorschlag vom 28.09.2011, online unter:

http://ec.europa.eu/taxation_customs/resources/documents/taxation/other_taxes/financial_sector/com%282011 %29594_de.pdf, aufgerufen am 16.05.2012.

EU-Parlament / Rat der Europäischen Union (2004): Richtlinie 2004/39/EG des Europäischen Parlaments und des Rates über Märkte für Finanzinstrumente, zur Änderung der Richtlinien 85/611/EWG und 93/6/EWG des Rates und der Richtlinie 2000/12/EG des Europäischen Parlaments und des Rates und zur Aufhebung der Richtlinie 93/22/EWG des Rates, Rechtsakte vom 21.04.2004, online unter:

http://eur-lex.europa.eu/LexUriServ/LexUriServ.do?uri=OJ:L:2004:145:0001:0001:DE:PDF, aufgerufen am 17.08.2012.

EU-Parlament / Rat der Europäischen Union (2006): Richtlinie 2006/48/EG des Europäischen Parlaments und des Rates über die Aufnahme und Ausübung der Tätigkeit der Kreditinstitute (Neufassung), Rechtsakte vom 14.06.2006, online unter:

http://eur-lex.europa.eu/LexUriServ/LexUriServ.do?uri=OJ:L:2006:177:0001:0001:DE:PDF, aufgerufen am 18.08.2012.

EU-Parlament (2012): Bericht über den Vorschlag für eine Richtlinie des Rates über das gemeinsame Finanztransaktionssteuersystem und zur Änderung der Richtlinie 2008/7/EG, Dokument vom 03.05.2012, online unter:

http://www.europarl.europa.eu/sides/getDoc.do?pubRef=-//EP//NONSGML+REPORT+A7-2012-0154+0+DOC+PDF+V0//DE, aufgerufen am 16.08.2012.

Evans, Trevor (2011): Verlauf und Erklärungsfaktoren der internationalen Finanzkrise, in: Scherrer, Christoph / Dürmeier, Thomas / Overwien, Bernd (Hrsg.): Perspektiven auf die Finanzkrise, Opladen u.a. 2011, S. 28–49.

Feenstra, Robert C. / Taylor, Alan M. (2008): International Economics, New York 2008.

Fey, Gerrit (2012): Risikomanagement mit Derivaten bei Unternehmen der Realwirtschaft, Kurzstudie 2/2012, Deutsches Aktieninstitut, online unter:

http://www.dai.de/internet/dai/dai-2-.nsf/0/C3CE07E9605883C8C12579FF002DE2C6/$FILE/816DB29C3D921 3E7C12579F4003F6540.pdf?openelement&cb_content_name_utf=2012-05-08%20DAI-VDT-Studie%20 Derivatnutzung.pdf, aufgerufen am 19.07.2012.

Fischer, Bernd R. (2010): Performanceanalyse in der Praxis, 3. Aufl., München 2010.

Fischermann, Thomas (2012): Tobin und seine Erben, Artikel erschienen am 09.02.2012 in: Die Zeit, Nr. 7/2012, S. 25.

Fong, Wai-Ming / Valente, Giorgio / Fung, Joseph K.W (2010): Covered Interest Arbitrage Profits: The Role of Liquidity and Credit Risk, in: Journal of Banking & Finance, 2010, Vol. 34, No. 5, S. 1098–1107.

Foster Back, Philippa (1997): Corporate Cash Management, Cambridge u. a. 1997.

Frankel, Jeffrey A. (1996): Recent Exchange-Rate Experience and Proposals for Reform, in: American Economic Review, 1996, Vol. 86, No.2, S. 153–158.

Frankfurter Allgemeine Zeitung (o. A.) (2012): Transaktionssteuer kommt nicht in allen EU-Staaten, Artikel erschienen am 22.06.2012 in: Frankfurter Allgemeine Zeitung Online, online unter:

http://www.faz.net/aktuell/wirtschaft/finanzminister-treffen-transaktionssteuer-kommt-nicht-in-allen-eu-staaten-11795448.html, aufgerufen am 15.08.2012.

Frenkel, Michael (1994): Wechselkursvolatilität und Terminkursverzerrungen, Baden-Baden 1994, zugl. Habil.-Schrift Univ. Mainz 1993.

Gärtner, Manfred / Lutz, Matthias (2009): Makroökonomik flexibler und fester Wechselkurse, 4. Aufl., Berlin u. a. 2009.

Gamper, Philipp Ch. (1995): Währungs-Exposure Management, Bern 1995, zugl. Diss. Univ. Zürich 1995.

Gelderblom, Oscar / Jonker, Joost (2005): Amsterdam as the Cradle of Modern Futures and Options Trading, 1550-1650, in: Goetzmann, William N. / Rouwenhorst, K. Geert (Eds.): The Origins of Value, Oxford 2005, S. 189-205.

Glaum, Martin (2000): Finanzwirtschaftliches Risikomanagement deutscher Industrie- und Handelsunternehmen, Frankfurt am Main, 2000.

Grath, Anders (2012): The Handbook of International Trade and Finance, 2nd ed., London a. o. 2012.

Groth, Julia (2012): EU erschwert Privatanlegern alternative Strategien, Artikel erschienen am 30.07.2012 in: Financial Times Deutschland Online, online unter:

http://www.ftd.de/finanzen/investmentfonds/:investmentfonds-eu-erschwert-privatanlegern-alternative-strategien /70069830.html, aufgerufen am 15.08.2012.

Handelsblatt (o. A.) (2012): Finanzsteuer könnte bald kommen, Artikel erschienen am 13.06.2012 in: Handelsblatt Online, online unter

http://www.handelsblatt.com/politik/international/in-teilen-der-eu-finanzsteuer-koennte-bald-kommen/ 674676 *4.html, aufgerufen am 15.08.2012.*

Harms, Philipp (2008): Internationale Makroökonomik, Tübingen 2008.

Heussinger, Werner H. / Klein, Marc / Raum, Wolfgang (2000): Optionsscheine, Optionen und Futures, Wiesbaden 2000.

Hull, John (2009): Optionen, Futures und andere Derivate, 7. Aufl., München u. a. 2009.

Jahrmann, Fritz-Ulrich (2007): Außenhandel, 12. Aufl, Ludwigshafen 2007.

Jones, Eric T. / Jones, Donald L. (1987): Hedging Foreign Exchange, New York 1987.

Karrass, Anne / Stierle, Steffen (2011): Europa-Krise, Hamburg 2011.

Kemmer, Michael (2012): Finanztransaktionssteuer: Ein Schritt in die falsche Richtung, in: Orientierungen zur Wirtschafts- und Gesellschaftspolitik Nr. 131, März 2012, S. 13–15, online unter:

http://www.ludwig-erhard-stiftung.de/files/orientierungen_131.pdf, aufgerufen am 16.08.2012.

Kolb, Robert W. / Overdahl, James A. (2003): Financial Derivatives, 3rd ed., Hoboken 2003.

Körnert, Jan (2003): The Barings Crises of 1890 and 1995: Causes, Courses, Consequences and the Danger of Domino Effects, in: Journal of International Financial Markets, Institutions and Money, 2003, Vol. 13, No. 3, S. 187–209.

Kürsten, Wolfgang (2006): Corporate Hedging, Stakeholderinteresse und Shareholder Value, in: Journal für Betriebswirtschaft, 2006, Band 56, Heft 1, S. 3–32.

LeBaron, Blake (1999): Technical Trading Rule Profitability and Foreign Exchange Intervention, in: Journal of International Economics, 1999, Vol. 49, No. 1, S. 125–143.

Levi, Maurice D. (2005): International Finance, 4th ed., London a. o. 2005.

Liepach, Werner E. (1993): Effizientes Devisenmanagement durch Kombination von Kurssicherungsinstrumenten, Frankfurt am Main 1993, zugl. Diss. Univ. Konstanz 1992.

Linares, Juan C. (1999): Methoden, Instrumente und Strategien des Währungsrisiko-Managements in international tätigen Unternehmen, Diss. Univ. St. Gallen 1999.

Lipke, Isabel (2003): Derivate - das unbekannte Wesen, WEED Arbeitspapier Dez. 2003, Weltwirtschaft, Ökologie & Entwicklung e.V. (WEED), online unter:

http://www2.weed-online.org/uploads/derivate.pdf, aufgerufen am 28.07.2012.

Madura, Jeff / Fox, Roland (2007): International Financial Management, Eur. ed., London 2007.

Mayrhofer, Hans (1992): Methodenorientiertes Währungsrisikomanagement, Bern 1992, zugl. Diss. Univ. St. Gallen 1992.

McDonald, Robert L. (2009): Fundamentals of Derivatives Markets, Boston 2009.

Menkhoff, Lukas / Taylor, Mark P. (2007): The Obstinate Passion of Foreign Exchange Professionals: Technical Analysis, in: Journal of Economic Literature, 2007, Vol. 45, No. 4, S. 936–972.

Mishkin, Frederic S. (2004): The Economics of Money, Banking, and Financial Markets, 7th ed., Boston 2004.

Mishkin, Frederic S. / Eakins, Stanley G. (2009): Financial Markets and Institutions, 6th ed., Boston 2009.

Möbius, Christian / Pallenberg, Catherine (2011): Risikomanagement in Versicherungsunternehmen, Heidelberg 2011.

Moffett, Michael H. / Stonehill, Arthur I. / Eiteman, David K. (2012): Fundamentals of Multinational Finance, 4th ed., Boston 2012.

Murphy, Anne L. (2009): Trading Options before Black-Scholes: A Study of the Market in Late Seventeenth-century London, in: Economic History Review, 2009, Vol. 62, No. 3, Suppl. 1, S. 8–30.

Mußler, Hanno (2012): Interview mit Ekkehard Wenger – „Sparer, verkrümelt euch, oder verprasst eure Habe!", Artikel erschienen am 15.06.2012 in: Frankfurter Allgemeine Zeitung Online, online unter:

http://m.faz.net/aktuell/finanzen/im-gespraech-ekkehard-wenger-sparer-verkruemelt-euch-oder-verprasst-eure-habe-11787332.html, aufgerufen am 17.08.2012.

Peffekoven, Rolf (2012): Die Finanztransaktionssteuer ist ein Irrweg, in: Orientierungen zur Wirtschafts- und Gesellschaftspolitik Nr. 131, März 2012, S. 2–5, online unter:

http://www.ludwig-erhard-stiftung.de/files/orientierungen_131.pdf, aufgerufen am 16.08.2012.

Pfennig, Michael (1998): Optimale Steuerung des Währungsrisikos mit derivativen Instrumenten, Beiträge zur betriebswirtschaftlichen Forschung, Bd. 83, Wiesbaden 1998, zugl. Diss. Univ. München, 1997.

Poitras, Geoffrey (2000): The Early History of Financial Economics, 1478-1776, Cheltenham a. o. 2000.

Poitras, Geoffrey / Majithia, Asha (2006): Isaac Le Maire and the Early Trading in Dutch East India Company Shares, in: Poitras, Geoffrey (Ed.): Contributions prior to Irving Fisher, Vol. 1, Cheltenham a. o. 2006, S. 45-63.

Poitras, Geoffrey (2008): The Early History of Option Contracts, in: Hafner, Wolfgang / Zimmermann, Heinz (Eds.): Vinzenz Bronzin´s Option Pricing Models, Berlin u. a. 2009, S. 487-518.

Poitras, Geoffrey (2009): From Antwerp to Chicago - The History of Exchange Traded Derivative Security Contracts, in: Revue d'Histoire des Sciences Humaines, 2009, Vol. 20, S. 11–50.

Prätsch, Joachim / Schikorra, Uwe / Ludwig, Eberhard (2007): Finanzmanagement, 3. Aufl., Berlin u. a. 2007.

Pramborg, Bengt (2005): Foreign Exchange Risk Management by Swedish and Korean Nonfinancial Firms: A Comparative Survey, in: Pacific-Basin Finance Journal, 2005, Vol. 13, No. 3, S. 343–366.

Priermeier, Thomas / Stelzer, Alexandra (2001): Zins- und Währungsmanagement in der Unternehmenspraxis, München 2001.

Remolona, Eli M. (1992): The Recent Growth of Financial Derivative Markets, in: Federal Reserve Bank of New York Quarterly Review, 1992, Vol. 17, No. 4, S. 28–43.

Rieger, Marc O. (2009): Optionen, Derivate und strukturierte Produkte, Stuttgart 2009.

Rose, Klaus / Sauernheimer, Karlhans (2006): Theorie der Außenwirtschaft, 14. Aufl., München 2006.

Rudolph, Bernd / Schäfer, Klaus (2005): Derivative Finanzmarktinstrumente, Berlin u. a. 2005.

Rübel, Gerhard (2009): Grundlagen der monetären Außenwirtschaft, 3. Aufl., München 2009.

Rugman, Alan M. / Collinson, Simon (2009): International Business, 5th ed., Harlow a. o. 2009.

Schäfer, Dorothea (2012): Finanztransaktionssteuer: Kurzfristiges Handel verteuern, Finanzmärkte stabilisieren, in: DIW Wochenbericht 8/2012, S. 3–12, online unter:
http://www.diw.de/documents/publikationen/73/diw_01.c.393337.de/12-8.pdf, aufgerufen am 14.08.2012.

Schaede, Ulrike (1990): Der neue japanische Kapitalmarkt, Wiesbaden 1990.

Schäfer, Dorothea / Karl, Marlene (2012): Ökonomische und Fiskalische Effekte der Einführung einer Finanztransaktionssteuer für Deutschland, Politikberatung kompakt Nr. 64, Deutsches Institut für Wirtschaftsforschung, online unter:
http://www.diw.de/documents/publikationen/73/diw_01.c.405812.de/diwkompakt_2012-064.pdf, aufgerufen am 15.08.2012.

Schmidt, Martin (2006): Derivative Finanzinstrumente, 3. Aufl., Stuttgart 2006.

Sercu, Piet (2009): International Finance, Princeton a. o. 2009.

Shapiro, Alan C. / Sarin, Atulya (2009): Foundations of Multinational Financial Management, 6th ed., Hoboken 2009.

Sharan, Vyuptakesh (2009): International Financial Management, 5th ed., New-Delhi 2009.

Sherman, Matthew (2009): A Short History of Financial Deregulation in the United States, Forschungspapier vom Juli 2009, Center for Economic and Policy Research, online unter:
http://www.cepr.net/documents/publications/dereg-timeline-2009-07.pdf, aufgerufen am 18.07.2012.

Siddaiah, Thummuluri (2010): International Financial Management, Upper Saddle River 2010.

Sperber, Herbert / Sprink, Joachim (1999): Finanzmanagement internationaler Unternehmen, Stuttgart u.a. 1999.

Sperber, Herbert / Sprink, Joachim (2007): Internationale Wirtschaft und Finanzen, München u.a. 2007.

Spremann, Klaus (1994): Das Management von Währungsrisiken, in: Schierenbeck, Henner / Moser, Hubertus (Hrsg.): Handbuch Bank-Controlling, Wiesbaden 1994, S. 838–862.

Steinmeier, Frank W. / Steinbrück, Peer (2009): Die Finanzmärkte grundlegend neu ordnen, SPD Grundsatzpapier vom Februar 2009, online unter:
http://www.spd.de/linkableblob/74560/data/2009_finanzmaerkte_neu_ordnen.pdf, aufgerufen am 12.08.2012.

Stephan, Jürgen (1989): Entscheidungsorientierte Wechselkurssicherung, Bergisch Gladbach 1989, zugl. Diss. Univ. Köln 1989.

Stephens, John J. (2001): Managing Currency Risk Using Financial Derivatives, New York 2001.

Stiftung Marktwirtschaft (2012): Position zum Thema Finanztransaktionssteuer, Dokument vom Juni 2012, online unter:
http://www.stiftung-marktwirtschaft.de/fileadmin/user_upload/Positionspapiere/Positionspapier_03 _Finanztransaktionsteuer_2012_06.pdf, aufgerufen am 17.08.2012.

Stocker, Klaus (2006): Management Internationaler Finanz- und Währungsrisiken, 2. Aufl., Wiesbaden 2006.

Stulz, René M. (2003): Risk Management & Derivatives, Mason 2003.

Stulz, René M. (2004): Should We Fear Derivatives?, in: Journal of Economic Perspectives, 2004, Vol. 18, No. 3, S. 173-192.

Tobin, James (1978): A Proposal for International Monetary Reform, Discussion Paper No. 506, Cowles Foundation for Research in Economics, online unter:
http://cowles.econ.yale.edu/P/cd/d05a/d0506.pdf, aufgerufen am 12.08.2012.

van Dillen, Johannes G. (1935): Isaac Le Maire et le Commerce des Actions de la Compagnie des Indes Orientales, Paris 1935.

von Rosen, Rüdiger (2012): Finanztransaktionssteuer schadet mehr, als sie nutzt, Artikel erschienen am 15.03.2012 auf: Boerse.de, online unter:

http://www.boerse.de/dai/Finanztransaktionssteuer-schadet-mehr-als-sie-nutzt/7286508, aufgerufen am 16. 08. 2012.

Vuillaume, Christophe / Obrist, Tanja / Hirt, Thomas (2005): Derivative Finanzinstrumente, Zürich 2005.

Walter, Lars O. (2009): Derivatisierung, Computerisierung und Wettbewerb, Wiesbaden 2009, zugl. Diss. Univ. Frankfurt (Main) 2008.

Wang, Peijie (2005): The Economics of Foreign Exchange and Global Finance, New York 2005.

Weber, Ernst J. (2008): A Short History of Derivative Security Markets, Discussion Paper 08.10, University of Western Australia, Business School, online unter:

http://www.business.uwa.edu.au/ school/disciplines/economics/?a=94260, aufgerufen am 23.05.2012.

Whaley, Robert E. (2006): Derivatives, Hoboken 2006.

Wiedemann, Arnd / Hager, Peter (2005): Währungsmanagement in Unternehmen mit Cash Flow at Risk, in: Müller, Stefan / Jöhnk, Thorsten / Bruns, Andreas (Hrsg.): Beiträge zum Finanz-, Rechnungs- und Bankwesen, Wiesbaden 2005, S. 1-15.

Wiethoff, Hartmut (1991): Risk Management auf spekulativen Märkten, Heidelberg 1991, zugl. Diss. Univ. Dortmund 1990.

Zantow, Roger (2007): Finanzwirtschaft der Unternehmung, 2. Aufl., München u.a. 2007.

Zimmermann, Heinz (2005): Finance Derivatives, Zürich 2005.

Zimmermann, Klaus F. / Badunenko, Oleg / Schäfer, Dorothea (2010): Finanzmärkte nach dem Flächenbrand, Wiesbaden 2010.

Der Autor

Johannes Höfer wurde 1982 in Erlangen geboren. Nach dem Abitur begann er mit dem Studium der Betriebswirtschaftslehre an der Otto-Friedrich-Universität Bamberg. Während seiner Studienzeit verbrachte er als DAAD-Stipendiat ein Jahr an der Universidad San Ignacio de Loyola in Lima, Peru. Sein ausgeprägtes Interesse an internationalen finanz- und realwirtschaftlichen Beziehungen führte ihn zudem nach Mexiko-Stadt, wo er ein halbjähriges Praktikum in der Deutsch-Mexikanischen Außenhandelskammer, Abteilung Marketing & Investment, absolvierte.